NCS

제주은행

필기시험

PREFACE

우리나라 기업들은 1960년대 이후 현재까지 비약적인 발전을 이루었다. 이렇게 급속한 성장을 이룰 수 있었던 배경에는 우리나라 국민들의 근면성 및 도전정신이 있었다. 그러나 빠르게 변화하는 세계 경제의 환경에 적응하기 위해서는 근면성과 도전정신 이외에 또 다른 성장 요인이 필요하다.

최근 많은 공사·공단에서는 기존의 직무 관련성에 대한 고려 없이 인·적성, 지식 중심으로 치러지던 필기전형을 탈피하고, 산업현장에서 직무를 수행하기 위해 요구되는 능력을 산업부문별·수준별로 체계화 및 표준화한 NCS를 기반으로 하여 채용공고 단계에서 제시되는 '직무 설명자료'상의 직업기초능력과 직무수행능력을 측정하기 위한 직업기초능력평가, 직무수행능력평가 등을 도입하고 있다.

제주은행에서도 업무에 필요한 역량 및 책임감과 적응력 등을 구비한 인재를 선발하기 위하여 고유의 필기시험을 치르고 있다. 본서는 제주은행 채용대비를 위한 필독서로 제주은행 필기시험의 출제경향을 철저히 분석하여 응시자들이 보다 쉽게 시험유형을 파악하고 효율적으로 대비할 수 있도록 구성하였다.

신념을 가지고 도전하는 사람은 반드시 그 꿈을 이룰 수 있습니다. 처음에 품은 신념과 열정이 취업 성공의 그 날까지 빛바래지 않도록 서원각이 수험생 여러분을 응원합니다.

STRUCTURE

핵심이론정리

NCS 직업기초능력 영역별 핵
심이론을 정리하였습니다.

출제예상문제

다양한 유형의 출제예상문제
를 다수 수록하여 실전에 완
벽하게 대비할 수 있습니다.

면접

취업 성공을 위한 면접의 기
본 및 면접기출을 수록하여
취업의 마무리까지 깔끔하게
책임집니다.

CONTENTS

PART

I

제주은행 소개

01 기업소개 및 채용안내

1 기업소개

(1) 개요

① 제주은행은 1969년 설립 이래 제주지역 경제발전의 중추적 역할을 담당하며 지역민의 사랑 속에 견실한 성장을 거듭해 온 지방은행이다.

② 지역 최대의 영업망을 근간으로 가장 편리한 은행으로서 그 위치를 공고히 하고 있으며, 48년여의 기간 동안 지역민에게 가장 친근한 서민금융기관으로서 "가족 같은 은행"으로서의 역할을 다하고 있다.

③ 제주은행은 신한금융지주회사의 자회사 편입을 통해 기존의 지역밀착 경영시스템에 과학적인 선진 경영시스템을 접목시켜 새로운 가치를 만들어 가고 있다.

(2) 비전

Phase 1	위기극복기 (~2001)	• 공적자금 투입 • 신한경영 자문	
Phase 2	기반 구축기 (2002~2009)	• 지주사 편입 • 영업 관련 각종 시스템 도입 • 수익창출능력 회복	∨ ∨ ∨
Phase 3	혁신 · 도약기 (2010~2015)	• 확고한 도내 시장지배력 확보, 규모의 非경제 극복 • 강한 문화에 근거한 탄탄한 실행기반 구축 • 차별화된 영업정착 & 최적의 시스템 구축	∨ ∨ Local Top Bank
Phase 4	지속성장기 (2016~)	• 최고 수준의 입지에서 안정적으로 지속 성장	

차별화 된 관계형 지역밀착 영업	》	사랑받는 제주은행
강력한 실행력을 통한 성과 창출	》	도전하는 제주은행
소통을 기반으로 한 강한 문화	》	살아 숨쉬는 제주은행

(3) 중기전략(2016~2018)

① 비전 … Quality based Local Top Bank

② 중기전략 목표 … 躍進, 고객중심 지역 1등 기반 확립

③ 중기전량 방향

새롭게	다르게	빠르게	능력있게
고객가치 제고	차별적 성장 실현	경영 효율성 증대	미래준비 역량강화

(4) 신한 WAY

미션	금융의 힘으로 세상을 이롭게 한다.			
	미래를 함께 하는 따뜻한 금융			
핵심가치	고객중심	상호존중	변화주도	최고지향	주인정신
비전	Quality based Local Top Bank			

2 채용안내

(1) 채용분야 및 인원

구분	분야/인원	직무내용
일반직	지역인재 0명 일반 0명	개인 및 기업고객 대상 금융서비스 제공 등
전산직	지역인재 00명 일반 0명	은행 업무 전반 IT신기술 관련 전산 개발 등
RS직 (Retail Service)	00명	입·출금창구 업무 및 Retail금융 고객 대상 영업 등

※ 전형 및 직군별 중복지원 불가하며, 일반전형과 지역인재전형 간 착오 지원 시 합격취소 등의 불이익이 있습니다.
※ 지역인재 기준에 부합하지 않는 지원자가 전형에 오류 지원한 경우 불합격 처리됩니다.

(2) 지원자격

① 공통

ㄱ 학력, 연령, 성별 제한 없음

ㄴ 졸업예정자의 경우 2020년 2월까지 졸업 가능한 경우에 한해 학위 인정

ㄷ 병역필 또는 면제자로 해외여행에 결격사유가 없는 자

ㄹ 당행 내규상 채용에 결격 사유가 없는 자

② 일반직/전산직 지역인재 … 제주지역 소재 고등학교 졸업자 및 졸업예정자 또는 제주지역 소재 대학교 이상 학력 졸업자 및 졸업예정자

③ 일반직/전산직 일반 … 지역인재 전형 외

④ RS직 … 고등학교 졸업자 및 졸업예정자 또는 동등학력 이상인 자

(3) 우대사항

구분	우대사항
장애인 및 국가보호훈대상자	• 관련 법률에 의거 우대 - 「국가유공자 등 예우 및 지원에 관한 법률」에 의한 취업지원대상자 - 「장애인 고용촉진 및 직업재활법」에 의한 장애인
직무관련 자격증 소지자	• 전문자격증 소지자(아래의 자격증만 우대) - 변호사, 공인회계사, AICPA, 세무사, 변리사, 노무사, 감정평가사, 보험계리사, CFA Level3 • 금융자격증 소지자(아래의 자격증만 우대) - CFP, FRM, CRA, 여신심사역(국가공인) - AFPK, 투자자산운용사, 신용분석사(국가공인), 국제금융역(국가공인) - 금융투자분석사, 외환전문역 1종/2종, 외환관리사, 개인재무설계사, 펀드투자권유자문인력, 파생상품투자권유자문인력, 증권투자권유자문인력 - 은행텔러(RS직 지원자에 한해서 우대) • IT관련 자격증 소지자(아래의 자격증만 우대) - 컴퓨터시스템응용기술사, 정보관리기술사, 정보시스템감리사, DAP, ADP, 정보보안기사, CCIE, CISA, CISSP, CCNP, 정보처리기사
외국어 우수자	• 공인 어학성적 우수자(아래의 공인 어학성적만 우대) - 영어 : TOEIC, TOEIC-Speaking, TEPS, TEPS-Speaking, OPIc - 중국어 : HSK, BCT, OPIc - 일어 : JPT, OPIc

(4) 전형절차

지원서 접수 ▶ 서류 전형 ▶ 필기 시험 ▶ 1차 면접 인적성검사 ▶ 2차 면접 채용검진 ▶ 최종 합격

02 관련기사

제주은행, 난치병 학생 돕기 후원금 기탁

대한적십자사 제주특별자치도지사에 1,000만 원 기탁

제주은행은 지난 5월 21일 제주은행 본점 2층에서 대한적십자사 제주특별자치도지사에 난치병 학생 돕기 후원금 1,000만 원을 기탁했다.

이번 후원금은 6월 2일(당초 5월 18일/우천 연기) 탑동광장~사라봉일원에서 도내 난치병 학생과 청소년공부방 만들기 등 위기가정 지원을 위해 개최되는 「제6회 자선 만보 걷기대회」를 후원하기 위해 전달됐다.

제주은행은 자선 만보 걷기대회 지원을 위해 매년 1천만 원을 후원하고 있으며 임직원 및 가족 100여명 이상이 참여해 난치병으로 고통 받는 학생들에게 따뜻한 나눔을 실천하고 있다.

서현주 은행장은 "제주의 미래를 책임질 학생들이 건강하게 자립할 수 있도록 후원하게 돼 기쁘다"며 "앞으로도 제주은행은 지역대표 은행으로서 복지사각지대 해소를 위한 사회공헌 활동에 앞장서 나가겠다"라고 말했다.

제주은행은 매년 찾아가는 밥상, 사랑의 빵 나눔, 명절 제수용품 지원, 환경정화 등 적십자사와 함께하는 지역사회 사회 공헌 활동을 통해 은행의 사회적 책임 수행을 위해 노력하고 있다.

-2019. 5. 21.

면접질문	• 당행의 사회공헌활동에 대해 들어본 적이 있다면 말해 보시오. • 당행이 지역사회에 공헌할 수 있는 방안을 제안해 보시오. • 기업의 사회공헌에 대한 자신의 견해를 밝혀 보시오.

제주은행 '제주지니' 네이처모빌리티 업무협약 체결

'찜카'과 연계하여 '제주지니' 內 렌터카 가격비교/예약 서비스 추진

제주은행과 네이처모빌리티는 9일 제주지역기반 특화 여행플랫폼 '제주지니'의 렌터카 가격비교/예약 서비스 실시를 위한 업무협약을 체결하였다.

이번 협약으로 제주은행은 '제주지니'를 통한 렌터카 가격비교 서비스 제공 및 이와 연계한 다양한 서비스를 기획할 수 있게 되었으며, 네이처모빌리티 또한 다양하고 폭넓은 시장을 확보하여 안정적인 매출을 기대할 수 있게 되었다.

'찜카'는 현재 30여개의 중소 제주 렌터카 업체들과 연합하여 렌터카 5,000여대를 대상으로 운영하고 있으며, 실시간 예약부터 간편한 결제기능을 탑재한 것은 물론, 소비자가 가장 합리적인 가격의 렌터카를 빠르게 찾을 수 있도록 정보를 제공하는 플랫폼이다.

'제주지니'는 차별화된 제주도 관광정보 제공을 위해 현지인 맛집 소개, 캐리어 배송, 맛집 줄서기 예약, 관광지 할인 및 특산물 판매 등 다양한 서비스를 제공 중인 여행플랫폼이다. 가맹점에게는 광고비 부담을 덜어주기 위해 무료로 플랫폼을 제공하는 등 제주도와 관광업계 전반에 기여한 점이 인정되어 '2018 제주관광대상' 시상식에서 관광자원화기여상을 수상하였고, 한국인터넷전문가협회(KIPFA)에서 주관하는 '스마트 앱 어워드 2018' 수상식에서 여행, 관광부문 대상을 수상하였다.

한편 '제주지니'는 렌터카 서비스 오픈 기념으로 신규 회원가입 시 5,000원 할인쿠폰을 증정하며 신한카드나 제주카드로 예약 시 5% 추가할인이 적용되어 업계 최저가로 렌터카를 제공할 수 있게 됨에 따라 제주도를 찾는 관광객들의 만족도 제고와 경비절감을 실현할 수 있을 것으로 기대하고 있다.

-2019. 5. 10.

면접질문 • 당행이 지역 중소기업과 상생할 수 있는 아이디어를 제안해 보시오.

PART

II

NCS 직업기초능력평가

01 의사소통능력

1 의사소통과 의사소통능력

(1) 의사소통

① **개념** … 사람들 간에 생각이나 감정, 정보, 의견 등을 교환하는 총체적인 행위로, 직장생활에서의 의사소통은 조직과 팀의 효율성과 효과성을 성취할 목적으로 이루어지는 구성원 간의 정보와 지식 전달 과정이라고 할 수 있다.

② **기능** … 공동의 목표를 추구해 나가는 집단 내의 기본적 존재 기반이며 성과를 결정하는 핵심 기능이다.

③ **의사소통의 종류**
 ㉠ 언어적인 것 : 대화, 전화통화, 토론 등
 ㉡ 문서적인 것 : 메모, 편지, 기획안 등
 ㉢ 비언어적인 것 : 몸짓, 표정 등

④ **의사소통을 저해하는 요인** … 정보의 과다, 메시지의 복잡성 및 메시지 간의 경쟁, 상이한 직위와 과업지향형, 신뢰의 부족, 의사소통을 위한 구조상의 권한, 잘못된 매체의 선택, 폐쇄적인 의사소통 분위기 등

(2) 의사소통능력

① **개념** … 의사소통능력은 직장생활에서 문서나 상대방이 하는 말의 의미를 파악하는 능력, 자신의 의사를 정확하게 표현하는 능력, 간단한 외국어 자료를 읽거나 외국인의 의사표시를 이해하는 능력을 포함한다.

② **의사소통능력 개발을 위한 방법**
 ㉠ 사후검토와 피드백을 활용한다.
 ㉡ 명확한 의미를 가진 이해하기 쉬운 단어를 선택하여 이해도를 높인다.
 ㉢ 적극적으로 경청한다.
 ㉣ 메시지를 감정적으로 곡해하지 않는다.

2 의사소통능력을 구성하는 하위능력

(1) 문서이해능력

① 문서와 문서이해능력
  ㉠ 문서 : 제안서, 보고서, 기획서, 이메일, 팩스 등 문자로 구성된 것으로 상대방에게 의사를 전달하여 설득하는 것을 목적으로 한다.
  ㉡ 문서이해능력 : 직업현장에서 자신의 업무와 관련된 문서를 읽고, 내용을 이해하고 요점을 파악할 수 있는 능력을 말한다.

| 예제 1

다음은 신용카드 약관의 주요내용이다. 규정 약관을 제대로 이해하지 못한 사람은?

> **[부가서비스]**
> 카드사는 법령에서 정한 경우를 제외하고 상품을 새로 출시한 후 1년 이내에 부가서비스를 줄이거나 없앨 수가 없다. 또한 부가서비스를 줄이거나 없앨 경우에는 그 세부내용을 변경일 6개월 이전에 회원에게 알려주어야 한다.
> **[중도 해지 시 연회비 반환]**
> 연회비 부과기간이 끝나기 이전에 카드를 중도해지하는 경우 남은 기간에 해당하는 연회비를 계산하여 10 영업일 이내에 돌려줘야 한다. 다만, 카드 발급 및 부가서비스 제공에 이미 지출된 비용은 제외된다.
> **[카드 이용한도]**
> 카드 이용한도는 카드 발급을 신청할 때에 회원이 신청한 금액과 카드사의 심사 기준을 종합적으로 반영하여 회원이 신청한 금액 범위 이내에서 책정되며 회원의 신용도가 변동되었을 때에는 카드사는 회원의 이용한도를 조정할 수 있다.
> **[부정사용 책임]**
> 카드 위조 및 변조로 인하여 발생된 부정사용 금액에 대해서는 카드사가 책임을 진다. 다만, 회원이 비밀번호를 다른 사람에게 알려주거나 카드를 다른 사람에게 빌려주는 등의 중대한 과실로 인해 부정사용이 발생하는 경우에는 회원이 그 책임의 전부 또는 일부를 부담할 수 있다.

① 혜수 : 카드사는 법령에서 정한 경우를 제외하고는 1년 이내에 부가서비스를 줄일 수 없어.
② 진성 : 카드 위조 및 변조로 인하여 발생된 부정사용 금액은 일괄 카드사가 책임을 지게 돼.
③ 영훈 : 회원의 신용도가 변경되었을 때 카드사가 이용한도를 조정할 수 있어.
④ 영호 : 연회비 부과기간이 끝나기 이전에 카드를 중도 해지하는 경우에는 남은 기간에 해당하는 연회비를 카드사는 돌려줘야 해.

[출제의도]
주어진 약관의 내용을 읽고 그에 대한 상세 내용의 정보를 이해하는 능력을 측정하는 문항이다.
[해설]
② 부정사용에 대해 고객의 과실이 있으면 회원이 그 책임의 전부 또는 일부를 부담할 수 있다.

달 ②

② 문서의 종류

　　㉠ **공문서** : 정부기관에서 공무를 집행하기 위해 작성하는 문서로, 단체 또는 일반회사에서 정부기관을 상대로 사업을 진행할 때 작성하는 문서도 포함된다. 엄격한 규격과 양식이 특징이다.

　　㉡ **기획서** : 아이디어를 바탕으로 기획한 프로젝트에 대해 상대방에게 전달하여 시행하도록 설득하는 문서이다.

　　㉢ **기안서** : 업무에 대한 협조를 구하거나 의견을 전달할 때 작성하는 사내 공문서이다.

　　㉣ **보고서** : 특정한 업무에 관한 현황이나 진행 상황, 연구 · 검토 결과 등을 보고하고자 할 때 작성하는 문서이다.

　　㉤ **설명서** : 상품의 특성이나 작동 방법 등을 소비자에게 설명하기 위해 작성하는 문서이다.

　　㉥ **보도자료** : 정부기관이나 기업체 등이 언론을 상대로 자신들의 정보를 기사화 되도록 하기 위해 보내는 자료이다.

　　㉦ **자기소개서** : 개인이 자신의 성장과정이나, 입사 동기, 포부 등에 대해 구체적으로 기술하여 자신을 소개하는 문서이다.

　　㉧ **비즈니스 레터(E-mail)** : 사업상의 이유로 고객에게 보내는 편지다.

　　㉨ **비즈니스 메모** : 업무상 확인해야 할 일을 메모형식으로 작성하여 전달하는 글이다.

③ **문서이해의 절차** … 문서의 목적 이해→문서 작성 배경 · 주제 파악→정보 확인 및 현안문제 파악→문서 작성자의 의도 파악 및 자신에게 요구되는 행동 분석→목적 달성을 위해 취해야 할 행동 고려→문서 작성자의 의도를 도표나 그림 등으로 요약 · 정리

(2) 문서작성능력

① 작성되는 문서에는 대상과 목적, 시기, 기대효과 등이 포함되어야 한다.

② 문서작성의 구성요소

　　㉠ 짜임새 있는 골격, 이해하기 쉬운 구조

　　㉡ 객관적이고 논리적인 내용

　　㉢ 명료하고 설득력 있는 문장

　　㉣ 세련되고 인상적인 레이아웃

예제 2

다음은 들은 내용을 구조적으로 정리하는 방법이다. 순서에 맞게 배열하면?

> ㉠ 관련 있는 내용끼리 묶는다.
> ㉡ 묶은 내용에 적절한 이름을 붙인다.
> ㉢ 전체 내용을 이해하기 쉽게 구조화한다.
> ㉣ 중복된 내용이나 덜 중요한 내용을 삭제한다.

① ㉠㉡㉢㉣ 　　　　　　　　　② ㉠㉡㉣㉢
③ ㉡㉠㉢㉣ 　　　　　　　　　④ ㉡㉠㉣㉢

③ 문서의 종류에 따른 작성방법

　㉠ 공문서
- 육하원칙이 드러나도록 써야 한다.
- 날짜는 반드시 연도와 월, 일을 함께 언급하며, 날짜 다음에 괄호를 사용할 때는 마침표를 찍지 않는다.
- 대외문서이며, 장기간 보관되기 때문에 정확하게 기술해야 한다.
- 내용이 복잡할 경우 '−다음−', '−아래−'와 같은 항목을 만들어 구분한다.
- 한 장에 담아내는 것을 원칙으로 하며, 마지막엔 반드시 '끝'자로 마무리 한다.

　㉡ 설명서
- 정확하고 간결하게 작성한다.
- 이해하기 어려운 전문용어의 사용은 삼가고, 복잡한 내용은 도표화 한다.
- 명령문보다는 평서문을 사용하고, 동어 반복보다는 다양한 표현을 구사하는 것이 바람직하다.

　㉢ 기획서
- 상대를 설득하여 기획서가 채택되는 것이 목적이므로 상대가 요구하는 것이 무엇인지 고려하여 작성하며, 기획의 핵심을 잘 전달하였는지 확인한다.
- 분량이 많을 경우 전체 내용을 한눈에 파악할 수 있도록 목차구성을 신중히 한다.
- 효과적인 내용 전달을 위한 표나 그래프를 적절히 활용하고 산뜻한 느낌을 줄 수 있도록 한다.
- 인용한 자료의 출처 및 내용이 정확해야 하며 제출 전 충분히 검토한다.

② 보고서

  • 도출하고자 한 핵심내용을 구체적이고 간결하게 작성한다.
  • 내용이 복잡할 경우 도표나 그림을 활용하고, 참고자료는 정확하게 제시한다.
  • 제출하기 전에 최종점검을 하며 질의를 받을 것에 대비한다.

예제 3

다음 중 공문서 작성에 대한 설명으로 가장 적절하지 못한 것은?

① 공문서나 유가증권 등에 금액을 표시할 때에는 한글로 기재하고 그 옆에 괄호를 넣어 숫자로 표기한다.
② 날짜는 숫자로 표기하되 년, 월, 일의 글자는 생략하고 그 자리에 온점(.)을 찍어 표시한다.
③ 첨부물이 있는 경우에는 붙임 표시문 끝에 1자 띄우고 "끝."이라고 표시한다.
④ 공문서의 본문이 끝났을 경우에는 1자를 띄우고 "끝."이라고 표시한다.

[출제의도]
업무를 할 때 필요한 공문서 작성법을 잘 알고 있는지를 측정하는 문항이다.
[해설]
공문서 금액 표시
아라비아 숫자로 쓰고, 숫자 다음에 괄호를 하여 한글로 기재한다.
예) 금 123,456원(금 일십이만삼천사백오십육원)

답 ①

---

④ 문서작성의 원칙

  ㉠ 문장은 짧고 간결하게 작성한다(간결체 사용).
  ㉡ 상대방이 이해하기 쉽게 쓴다.
  ㉢ 불필요한 한자의 사용을 자제한다.
  ㉣ 문장은 긍정문의 형식을 사용한다.
  ㉤ 간단한 표제를 붙인다.
  ㉥ 문서의 핵심내용을 먼저 쓰도록 한다(두괄식 구성).

⑤ 문서작성 시 주의사항

  ㉠ 육하원칙에 의해 작성한다.
  ㉡ 문서 작성시기가 중요하다.
  ㉢ 한 사안은 한 장의 용지에 작성한다.
  ㉣ 반드시 필요한 자료만 첨부한다.
  ㉤ 금액, 수량, 일자 등은 기재에 정확성을 기한다.
  ㉥ 경어나 단어사용 등 표현에 신경 쓴다.
  ㉦ 문서작성 후 반드시 최종적으로 검토한다.

⑥ 효과적인 문서작성 요령

　　㉠ **내용이해** : 전달하고자 하는 내용과 핵심을 정확하게 이해해야 한다.

　　㉡ **목표설정** : 전달하고자 하는 목표를 분명하게 설정한다.

　　㉢ **구성** : 내용 전달 및 설득에 효과적인 구성과 형식을 고려한다.

　　㉣ **자료수집** : 목표를 뒷받침할 자료를 수집한다.

　　㉤ **핵심전달** : 단락별 핵심을 하위목차로 요약한다.

　　㉥ **대상파악** : 대상에 대한 이해와 분석을 통해 철저히 파악한다.

　　㉦ **보충설명** : 예상되는 질문을 정리하여 구체적인 답변을 준비한다.

　　㉧ **문서표현의 시각화** : 그래프, 그림, 사진 등을 적절히 사용하여 이해를 돕는다.

(3) 경청능력

① **경청의 중요성** … 경청은 다른 사람의 말을 주의 깊게 들으며 공감하는 능력으로 경청을 통해 상대방을 한 개인으로 존중하고 성실한 마음으로 대하게 되며, 상대방의 입장에 공감하고 이해하게 된다.

② **경청을 방해하는 습관** … 짐작하기, 대답할 말 준비하기, 걸러내기, 판단하기, 다른 생각하기, 조언하기, 언쟁하기, 옳아야만 하기, 슬쩍 넘어가기, 비위 맞추기 등

③ **효과적인 경청방법**

　　㉠ **준비하기** : 강연이나 프레젠테이션 이전에 나누어주는 자료를 읽어 미리 주제를 파악하고 등장하는 용어를 익혀둔다.

　　㉡ **주의 집중** : 말하는 사람의 모든 것에 집중해서 적극적으로 듣는다.

　　㉢ **예측하기** : 다음에 무엇을 말할 것인가를 추측하려고 노력한다.

　　㉣ **나와 관련짓기** : 상대방이 전달하고자 하는 메시지를 나의 경험과 관련지어 생각해 본다.

　　㉤ **질문하기** : 질문은 듣는 행위를 적극적으로 하게 만들고 집중력을 높인다.

　　㉥ **요약하기** : 주기적으로 상대방이 전달하려는 내용을 요약한다.

　　㉦ **반응하기** : 피드백을 통해 의사소통을 점검한다.

예제 4

다음은 면접스터디 중 일어난 대화이다. 민아의 고민을 해소하기 위한 조
언으로 가장 적절한 것은?

> 지섭 : 민아씨, 어디 아파요? 표정이 안 좋아 보여요.
>
> 민아 : 제가 원서 넣은 공단이 내일 면접이어서요. 그동안 스터디를 통해
> 서 면접 연습을 많이 했는데도 벌써부터 긴장이 되네요.
>
> 지섭 : 민아씨는 자기 의견도 명확히 피력할 줄 알고 조리 있게 설명을 잘
> 하시니 걱정 안 하셔도 될 것 같아요. 아, 손에 꽉 쥐고 계신 건 뭔
> 가요?
>
> 민아 : 아, 제가 예상 답변을 정리해서 모아둔거예요. 내용은 거의 외웠는
> 데 이렇게 쥐고 있지 않으면 불안해서
>
> 지섭 : 그 정도로 준비를 철저히 하셨으면 걱정할 이유 없을 것 같아요.
>
> 민아 : 그래도 압박면접이거나 예상치 못한 질문이 들어오면 어떻게 하죠?
>
> 지섭 : _____

① 시선을 적절히 처리하면서 부드러운 어투로 말하는 연습을 해보는 건 어때요?
② 공식적인 자리인 만큼 옷차림을 신경 쓰는 게 좋을 것 같아요.
③ 당황하지 말고 질문자의 의도를 잘 파악해서 침착하게 대답하면 되지 않을까요?
④ 예상 질문에 대한 답변을 좀 더 정확하게 외워보는 건 어떨까요?

[출제의도]
상대방이 하는 말을 듣고 질문 의
도에 따라 올바르게 답하는 능력을
측정하는 문항이다.
[해설]
민아는 압박질문이나 예상치 못한
질문에 대해 걱정을 하고 있으므로
침착하게 대응하라고 조언을 해주
는 것이 좋다.

답 ③

(4) 의사표현능력

① 의사표현의 개념과 종류

　㉠ **개념** : 화자가 자신의 생각과 감정을 청자에게 음성언어나 신체언어로 표현하는 행위이다.

　㉡ **종류**

　　• 공식적 말하기 : 사전에 준비된 내용을 대중을 대상으로 말하는 것으로 연설, 토의, 토
　　론 등이 있다.

　　• 의례적 말하기 : 사회 · 문화적 행사에서와 같이 절차에 따라 하는 말하기로 식사, 주
　　례, 회의 등이 있다.

　　• 친교적 말하기 : 친근한 사람들 사이에서 자연스럽게 주고받는 대화 등을 말한다.

② 의사표현의 방해요인

　㉠ **연단공포증** : 연단에 섰을 때 가슴이 두근거리거나 땀이 나고 얼굴이 달아오르는 등의
　　현상으로 충분한 분석과 준비, 더 많은 말하기 기회 등을 통해 극복할 수 있다.

ⓛ **말** : 말의 장단, 고저, 발음, 속도, 쉼 등을 포함한다.

ⓒ **음성** : 목소리와 관련된 것으로 음색, 고저, 명료도, 완급 등을 의미한다.

ⓔ **몸짓** : 비언어적 요소로 화자의 외모, 표정, 동작 등이다.

ⓜ **유머** : 말하기 상황에 따른 적절한 유머를 구사할 수 있어야 한다.

③ **상황과 대상에 따른 의사표현법**

ⓞ **잘못을 지적할 때** : 모호한 표현을 삼가고 확실하게 지적하며, 당장 꾸짖고 있는 내용에만 한정한다.

ⓛ **칭찬할 때** : 자칫 아부로 여겨질 수 있으므로 센스 있는 칭찬이 필요하다.

ⓒ **부탁할 때** : 먼저 상대방의 사정을 듣고 응하기 쉽게 구체적으로 부탁하며 거절을 당해도 싫은 내색을 하지 않는다.

ⓔ **요구를 거절할 때** : 먼저 사과하고 응해줄 수 없는 이유를 설명한다.

ⓜ **명령할 때** : 강압적인 말투보다는 '○○을 이렇게 해주는 것이 어떻겠습니까?'와 같은 식으로 부드럽게 표현하는 것이 효과적이다.

ⓗ **설득할 때** : 일방적으로 강요하기보다는 먼저 양보해서 이익을 공유하겠다는 의지를 보여주는 것이 좋다.

ⓢ **충고할 때** : 충고는 가장 최후의 방법이다. 반드시 충고가 필요한 상황이라면 예화를 들어 비유적으로 깨우쳐주는 것이 바람직하다.

ⓞ **질책할 때** : 샌드위치 화법(칭찬의 말 + 질책의 말 + 격려의 말)을 사용하여 청자의 반발을 최소화 한다.

예제 5	[출제의도]

예제 5

당신은 팀장님께 업무 지시내용을 수행하고 결과물을 보고 드렸다. 하지만 팀장님께서는 "최대리 업무를 이렇게 처리하면 어떡하나? 누락된 부분이 있지 않은가."라고 말하였다. 이에 대해 당신이 행할 수 있는 가장 부적절한 대처 자세는?

① "죄송합니다. 제가 잘 모르는 부분이라 이수혁 과장님께 부탁을 했는데 과장님께서 실수를 하신 것 같습니다."

② "주의를 기울이지 못해 죄송합니다. 어느 부분을 수정보완하면 될까요?"

③ "지시하신 내용을 제가 충분히 이해하지 못하였습니다. 내용을 다시 한 번 여쭤보아도 되겠습니까?"

④ "부족한 내용을 보완하는 자료를 취합하기 위해서 하루정도가 더 소요될 것 같습니다. 언제까지 재작성하여 드리면 될까요?"

[출제의도]
상사가 잘못을 지적하는 상황에서 어떻게 대처해야 하는지를 묻는 문항이다.
[해설]
상사가 부탁한 지시사항을 다른 사람에게 부탁하는 것은 옳지 못하며 설사 그렇다고 해도 그 일의 과오에 대해 책임을 전가하는 것은 지양해야 할 자세이다.

답 ①

④ 원활한 의사표현을 위한 지침

　㉠ 올바른 화법을 위해 독서를 하라.

　㉡ 좋은 청중이 되라.

　㉢ 칭찬을 아끼지 마라.

　㉣ 공감하고, 긍정적으로 보이게 하라.

　㉤ 겸손은 최고의 미덕임을 잊지 마라.

　㉥ 과감하게 공개하라.

　㉦ 뒷말을 숨기지 마라.

　㉧ 첫마디 말을 준비하라.

　㉨ 이성과 감성의 조화를 꾀하라.

　㉩ 대화의 룰을 지켜라.

　㉪ 문장을 완전하게 말하라.

⑤ 설득력 있는 의사표현을 위한 지침

　㉠ 'Yes'를 유도하여 미리 설득 분위기를 조성하라.

　㉡ 대비 효과로 분발심을 불러 일으켜라.

　㉢ 침묵을 지키는 사람의 참여도를 높여라.

　㉣ 여운을 남기는 말로 상대방의 감정을 누그러뜨려라.

　㉤ 하던 말을 갑자기 멈춤으로써 상대방의 주의를 끌어라.

　㉥ 호칭을 바꿔서 심리적 간격을 좁혀라.

　㉦ 끄집어 말하여 자존심을 건드려라.

　㉧ 정보전달 공식을 이용하여 설득하라.

　㉨ 상대방의 불평이 가져올 결과를 강조하라.

　㉩ 권위 있는 사람의 말이나 작품을 인용하라.

　㉪ 약점을 보여 주어 심리적 거리를 좁혀라.

　㉫ 이상과 현실의 구체적 차이를 확인시켜라.

　㉬ 자신의 잘못도 솔직하게 인정하라.

　㉭ 집단의 요구를 거절하려면 개개인의 의견을 물어라.

　ⓐ 동조 심리를 이용하여 설득하라.

　ⓑ 지금까지의 노고를 치하한 뒤 새로운 요구를 하라.

　ⓒ 담당자가 대변자 역할을 하도록 하여 윗사람을 설득하게 하라.

　ⓓ 겉치레 양보로 기선을 제압하라.

　ⓔ 변명의 여지를 만들어 주고 설득하라.

　ⓕ 혼자 말하는 척하면서 상대의 잘못을 지적하라.

(5) 기초외국어능력

① 기초외국어능력의 개념과 필요성
- ㉠ 개념 : 기초외국어능력은 외국어로 된 간단한 자료를 이해하거나, 외국인과의 전화응대와 간단한 대화 등 외국인의 의사표현을 이해하고, 자신의 의사를 기초외국어로 표현할 수 있는 능력이다.
- ㉡ 필요성 : 국제화·세계화 시대에 다른 나라와의 무역을 위해 우리의 언어가 아닌 국제적인 통용어를 사용하거나 그들의 언어로 의사소통을 해야 하는 경우가 생길 수 있다.

② 외국인과의 의사소통에서 피해야 할 행동
- ㉠ 상대를 볼 때 흘겨보거나, 노려보거나, 아예 보지 않는 행동
- ㉡ 팔이나 다리를 꼬는 행동
- ㉢ 표정이 없는 것
- ㉣ 다리를 흔들거나 펜을 돌리는 행동
- ㉤ 맞장구를 치지 않거나 고개를 끄덕이지 않는 행동
- ㉥ 생각 없이 메모하는 행동
- ㉦ 자료만 들여다보는 행동
- ㉧ 바르지 못한 자세로 앉는 행동
- ㉨ 한숨, 하품, 신음소리를 내는 행동
- ㉩ 다른 일을 하며 듣는 행동
- ㉪ 상대방에게 이름이나 호칭을 어떻게 부를지 묻지 않고 마음대로 부르는 행동

③ 기초외국어능력 향상을 위한 공부법
- ㉠ 외국어공부의 목적부터 정하라.
- ㉡ 매일 30분씩 눈과 손과 입에 밸 정도로 반복하라.
- ㉢ 실수를 두려워하지 말고 기회가 있을 때마다 외국어로 말하라.
- ㉣ 외국어 잡지나 원서와 친해져라.
- ㉤ 소홀해지지 않도록 라이벌을 정하고 공부하라.
- ㉥ 업무와 관련된 주요 용어의 외국어는 꼭 알아두자.
- ㉦ 출퇴근 시간에 외국어 방송을 보거나, 듣는 것만으로도 귀가 트인다.
- ㉧ 어린이가 단어를 배우듯 외국어 단어를 암기할 때 그림카드를 사용해 보라.
- ㉨ 가능하면 외국인 친구를 사귀고 대화를 자주 나눠 보라.

1 다음 내용과 어울리는 속담을 고르면?

> 진석이는 학교 수업을 마치고 집으로 돌아오던 중 스마트폰이 없어진 것을 알았다. 옷가지와 가방을 모두 뒤져보았지만 찾을 수 없었다. 마음이 급해진 진석이는 수업을 들었던 교실로 뛰어가 여기저기 찾아보았지만 있던 자리에 스마트폰의 흔적은 없었다. 찾는 것을 포기하고 다시 집으로 돌아오던 중 울린 전화벨 소리에 무의식적으로 통화를 받는 그 순간 처음부터 지금까지 스마트폰이 본인 손에 들려있었다는 사실을 깨달았다.

① 아니 땐 굴뚝에 연기 날까.
② 등잔 밑이 어둡다.
③ 뽕도 따고 임도 보고.
④ 목마른 놈이 우물 판다.

 ① 원인이 없으면 결과가 있을 수 없음을 비유적으로 이르는 말
② 대상에서 가까이 있는 사람이 도리어 대상에 대하여 잘 알기 어렵다는 말
③ 두 가지 일을 동시에 이룸을 비유적으로 이르는 말
④ 제일 급하고 일이 필요한 사람이 그 일을 서둘러 하게 되어 있다는 말

2 다음 밑줄 친 단어의 의미로 적절하지 않은 것은?

> 조선시대 재이(災異)는 재난(災難)과 ① <u>변이(變異)</u>의 합성어로서 재난보다 더 포괄적인 개념이다. 재이에는 가뭄, 홍수, 질병 등 인간에게 직접적인 상해를 입히는 재난과 괴이한 자연 현상 뿐만 아니라 ② <u>와언(訛言)</u>이라 일컬어지는 유언비어와 같은 사회적 사건 역시 포함되었다.
>
> 조선시대 지배계층은 재이에 대한 대응을 중요한 통치 수단으로 삼았다. 유학의 재이론은 한나라 때 일식, 홍수, 지진 등의 재앙을 통치자의 ③ <u>실정(失政)</u> 탓이라고 생각했던 것에서 연원했다. 예를 들면 지배계층이 실정하면 재이를 통해 국가가 패망에 이르게 될 것을 알려준다고 생각했다. 그러므로 재이론은 재난을 입은 피지배 계층 뿐만 아니라 지배계층에게도 중요한 정치적 의미가 있었다.
>
> 기양의례(祈禳儀禮)는 재이에 대처하는 국가적 방식이었다. 기양의례에는 기우제(祈雨祭)와 ④ <u>여제(厲祭)</u> 등이 있었다. 가뭄이 극심해지면 임금이 제주(祭主)가 되어 기우제를 지냈다. 이 때 임금은 하늘의 벌을 받아 비가 내리지 않는다하여, 음식을 전폐하고 궁궐에서 초가로 거처를 옮기고 죄인을 석방하는 등의 조치를 취하기도 하였다. 이것은 비가 내리기를 기원하고 가뭄으로 흉흉한 민심을 안정시키고자 하는 데 그 목적이 있었다. 한편 여제란 전염병이 발생했을 때 행했던 의례였다. 여제는 바이러스나 세균에 의한 전염을 이해하지 못했기 때문에 종교적으로 정화하기 위한 의례였다. 지배계층은 기양의례와 같은 정치적 제사를 통해 피지배 계층의 고통을 외면하지 않고, 재이를 해결하고자 하는 의지를 드러냈다.

① 변이 : 어떤 상황의 가변적 요인
② 와언 : 잘못 전하여진 말
③ 실정 : 잘못된 정치
④ 여제 : 나라에 역질이 돌 때에 지내던 제사

• 변이(變異) : 나이와 관계없이 모양과 성질이 다른 개체가 존재하는 현상
• 변수(變數) : 어떤 상황의 가변적 요인

Answer ➔ 1.② 2.①

3 다음 중 통일성을 해치는 문장으로 적절한 것은?

규합총서(1809)에는 생선을 조리하는 방법으로 고는 방법, 굽는 방법, 완자탕으로 만드는 방법 등이 소개되어 있다. 그런데 통째로 모양을 유지시키면서 접시에 올리려면 굽거나 찌는 방법 밖에 없다. ㉠보통 생선을 구우려면 긴 꼬챙이를 생선의 입부터 꼬리까지 빗겨 질러서 화로에 얹고 간접적으로 불을 쬐게 한다. 그러나 이런 방법을 쓰면 생선의 입이 원래 상태에서 크게 벗어나 뒤틀리고 만다.

당시에는 굽기보다는 찌기가 더욱 일반적이었다. ㉡먼저 생선의 비늘을 벗겨내고 내장을 제거한 후 흐르는 물에 깨끗하게 씻는다. 여기에 소금으로 간을 하여 하루쯤 채반에 받쳐 그늘진 곳에서 말린다. 이것을 솥 위에 올린 시루 속에 넣고 약한 불로 찌면 식어도 그 맛이 일품이다. ㉢1830년대 중반 이후 밀입국한 신부 샤를 달레가 집필한 책에 생선을 생으로 먹는 조선시대의 풍습이 소개 되어 있다. 보통 제사에 올리는 생선은 이와 같이 찌는 조리법을 이용했다. ㉣이 시대에는 신분에 관계없이 유교식 제사가 집집마다 퍼졌기 때문에 생선을 찌는 조리법이 널리 받아들여졌다.

① ㉠

② ㉡

③ ㉢

④ ㉣

 위 글은 생선을 조리하는 방법에 대해 나타나있지만 ㉢은 조선시대의 풍습에 대한 내용이다.

4 다음 글과 어울리는 사자성어로 적절한 것은?

> 관중(管仲)과 포숙(鮑叔)은 죽마고우로 둘도 없는 친구(親舊) 사이였다. 어려서부터 포숙(鮑叔)은 관중(管仲)의 범상(凡常)치 않은 재능을 간파(看破)하고 있었으며, 관중(管仲)은 포숙(鮑叔)을 이해(理解)하고 불평(不平) 한마디 없이 사이좋게 지내고 있었다. 두 사람은 벼슬길에 올랐으나, 본의 아니게 적이 되었다. 규의 아우 소백(小白)은 제(齊)나라의 새 군주(君主)가 되어 환공(桓公)이라 일컫고, 형 규(糾)를 죽이고 그 측근이었던 관중(管仲)도 죽이려 했다. 그때 포숙(鮑叔)이 환공(桓公)에게 진언(盡言)했다. "관중(管仲)의 재능은 신보다 몇 갑절 낫습니다. 제(齊)나라만 다스리는 것으로 만족(滿足)하신다면 신으로도 충분합니다만 천하(天下)를 다스리고자 하신다면 관중(管仲)을 기용하셔야 하옵니다." 환공(桓公)은 포숙(鮑叔)의 진언(盡言)을 받아들여 관중(管仲)을 대부(大夫)로 중용하고 정사(政事)를 맡겼다. 재상(宰相)이 된 관중(管仲)은 기대에 어긋나지 않게 마음껏 수완을 발휘해 환공(桓公)으로 하여금 춘추(春秋)의 패자(覇者)로 군림하게 했다. 성공(成功)한 후 관중(管仲)은 포숙(鮑叔)에 대한 고마운 마음을 다음과 같이 회고(回顧)하고 있다. "내가 젊고 가난했을 때 포숙(鮑叔)과 함께 장사를 하면서 언제나 그보다 더 많은 이득(利得)을 취했다. 그러나 포숙(鮑叔)은 나에게 욕심쟁이라고 말하지 않았다. 그는 내가 가난한 것을 알고 있었기 때문이다. 나는 또 몇 번씩 벼슬에 나갔으나 그때마다 쫓겨났다. 그래도 그는 나를 무능(無能)하다고 흉보지 않았다. 내게 아직 운이 안 왔다고 생각한 것이다. 싸움터에서 도망(逃亡)쳐 온 적도 있으나 그는 나를 겁쟁이라고 하지 않았다. 나에게 늙은 어머니가 계시기 때문이라고 생각한 것이다. 공자 규가 후계자 싸움에서 패하여 동료 소홀(召忽)은 싸움에서 죽고 나는 묶이는 치욕(恥辱)을 당했지만 그는 나를 염치(廉恥)없다고 비웃지 않았다. 내가 작은 일에 부끄러워하기보다 공명을 천하(天下)에 알리지 못함을 부끄러워 한다는 것을 알고 있었기 때문이다. 나를 낳아준 이는 부모(父母)이지만 나를 진정으로 알아준 사람은 포숙(鮑叔)이다."

① 관포지교(管鮑之交)

② 오매불망(寤寐不忘)

③ 마부위침(磨斧爲針)

④ 망운지정(望雲之情)

 ① 매우 다정하고 허물없는 친구사이
② 자나 깨나 잊지 못함
③ 끊임없는 노력과 끈기 있는 인내로 성공하고야 만다는 뜻
④ 멀리 떠나온 자식이 어버이를 사모하여 그리는 정

Answer → 3.③ 4.①

5 다음 글을 순서에 맞게 배열한 것은?

(개) 전 세계적으로 MRI 관련 산업의 시장규모는 매년 약 42억~45억 달러씩 늘어나고 있다. 한국의 시장규모는 연간 8,000만~1억 달러씩 증가하고 있다. 현재 한국에는 약 800대의 MRI 기기가 도입돼 있다. 이는 인구 백만 명 당 16대꼴로 일본이나 미국에는 미치지 못하지만 유럽이나 기타 OECD 국가들에 뒤지지 않는 보급률이다.

(내) 과거에는 질병의 '치료'를 중시하였으나 점차 질병의 '진단'을 중시하는 추세로 변화하고 있다. 조기진단을 통해 질병을 최대한 빠른 시점에 발견하고 이에 따른 명확한 치료책을 제시함으로써 뒤늦은 진단 및 오진으로 발생하는 사회적 비용을 최소화하고 질병 관리능력을 증대시키고 있다. 조기진단의 경제적 효과는 실로 엄청난데, 관련 기관의 보고서에 의하면 유방암 치료비는 말기진단 시 60,000~145,000 달러인데 비해 조기진단 시 10,000~15,000 달러로 현저한 차이를 보인다. 또한 조기진단과 치료로 인한 생존율 역시 말기진단의 경우에 비해 4배 이상 증가한 것으로 밝혀졌다.

(대) 현재 조기진단을 가능케 하는 진단영상기기로는 X-ray, CT, MRI 등이 널리 쓰이고 있으며, 이 중 1985년에 개발된 MRI가 가장 최신장비로 손꼽힌다. MRI는 다른 기기에 비해 연골과 근육, 척수, 혈관 속 물질, 뇌조직 등 체내 부드러운 조직의 미세한 차이를 구분하고 신체의 이상 유무를 밝히는데 탁월하여 현존하는 진단기기 중에 가장 성능이 좋은 것으로 평가받고 있다. 이러한 특징으로 인해 MRI는 세포조직 내 유방암, 위암, 파킨슨병, 알츠하이머병, 다발성경화증 등의 뇌신경계 질환 진단에 많이 활용되고 있다.

① (개)(내)(대)
② (개)(대)(내)
③ (내)(대)(개)
④ (내)(개)(대)

 (내) 질병의 '치료'에서 '진단'을 중시하는 추세로 변화
(대) 가장 최신 진단영상기기 MRI
(개) MRI 관련 산업의 시장규모

6 다음의 글을 읽고 김 씨가 의사소통능력을 향상시키기 위해 노력한 것은 무엇인가?

> 직장인 김 씨는 자주 동료들로부터 다른 사람들의 이야기를 흘려듣거나 금세 잊
> 어버린다는 이야기를 많이 들어 어떤 일을 하더라도 늦거나 실수하는 경우가 많이
> 발생한다. 그리고 같은 일을 했음에도 불구하고 다른 직원들보다 남겨진 자료가 별
> 로 없는 것을 알게 되었다. 그래서 김 씨는 항상 메모하고 기억하려는 노력을 하기
> 로 결심하였다. 그 후 김 씨는 회의시간은 물론이고 거래처 사람들을 만날 때, 공문
> 서를 읽거나 책을 읽을 때에도 메모를 하려고 열심히 노력하였다. 모든 상황에서 메
> 모를 하다 보니 자신만의 방법을 터득하게 되어 자신만 알 수 있는 암호로 더욱 간
> 단하고 신속하게 메모를 할 수 있게 되었다. 또한 메모한 내용을 각 주제별로 분리
> 하여 자신만의 데이터베이스를 만들기에 이르렀다. 이후 갑자기 보고할 일이 생겨도
> 자신만의 데이터베이스를 이용하여 쉽게 처리를 할 수 있게 되며 일 잘하는 직원으
> 로 불리게 되었다.

① 경청하기
② 검토하기
③ 따라하기
④ 메모하기

(Tip) 김 씨는 메모를 하는 습관을 길러 자신의 부족함을 메우고 자신만의 데이터베이스를 구축
하여 모두에게 인정을 받게 되었다.

7 다음 전화 통화의 내용과 일치하는 것은?

> Agent : AVA Airlines. Can I help you?
>
> Daniel : Hello. I'd like to reconfirm my flight, please.
>
> Agent : May I have name and flight number, please?
>
> Daniel : My name is Daniel Wilson and my flight number is 256.
>
> Agent : When are you leaving?
>
> Daniel : On May 11th.
>
> Agent : And your destination?
>
> Daniel : Seoul.
>
> Agent : Hold the line, please. All right. Your seat is confirmed, Mr. Wilson.
> You'll be arriving in Seoul at 4 o'clock p.m. local time.
>
> Daniel : Thank you. Can I pick up my ticket when I check in?
>
> Agent : Yes, but please check in at least one hour before departure time.

① Wilson's flight was canceled.

② Wilson's flight was delayed due to the bad weather.

③ Wilson will departure from Seoul on May 11th.

④ Wilson will arrive in Seoul at 4 o'clock p.m. local time.

 ① Wilson의 항공편은 취소되었다.

② Wilson의 항공편은 기상악화로 연기되었다.

③ Wilson는 5월 11일 서울에서 출발할 것이다.

④ Wilson는 서울에 현지 시각으로 오후 4시에 도착할 것이다.

「Agent : AVA 항공사입니다. 무엇을 도와드릴까요?

Daniel : 안녕하세요. 제 항공편의 예약을 재확인하고 싶습니다.

Agent : 성함과 항공편 번호를 알려주시겠습니까?

Daniel : 제 이름은 Daniel Wilson이고 항공편 번호는 256입니다.

Agent : 언제 떠나시죠?

Daniel : 5월 11일입니다.

Agent : 목적지는요?

Daniel : 서울입니다.

Agent : 잠시만 기다려 주세요. 예, 좌석이 확인됐습니다. 서울에는 현지 시각으로 오후 4시에 도착예 정입니다.

Daniel : 감사합니다. 탑승 수속 시 발권을 해도 될까요?

Agent : 예, 하지만 적어도 출발 시간 1시간 전에 수속을 해주십시오.」

8 다음 밑줄 친 단어의 한자로 옳지 않은 것은?

> 15세기 후반 왕실의 도자기 수요량이 증가하자 국가가 도자기 제조를 직접 관리하게 되었다. 광주분원은 왕실에 필요한 도자기를 구워내기 위해 경기도 광주군에 설치한 관요(官窯)였다. 광주군 일대는 질 좋은 소나무 숲이 많았기 때문에 관요에 필요한 연료를 공급하는 시장절수처(柴場折受處)로 ①지정되었다.
>
> 예로부터 백자가마에서는 숯이나 재가 남지 않고 충분한 열량을 낼 수 있는 소나무를 연료로 사용했다. 불티가 남지 않는 소나무는 백자 표면에 입힌 유약을 매끄럽게 해질 좋은 백자를 굽는 데 최상의 연료였다. 철분이 많은 참나무 종류는 불티가 많이 생겨서 백자 표면에 붙고, 그 불티가 산화철로 변하여 유약을 바른 표면에 원하지 않는 자국을 내기 때문에 예열할 때 외에는 땔감으로 사용하지 않았다. 도자기를 굽는 데는 많은 땔감이 필요하였다. 한 가마에서 백자 1,500개를 생산하기 위해서는 50짐의 소나무 장작이 필요했다. 장작 1거(車)는 5~6태(駄)를 말하며 1태는 2짐에 해당하는 ②분량이었다.
>
> 분원은 소나무 땔감을 안정적으로 공급받기 위하여 시장 절수처 내의 수목이 무성한 곳을 찾아 약 10년에 한번 꼴로 그 장소를 이동하였다. 분원이 설치되어 땔감에 필요한 소나무를 다 채취한 곳은 소나무가 ③무성하게 될 때까지 기다렸다가 다시 그 곳에 분원을 설치하여 수목을 채취하는 것이 원칙이었다. 질 좋은 소나무 확보가 중요했기 때문에 시장절수처로 지정된 곳의 소나무는 관요에 필요한 땔감으로만 사용을 하고 다른 관청의 사용을 전면 금지하였다.
>
> 그러나 실제로는 한 번 분원이 설치되어 소나무를 채취한 곳은 화전으로 ④개간되었기 때문에 다시 그 곳에서 땔감을 공급받을 수 없게 되었다. 그리하여 17세기 말경에는 분원을 교통이 편리한 곳에 고정시켜 두고 땔감을 분원으로 운반하여 사용하자는 분원고정론(分院固定論)이 대두되었다. 이러한 논의는 당시에는 실현되지 못하였고, 경종 원년(1721년) 이후에야 분원을 고정시켜 시장절수처 이외의 장소에서 땔감을 구입하여 사용하게 되었다.

① 지정 : 智情　　　　　　② 분량 : 分量

③ 무성 : 茂盛　　　　　　④ 개간 : 開墾

　• 지정(指定) : 가리키어 확실하게 정함
　• 지정(智情) : 지혜와 정열을 아울러 이르는 말

9 다음은 출산율 저하와 인구정책에 관한 글을 쓰기 위해 정리한 글감과 생각이다. 〈보기〉와 같은 방식으로 내용을 전개하려고 할 때 바르게 연결된 것은?

> ㉠ 가임 여성 1인당 출산율이 1.3명으로 떨어졌다.
> ㉡ 여성의 사회 활동 참여율이 크게 증가하고 있다.
> ㉢ 현재 시행되고 있는 출산장려 정책은 큰 효과가 없다.
> ㉣ 새롭고 실제 가정에 도움이 되는 출산장려 정책이 추진되어야 한다.
> ㉤ 가치관의 변화로 자녀의 필요성을 느끼지 않는다.
> ㉥ 인구 감소로 인해 노동력 부족 현상이 심화된다.
> ㉦ 노동 인구의 수가 국가 산업 경쟁력을 좌우한다.
> ㉧ 인구 문제에 대한 정부 차원의 대책을 수립한다.

> 〈보기〉
> 문제 상황 → 상황의 원인 → 주장 → 주장의 근거 → 종합 의견

	문제 상황	상황의 원인	예상 문제점	주장	주장의 근거	종합 의견
①	㉠, ㉡	㉤	㉢	㉣	㉥, ㉦	㉧
②	㉠	㉡, ㉤	㉥, ㉦	㉣	㉢	㉧
③	㉡, ㉤	㉥	㉠	㉢, ㉣	㉧	㉦
④	㉢	㉠, ㉡, ㉤	㉦	㉧	㉥	㉣

- 문제 상황 : 출산율 저하(㉠)
- 출산율 저하의 원인 : 여성의 사회 활동 참여율(㉡), 가치관의 변화(㉤)
- 출산율 저하의 문제점 : 노동 인구의 수가 국가 산업 경쟁력을 좌우(㉦)하는데 인구 감소로 인해 노동력 부족 현상이 심화된다(㉥).
- 주장 : 새롭고 실제 가정에 도움이 되는 출산장려 정책이 추진되어야 한다(㉣).
- 주장의 근거 : 현재 시행되고 있는 출산장려 정책은 큰 효과가 없다(㉢).
- 종합 의견 : 인구 문제에 대한 정부 차원의 대책을 수립한다(㉧).

10 다음은 SNS 회사에 함께 인턴으로 채용된 두 친구의 대화이다. 두 사람이 제출했을 토론 주제로 적합한 것은?

> 여 : 대리님께서 말씀하신 토론 주제는 정했어? 난 인터넷에서 '저무는 육필의 시대'라는 기사를 찾았는데 토론 주제로 괜찮을 것 같아서 그걸 정리해 가려고 하는데.
>
> 남 : 난 아직 마땅한 게 없어서 찾는 중이야. 그런데 육필이 뭐야?
>
> 여 : SNS 회사에 입사했다는 애가 그것도 모르는 거야? 컴퓨터로 글을 쓰는 게 디지털 글쓰기라면 손으로 글을 쓰는 걸 육필이라고 하잖아.
>
> 남 : 아! 그런 거야? 그럼 우리는 디지털 글쓰기 세대겠네?
>
> 여 : 그런 셈이지. 요즘 다들 컴퓨터로 글을 쓰니까. 그나저나 너는 디지털 글쓰기의 장점이 뭐라고 생각해?
>
> 남 : 음, 우선 떠오르는 대로 빨리 쓸 수 있다는 점 아닐까? 또 쉽게 고칠 수도 있고. 그래서 누구나 쉽게 글을 쓸 수 있다는 점이 디지털 글쓰기의 최대 장점이라고 생각하는데.
>
> 여 : 맞아. 기존의 글쓰기가 소수의 전유물이었다면, 디지털 글쓰기 덕분에 누구나 쉽게 글을 쓰고 의사소통을 할 수 있게 되었다는 게 내가 본 기사의 핵심이었어. 한마디로 글쓰기의 민주화가 이루어진 거지.
>
> 남 : 글쓰기의 민주화라……. 멋있어 보이기는 하는데, 디지털 글쓰기가 꼭 장점만 있는 것 같지는 않아. 누구나 쉽게 글을 쓸 수 있게 됐다는 건, 그만큼 글이 가벼워졌다는 거 아냐? 우리 주변에서도 그런 글들은 엄청나잖아.
>
> 여 : 하긴, 디지털 글쓰기 때문에 과거보다 진지하게 글을 쓰는 사람이 적어진 건 사실이야. 남의 글을 베끼거나 근거 없는 내용을 담은 글들도 많아지고.
>
> 남 : 우리 이 주제로 토론을 해 보는 게 어때?

① 세대 간 정보화 격차
② 디지털 글쓰기와 정보화
③ 디지털 글쓰기의 장단점
④ 디지털 글쓰기와 의사소통의 관계

 ③ 대화 속의 남과 여는 디지털 글쓰기의 장점과 단점에 대해 이야기하고 있다. 따라서 두 사람이 제출했을 토론 주제로는 '디지털 글쓰기의 장단점'이 적합하다.

Answer ↪ 9.② 10.③

11 다음 글의 밑줄 친 부분을 고쳐 쓰기 위한 방안으로 옳지 않은 것은?

그동안 발행이 ㉠중단되어졌던 회사 내 월간지 'ㅇㅇ소식'에 대해 말씀드리려 합니다. 'ㅇㅇ소식'은 소수의 편집부원이 발행하다 보니, 발행하기도 어렵고 다양한 이야기를 담지도 못했습니다. ㉡그래서 저는 종이 신문을 웹 신문으로 전환하는 것이 좋다고 생각합니다. ㉢저는 최선을 다해서 월간지를 만들었습니다. 그러면 구성원 모두가 협업으로 월간지를 만들 수 있고, 그때그때 새로운 정보를 ㉣독점하게 될 것입니다. 이렇게 만들어진 'ㅇㅇ소식'을 통해 우리는 앞으로 '언제나, 누구나' 올린 의견을 실시간으로 만나게 될 것입니다.

① ㉠은 어법에 맞지 않으므로 '중단되었던'으로 고쳐야 한다.
② ㉡은 연결이 자연스럽지 않으므로 '그러나'로 고쳐야 한다.
③ ㉢은 주제에 어긋난 내용이므로 삭제해야 한다.
④ ㉣은 문맥에 맞지 않는 단어이므로 '공유'로 고쳐야 한다.

(Tip) ② '그래서'가 더 자연스럽기 때문에 고치지 않는 것이 낫다.

12 IT분야에 근무하고 있는 K는 상사로부터 보고서를 검토해달라는 요청을 받고 보고서를 검토 중이다. 보고서의 교정 방향으로 적절하지 않은 것은?

> 국가경제 성장의 핵심 역할을 하는 IT산업은 정보통신서비스, 정보통신기기, 소프트웨어 부문으로 구분된다. 2010년 IT산업의 생산규모는 전년대비 15% 이상 증가한 385.4조원을 기록하였다. 한편, 소프트웨어 산업은 경기위축에 선행하고 경기회복에 후행하는 산업적 특성 때문에 전년대비 2% 이하의 성장에 머물렀다.
>
> 2010년 정보통신서비스 생산규모는 IPTV 등 신규 정보통신서비스 확대로 전년대비 4.6% 증가한 63.4조원을 기록하였다. 2010년 융합서비스는 전년대비 생산규모 ㉠<u>증가률</u>이 정보통신서비스 중 가장 높았고, 정보통신서비스에서 차지하는 생산규모 비중도 가장 컸다. ㉡<u>또한 R&D 투자액이 매년 증가하여 GDP 대비 R&D 투자액 비중이 증가하였다.</u>
>
> IT산업 전체의 생산을 견인하고 있는 정보통신기기 생산규모는 통신기기를 제외한 다른 품목의 생산 호조에 따라 2010년 전년대비 25.6% 증가하였다. ㉢<u>한편</u>, 2006~2010년 동안 정보통신기기 생산규모에서 통신기기, 정보기기, 음향기기, 전자부품, 응용기기가 차지하는 비중의 순위는 매년 변화가 없었다. 2010년 전자부품 생산규모는 174.4조원으로 정보통신기기 전체 생산규모의 59.0%를 차지한다. 전자부품 중 반도체와 디스플레이 패널의 생산규모는 전년대비 각각 48.6%, 47.4% 증가하여 전자부품 생산을 ㉣<u>유도</u>하였다. 2005년~2010년 동안 정보통신기기 부문에서 전자부품과 응용기기 각각의 생산규모는 매년 증가하였다.

① ㉠은 맞춤법에 맞지 않는 표현으로 '증가율'로 수정해야 합니다.
② ㉡은 문맥에 맞지 않는 문장으로 삭제하는 것이 좋습니다.
③ ㉢은 앞 뒤 문장이 인과구조이므로 '따라서'로 수정해야 합니다.
④ ㉣ '유도'라는 어휘 대신 문맥상 적합한 '주도'라는 단어로 대체해야 합니다.

> (Tip) ③ 인과구조가 아니며, '한편'으로 쓰는 것이 더 적절하다.

13 밑줄 친 부분의 문맥적 의미가 유사한 것은?

> 과학주의를 믿는 사람들은 과학적 지식은 절대 객관적이라고 한다. 그러나 과학적 지식의 객관성이라는 것은 하나의 이념적인 요청이고 실제에 있어서는 인간의 주관이 어떤 형태로든지 개입하지 아니한 지식은 없다. 미시(微示)의 세계를 다루는 현대 물리학에 있어서는 이미 고전적 물리학이 내세웠던 객관성의 요청이 전연 다르게 이해될 수밖에 없게 되었다. 미시 세계의 현상은 과학적인 조작을 통해서만 드러나는데 그 조작이 대상에 미치는 영향은 매우 크기 때문이다. 그러므로 물리학자가 <u>다루는</u> 현상은 객관적인 물자체(物自體)의 현상이라기보다는 그가 조작해 낸 현상이라고 할 수 있다. 과학적이 지식이 완전히 객관적인 지식이라고 믿는 것은 이제는 무비판적인 환상이다.
>
> 과학적 지식은 과학주의를 믿는 사람들이 생각하는 것처럼 그렇게 보편타당하고 확고부동하고 객관적이고 이른바 실증적 논리에 의해서 무한히 전진하는 것이 아니다. 따라서 과학적 지식은 절대화하면 미신이 된다. 그런데 이와 같이 그 본질에 있어서 절대적이 아닌 과학적인 지식이 변화하면서 늘 발전하고 폭발적으로 증대한다는 것이다. 그 발전이 우리 시대에 있어서는 너무나 놀랍고 폭발적이기 때문에 그러한 지식 앞에 일정한 한계를 설정하는 것은 매우 무모한 일인 것처럼 생각된다.

① 농부는 땅을 <u>다룰</u> 줄 알아야 한다.

② 사슴 가죽을 잘 <u>다루어</u> 두도록 한다.

③ 그는 아랫사람을 잘 <u>다루는</u> 재주가 있다.

④ 신문에서 경제 문제를 특집 기사로 <u>다루었다</u>.

 밑줄 친 '다루다'는 '소재나 대상으로 삼다'의 뜻으로 쓰였는데, ④도 경제 문제를 특집 기사의 대상으로 삼았다는 것이므로 같은 의미로 쓰인 것이다.
　① 부려서 이용하다.
　② (가죽 따위를) 매만져서 쓰기 좋게 하다.
　③ 부리어 따르게 하다.

14 다음은 S기업에서 진행하는 낙후지역 벽화그리기 프로그램 제안서이다. 다음과 같은 〈조건〉으로 기대 효과에 대해 작성하려고 할 때 가장 적절한 것은?

프로그램명	낙후지역 벽화그리기
제안부서	홍보부
제안이유	우리 S기업 사옥에서 멀지 않은 ○○동은 대표적인 낙후지역으로 한부모가정 또는 조부모가정, 기초생활수급가정 등이 밀집되어 있는 곳이라 어린 아이들이 많음에도 불구하고 칠이 벗겨진 벽이 그대로 방치되어 있는 건물이 매우 많습니다. 그런 건물들 때문에 주변 공간까지 황폐해 보입니다. 저희는 이런 건물들에 생동감을 불어넣고 기업 홍보효과도 얻기 위해 벽화그리기를 제안합니다.
제안내용	벽화에는 최대한 밝은 분위기를 담아내려고 합니다. 이를 위해 함께하는 직원들과 주민들에게 설문조사를 하여 주제와 소재를 결정하려고 합니다. 프로그램 기간에는 각자 역할을 나누어 밑그림을 그리고 채색을 할 것입니다. 또한 이를 축하하는 행사도 마련하려고 하오니 좋은 아이디어가 있으면 제공해주시고, 원활하게 진행될 수 있도록 협조해 주십시오.
기대효과	

〈조건〉
• 참여 직원들에게 미치는 긍정적 효과를 드러낼 것
• 지역 주민들에게 가져올 생활상의 변화를 제시할 것

① 이 활동은 사무실에서만 주로 일하는 직원들의 사기증진과 회사에 대한 자부심, 서로 간의 협동 정신을 심어줄 수 있습니다. 또한 개선된 생활공간에서 주민들, 특히나 어린 아이들은 밝은 웃음을 되찾을 수 있을 것입니다.

② 저희 홍보부는 최선을 다해 이 일을 추진할 것입니다. 직원 여러분들께서도 많은 관심과 참여로 격려와 지원을 해 주시기 바랍니다.

③ 벽화 그리기는 사내의 분위기를 활발하게 움직이기에 매우 적합한 활동입니다. 앞으로도 홍보부는 이러한 많은 활동들을 통해 직원들의 사기증진을 위해 노력하겠습니다.

④ 벽화 그리기는 자율적이고 창의적인 사내 문화를 만들어 나가는 출발점이 될 것입니다. 이런 활동들에 주변 주민들이 함께한다면 회사 홍보효과도 함께 가져올 수 있을 것입니다.

(Tip) ②③ 기대효과라기보다 홍보부의 다짐 또는 포부이다.
④ 지역 주민들의 변화를 제시하지 못했다.

Answer 13.④ 14.①

15 아웃도어 업체에 신입사원으로 입사한 박 사원이 다음의 기사를 요약하여 상사에게 보고해야 할 때 적절하지 못한 내용은?

> ### 아웃도어 브랜드 '기능성 티셔츠' 허위·과대광고 남발
>
> 국내에서 판매되고 있는 유명 아웃도어 브랜드의 반팔 티셔츠 제품들이 상당수 허위·과대광고를 하고 있는 것으로 나타났다. 소비자시민모임은 30일 서울 신문로 ○○타워에서 기자회견을 열고 '15개 아웃도어 브랜드의 등산용 반팔 티셔츠 품질 및 기능성 시험 통과 시험 결과'를 발표했다. 소비자시민모임은 2015년 신상품을 대상으로 아웃도어 의류 매출 상위 7개 브랜드 및 중소기업 8개 브랜드 총 15개 브랜드의 제품을 선정해 시험·평가했다. 시험결과 '자외선 차단' 기능이 있다고 표시·광고하고 있는 A사, B사 제품은 자외선 차단 가공 기능이 있다고 보기 어려운 수준인 것으로 드러났다. C사, D사 2개 제품은 제품상에 별도 부착된 태그에서 표시·광고하고 있는 기능성 원단과 실제 사용된 원단에 차이가 있는 것으로 확인됐다. D사, E사, F사 등 3개 제품은 의류에 부착된 라벨의 혼용율과 실제 혼용율에 차이가 있는 것으로 조사됐다. 또 일부 제품의 경우 '자외선(UV) 차단 기능 50+'라고 표시·광고했지만 실제 테스트 결과는 이에 못미치는 것으로 나타났다. 반면, 기능성 품질 비교를 위한 흡수성, 건조성, 자외선차단 시험 결과에서는 G사, H사 제품이 흡수성이 좋은 것으로 확인되었다. 소비자시민모임 관계자는 "일부 제품에서는 표시·광고하고 있는 기능성 사항이 실제와는 다르게 나타났다."며 "무조건 제품의 광고를 보고 고가 제품의 품질을 막연히 신뢰하기 보다는 관련 제품의 라벨 및 표시 정보를 꼼꼼히 확인해야 한다."고 밝혔다. 이어 "소비자의 합리적인 선택을 유도할 수 있도록 기능성 제품에 대한 품질 기준 마련이 필요하다."며 "표시 광고 위반 제품에 대해서는 철저한 관리 감독을 요구한다."고 촉구했다.

① A사와 B사 제품은 자외선 차단 효과가 낮고, C사와 D사는 태그에 표시된 원단과 실제 원단이 달랐다.

② 소비자시민모임은 '15개 아웃도어 브랜드의 등산용 반팔티셔츠 품질 및 기능성 시험 결과'를 발표했다.

③ G사와 H사 제품은 흡수성이 좋은 것으로 확인되었다.

④ 거의 모든 제품에서 표시·광고하고 있는 기능성 사항이 실제와는 다르게 나타났다.

(Tip) 일부 제품에서 표시·광고하고 있는 사항이 실제와 다른 것이며 G사와 H사의 경우 제품의 흡수성이 좋은 것으로 확인되었기 때문에 거의 모든 제품이라고 단정하면 안 된다.

16 다음은 어느 회사의 공로패에 관한 내용이다. 한자로 바꾸어 쓴 것으로 옳지 않은 것은?

공 로 패

김 갑 을

귀하는 지난 10년간 □□회사의 사장으로 <u>재임</u>하면서, 헌신적인 <u>봉사</u>정신과 성실한 노력으로 사원간의 친목을 도모하고, □□회사의 발전에 기여한 <u>공로</u>가 지대하므로 금번 퇴임을 기념하여 그 뜻을 <u>영원</u>히 기리기 위하여 이 패를 드립니다.

2016. 11. ○○
(주) □□

① 재임 - 在任
② 봉사 - 奉祀
③ 공로 - 功勞
④ 영원 - 永遠

Tip) 봉사(奉仕) : 국가나 사회 또는 남을 위하여 자신을 돌보지 아니하고 힘을 바쳐 애씀
봉사(奉祀) : 조상의 제사를 받들어 모심

Answer↱ 15.④ 16.②

17 다음 글을 읽고 〈보기〉의 질문에 답을 할 때 가장 적절한 것은?

> 다세포 생물체는 신경계와 내분비계에 의해 구성 세포들의 기능이 조절된다. 이 중 내분비계의 작용은 내분비선에서 분비되는 호르몬에 의해 일어난다. 호르몬을 분비하는 이자는 소화선인 동시에 내분비선이다. 이자 곳곳에는 백만 개 이상의 작은 세포 집단들이 있다. 이를 랑게르한스섬이라고 한다. 랑게르한스섬에는 인슐린을 분비하는 β 세포와 글루카곤을 분비하는 α 세포가 있다.
>
> 인슐린의 주된 작용은 포도당이 세포 내로 유입되도록 촉진하여 혈액에서의 포도당 농도를 낮추는 것이다. 또한 간에서 포도당을 글리코겐의 형태로 저장하게 하며 세포에서의 단백질 합성을 증가시키고 지방 생성을 촉진한다.
>
> 한편 글루카곤은 인슐린과 상반된 작용을 하는데, 그 주된 작용은 간에 저장된 글리코겐을 포도당으로 분해하여 혈액에서의 포도당 농도를 증가시키는 것이다. 또한 아미노산과 지방산을 저장 부위에서 혈액 속으로 분리시키는 역할을 한다.
>
> 인슐린과 글루카곤의 분비는 혈당량에 의해 조절되는데 식사 후에는 혈액 속에 포함되어 있는 포도당의 양, 즉 혈당량이 증가하기 때문에 β 세포가 자극을 받아서 인슐린 분비량이 늘어난다. 인슐린은 혈액 중의 포도당을 흡수하여 세포로 이동시키며 이에 따라 혈당량이 감소되고 따라서 인슐린 분비량이 감소된다. 반면 사람이 한참 동안 음식을 먹지 않거나 운동 등으로 혈당량이 70mg/dl 이하로 떨어지면 랑게르한스섬의 α 세포가 글루카곤 분비량을 늘린다. 글루카곤은 간에 저장된 글리코겐을 분해하여 포도당을 만들어 혈액으로 보내게 된다. 이에 따라 혈당량은 다시 높아지게 되는 것이다. 일반적으로 8시간 이상 공복 후 혈당량이 99mg/dl 이하인 경우 정상으로, 126mg/dl 이상인 경우는 당뇨로 판정한다.
>
> 포도당은 뇌의 에너지원으로 사용되는데, 인슐린과 글루카곤이 서로 반대되는 작용을 통해 이 포도당의 농도를 정상 범위로 유지시키는 데 크게 기여한다.

> 〈보기〉
>
> 인슐린에 대해서는 어느 정도 이해를 했습니까? 오늘은 '인슐린 저항성'에 대해 알아보도록 하겠습니다. 인슐린의 기능이 떨어져 세포가 인슐린에 효과적으로 반응하지 못하는 것을 인슐린 저항성이라고 합니다. 그럼 인슐린 저항성이 생기면 우리 몸속에서는 어떤 일이 일어나게 될지 설명해 보시겠습니까?

① 혈액 중의 포도당 농도가 높아지게 됩니다.
② 이자가 인슐린과 글루카곤을 과다 분비하게 됩니다.
③ 간에서 포도당을 글리코겐으로 **빠르게** 저장하게 됩니다.
④ 아미노산과 지방산을 저장 부위에서 분리시키게 됩니다.

 인슐린의 기능은 혈액으로부터 포도당을 흡수하여 세포로 이동시켜 혈액에서의 포도당의 농도를 낮추는 것인데, 인슐린의 기능이 저하될 경우 이러한 기능을 수행할 수 없기 때문에 혈액에서의 포도당 농도가 높아지게 된다.

18 다음 면접 상황을 읽고 동수가 잘못한 원인을 바르게 찾은 것은?

카페창업에 실패한 29살의 영식과 동수는 생존을 위해 한 기업에 함께 면접시험을 보러 가게 되었다. 영식이 먼저 면접시험을 치르게 되었다.

면접관 : 자네는 좋아하는 스포츠가 있는가?

영식 : 예, 있습니다. 저는 축구를 아주 좋아합니다.

면접관 : 그럼 좋아하는 축구선수가 누구입니까?

영식 : 예전에는 홍명보선수를 좋아했으나 최근에는 손흥민선수를 좋아합니다.

면접관 : 그럼 좋아하는 위인은 누구인가?

영식 : 제가 좋아하는 위인으로는 우리나라를 왜군의 세력으로부터 지켜주신 이순신 장군입니다.

면접관 : 자네는 메르스가 위험한 질병이라고 생각하는가?

영식 : 저는 메르스가 그렇게 위험한 질병이라고 생각하지는 않습니다. 제 개인적인 생각으로는 건강상 문제가 없으면 감기처럼 지나가는 질환이고, 면역력이 약하다면 합병증을 유발하여 그 합병증 때문에 위험하다고 생각합니다.

무사히 면접시험을 마친 영식은 매우 불안해하는 동수에게 자신이 답한 내용을 모두 알려주었다. 동수는 그 답변을 달달 외우기 시작하였다. 이제 동수의 면접시험 차례가 돌아왔다.

면접관 : 자네는 좋아하는 음식이 무엇인가?

동수 : 네, 저는 축구를 좋아합니다.

면접관 : 그럼 자네는 이름이 무엇인가?

동수 : 예전에는 홍명보였으나 지금은 손흥민입니다.

면접관 : 허. 자네 아버지 성함은 무엇인가?

동수 : 예, 이순신입니다.

면접관 : 자네는 지금 자네의 상태가 어떻다고 생각하는가?

동수 : 예, 저는 건강상 문제가 없다면 괜찮은 것이고, 면역력이 약해졌다면 합병증을 유발하여 그 합병증 때문에 위험할 것 같습니다.

---

① 묻는 질문에 대해 명확하게 답변을 하였다.

② 면접관의 의도를 빠르게 파악하였다.

③ 면접관의 질문을 제대로 파악하지 못했다.

④ 면접관의 신분을 파악하지 못했다.

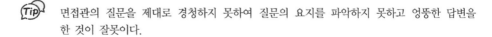
면접관의 질문을 제대로 경청하지 못하여 질문의 요지를 파악하지 못하고 엉뚱한 답변을 한 것이 잘못이다.

Answer→ 17.① 18.③

❚ 19~20 ❚ 다음은 가스안전사용요령이다. 이를 보고 물음에 답하시오.

사용 전 주의사항 : 환기
- 가스를 사용하기 전에는 연소기 주변을 비롯한 실내에서 특히 냄새를 맡아 가스가 새지 않았는 가를 확인하고 창문을 열어 환기시키는 안전수칙을 생활화 합니다.
- 연소기 부근에는 가연성 물질을 두지 말아야 합니다.
- 콕, 호스 등 연결부에서 가스가 누출되는 경우가 많기 때문에 호스 밴드로 확실하게 조이고, 호 스가 낡거나 손상되었을 때에는 즉시 새것으로 교체합니다.
- 연소 기구는 자주 청소하여 불꽃구멍 등에 음식찌꺼기 등이 끼어있지 않도록 유의합니다.

사용 중 주의사항 : 불꽃확인
- 사용 중 가스의 불꽃 색깔이 황색이나 적색인 경우는 불완전 연소되는 것으로, 연소 효율이 좋 지 않을 뿐 아니라 일산화탄소가 발생되므로 공기조절장치를 움직여서 파란불꽃 상태가 되도록 조절해야 합니다.
- 바람이 불거나 국물이 넘쳐 불이 꺼지면 가스가 그대로 누출되므로 사용 중에는 불이 꺼지지 않았는지 자주 살펴봅니다. 구조는 버너, 삼발이, 국물받이로 간단히 분해할 수 있게 되어 있으 며, 주로 가정용으로 사용되고 있다.
- 불이 꺼질 경우 소화 안전장치가 없는 연소기는 가스가 계속 누출되고 있으므로 가스를 잠근 다음 샌 가스가 완전히 실외로 배출된 것을 확인한 후에 재점화 해야 합니다. 폭발범위 안의 농 도로 공기와 혼합된 가스는 아주 작은 불꽃에 의해서도 인화 폭발되므로 배출시킬 때에는 환풍 기나 선풍기 같은 전기제품을 절대로 사용하지 말고 방석이나 빗자루를 이용함으로써 전기스파 크에 의한 폭발을 막아야 합니다.
- 사용 중에 가스가 떨어져 불이 꺼졌을 경우에도 반드시 연소기의 콕과 중간밸브를 잠그도록 해 야 합니다.

사용 후 주의사항 : 밸브잠금
- 가스를 사용하고 난 후에는 연소기에 부착된 콕은 물론 중간밸브도 확실하게 잠그는 습관을 갖 도록 해야 합니다.
- 장기간 외출시에는 중간밸브와 함께 용기밸브(LPG)도 잠그고, 도시가스를 사용하는 곳에서는 가스계량기 옆에 설치되어 있는 메인밸브까지 잠가 두어야 밀폐된 빈집에서 가스가 새어나와 냉장고 작동시 생기는 전기불꽃에 의해 폭발하는 등의 불의의 사고를 예방할 수 있습니다.
- 가스를 다 사용하고 난 빈 용기라도 용기 안에 약간의 가스가 남아 있는 경우가 많으므로 빈용 기라고 해서 용기밸브를 열어놓은 채 방치하면 남아있는 가스가 새어나올 수 있으므로 용기밸 브를 반드시 잠근 후에 화기가 없는 곳에 보관하여야 합니다.

---

19 가스안전사용요령을 읽은 甲의 행동으로 옳지 않은 것은?

① 甲은 호스가 낡아서 즉시 새것으로 교체를 하였다.

② 甲은 가스의 불꽃이 적색인 것을 보고 정상적인 것으로 생각해 그냥 내버려 두었다.

③ 甲은 장기간 집을 비우게 되어 중간밸브와 함께 용기밸브(LPG)도 잠그고 메인밸브까지 잠가두고 집을 나갔다.

④ 甲은 연소 기구를 자주 청소하여 음식물 등이 끼지 않도록 하였다.

 ② 사용 중 가스의 불꽃 색깔이 황색이나 적색인 경우는 불완전 연소되는 것으로, 연소 효율이 좋지 않을 뿐 아니라 일산화탄소가 발생되므로 공기조절장치를 움직여서 파란불꽃 상태가 되도록 조절해야 한다.

20 가스 사용 중에 가스가 떨어져 불이 꺼졌을 경우에는 어떻게 해야 하는가?

① 창문을 열어 환기시킨다.

② 연소기구를 청소한다.

③ 용기밸브를 열어 놓는다.

④ 연소기의 콕과 중간밸브를 잠그도록 해야 한다.

 ④ 사용 중에 가스가 떨어져 불이 꺼졌을 경우에도 반드시 연소기의 콕과 중간밸브를 잠그도록 해야 한다.

Answer ↪ 19.② 20.④

|21~22| 다음은 어느 쇼핑몰 업체의 자주 묻는 질문을 모아놓은 것이다. 다음을 보고 물음에 답하시오.

Q1. 주문한 상품은 언제 배송되나요?

Q2. 본인인증에 자꾸 오류가 나는데 어떻게 해야 하나요?

Q3. 비회원으로는 주문을 할 수가 없나요?

Q4. 교환하려는 상품은 어디로 보내면 되나요?

Q5. 배송 날짜와 시간을 지정할 수 있나요?

Q6. 반품 기준을 알고 싶어요.

Q7. 탈퇴하면 개인정보는 모두 삭제되나요?

Q8. 메일을 수신거부 했는데 광고 메일이 오고 있어요.

Q9. 휴대폰 결제시 인증번호가 발송되지 않습니다.

Q10. 취소했는데 언제 환불되나요?

Q11. 택배사에서 상품을 분실했다고 하는데 어떻게 해야 하나요?

Q12. 휴대폰 소액결제시 현금영수증을 발급 받을 수 있나요?

Q13. 교환을 신청하면 언제쯤 새 상품을 받아볼 수 있나요?

Q14. 배송비는 얼마인가요?

---

21 쇼핑몰 사원 L씨는 고객들이 보기 쉽게 질문들을 분류하여 정리하려고 한다. ㉠~㉣에 들어갈 질문으로 연결된 것 중에 적절하지 않은 것은?

자주 묻는 질문			
배송 문의	회원 서비스	주문 및 결제	환불/반품/교환
㉠	㉡	㉢	㉣

① ㉠ : Q1, Q5, Q11

② ㉡ : Q2, Q7, Q8

③ ㉢ : Q3, Q9, Q12

④ ㉣ : Q4, Q6, Q10, Q13, Q14

> **Tip** Q14는 ㉠에 들어갈 내용이다.

22 쇼핑몰 사원 L씨는 상사의 조언에 따라 메뉴를 변경하려고 한다. [메뉴]-[키워드]-질문의 연결로 옳지 않은 것은?

> 〈상사의 조언〉
> 고객들이 보다 손쉽게 정보를 찾을 수 있도록 질문을 키워드 중심으로 정리해 놓으세요.

① [배송 문의]-[배송 비용]-Q14
② [주문 및 결제]-[휴대폰 결제]-Q9
③ [환불/반품/교환]-[환불시기]-Q10
④ [환불/반품/교환]-[교환시기]-Q4

 Q4는 [환불/반품/교환]-[교환장소]에 들어갈 내용이다.

23 공문서를 작성할 경우, 명확한 의미의 전달은 의사소통을 하는 일에 있어 가장 중요한 요소라고 할 수 있다. 다음에 제시되는 문장 중 명확하지 않은 중의적인 의미를 포함하고 있는 문장이 아닌 것은 어느 것인가?

① 그녀를 기다리고 있던 성진이는 길 건너편에서 모자를 쓰고 있었다.
② 울면서 떠나는 영희에게 철수는 손을 흔들었다.
③ 그곳까지 간 김에 나는 철수와 영희를 만나고 돌아왔다.
④ 대학 동기동창이던 하영과 원태는 지난 달 결혼을 하였다.

 '철수는'이라는 주어가 맨 앞으로 와서 '철수는 울면서 떠나는 영희에게 손을 흔들었다.'라고 표현하기 쉬우며, 이것은 우는 주체가 철수인지 영희인지 불분명한 경우가 될 수 있으므로 주의하여야 한다.

Answer↪ 21.④ 22.④ 23.②

24 다음 일정표에 대해 잘못 이해한 것을 고르면?

Albert Denton : Tuesday, September 24

8:30 a.m.	Meeting with S.S. Kim in Metropolitan Hotel lobby Taxi to Extec Factory
9:30−11:30 a.m.	Factory Tour
12:00−12:45 p.m.	Lunch in factory cafeteria with quality control supervisors
1:00−2:00 p.m.	Meeting with factory manager
2:00 p.m.	Car to warehouse
2:30−4:00 p.m.	Warehouse tour
4:00 p.m.	Refreshments
5:00 p.m.	Taxi to hotel (approx. 45 min)
7:30 p.m.	Meeting with C.W. Park in lobby
8:00 p.m.	Dinner with senior managers

① They are having lunch at the factory.

② The warehouse tour takes 90 minutes.

③ The factory tour is in the afternoon.

④ Mr. Denton has some spare time before in the afternoon.

 Albert Denton : 9월 24일, 화요일

8:30 a.m.	Metropolitan 호텔 로비 택시에서 Extec 공장까지 Kim S.S.와 미팅
9:30−11:30 a.m.	공장 투어
12:00−12:45 p.m.	품질 관리 감독관과 공장 식당에서 점심식사
1:00−2:00 p.m.	공장 관리자와 미팅
2:00 p.m.	차로 창고에 가기
2:30−4:00 p.m.	창고 투어
4:00 p.m.	다과
5:00 p.m.	택시로 호텔 (약 45분)
7:30 p.m.	C.W. Park과 로비에서 미팅
8:00 p.m.	고위 간부와 저녁식사

③ 공장 투어는 9시 30분에서 11시 30분까지이므로 오후가 아니다.

25 다음은 A 그룹 정기총회의 식순이다. 정기총회 준비와 관련하여 대표이사 甲과 비서 乙의 업무 처리 과정에서 가장 옳지 않은 것은?

2016년도 ㈜A 그룹 정기총회

주관 : 대표이사 甲

▌ 식순 ▌

1. 성원보고
2. 개회선언
3. 개회사
4. 위원회 보고
5. 미결안건 처리
6. 안건심의

[제1호 의안] 2015년도 회계 결산 보고 및 승인의 건
[제2호 의안] 2016년도 사업 계획 및 예산 승인의 건
[제3호 의안] 이사 선임 및 변경에 대한 추인 건

7. 폐회

---

① 비서 乙은 성원보고와 관련하여 정관의 내용을 확인하고 甲에게 정기총회 요건이 충족되었다고 보고하였다.

② 비서 乙은 2015년도 정기총회의 개회사를 참고하여 2016년도 정기총회 개회사 초안을 작성하여 甲에게 보고하고 검토를 요청하였다.

③ 대표이사 甲은 지난 주주총회에서 미결된 안건이 없었는지 다시 확인해보라고 지시하였고, 비서 乙은 이에 대한 정관을 찾아서 확인 내용을 보고하였다.

④ 주주총회를 위한 회의 준비를 점검하는 과정에서 비서 乙은 빠진 자료가 없는지 매번 확인하였다.

> (Tip) ④ 회의 준비를 점검하는 과정에서 매번 빠진 자료가 없는지 확인하는 것은 시간이 많이 소요되므로, 필요한 자료 목록을 작성하여 빠진 자료가 없는지 체크하고 중간점검과 최종점검을 통해 확인한다.

Answer ⟶ 24.③ 25.④

26 태후산업 유시진 팀장은 외부 일정을 마치고 오후 3시경에 돌아왔다. 유 팀장은 서 대리에게 메시지가 있었는지 물었고, 외근 중에 다음과 같은 상황이 있었다. 서 대리가 유 팀장에게 부재 중 메시지를 보고하는 방법으로 가장 적절한 것은?

> 유 팀장이 점심약속으로 외출한 후 11시 30분경 H 자동차 홍 팀장이 사장님을 뵈러 왔다가 잠시 들렀다 갔다. 1시 15분에는 재무팀장이 의논할 내용이 있다며 오늘 중으로 급히 면담을 요청하는 전화가 왔다. 2시경에는 유 팀장의 집에서 전화 달라는 메시지를 남겼고, 2시 30분에는 사장님께서 찾으시며 들어오면 사장실로 와 달라는 메시지를 남기셨다.

① 재무팀장의 면담 요청이 급하므로 가장 우선적으로 면담하도록 보고한다.
② 이 경우에는 시간 순으로 보고 드리는 것이 상사에게 더욱 효과적으로 전달될 수 있다.
③ 보고를 할 때에는 부재 중 메모와 함께 서 대리가 업무를 처리한 사항을 함께 보고하면 좋다.
④ 부재 중 메시지가 많을 경우는 구두 보고로 신속하게 일을 처리한다.

Tip ①② 급한 용무 순으로 보고하되, 우선순위는 상사가 정할 수 있도록 전달한다.
④ 부재 중 메시지가 많을 경우에는 메모와 함께 보고하여 정확하게 전달할 수 있도록 처리한다.

27 다음은 A화장품 광고부서에 입사한 갑동씨가 모델의 광고효과에 대해 조사한 자료이다. 빈칸에 들어갈 가장 적절한 문장은?

> _____ 예를 들어, 자동차, 카메라, 공기 청정기, 치약과 같은 상품의 경우에는 자체의 성능이나 효능이 중요하므로 대체로 전문성과 신뢰성을 갖춘 모델이 적합하다. 이와 달리 상품이 주는 감성적인 느낌이 중요한 보석, 초콜릿, 여행 등과 같은 상품은 매력성과 친근성을 갖춘 모델이 잘 어울린다. 그런데 유명인이 그들의 이미지에 상관없이 여러 유형의 상품 광고에 출연하면 모델의 이미지와 상품의 특성이 어울리지 않는 경우가 많아 광고 효과가 나타나지 않을 수 있다.

① 일부 유명인들은 여러 상품의 광고에 중복하여 출연하고 있는데, 이는 광고계에서 관행으로 되어 있고, 소비자들도 이를 당연하게 여기고 있다.

② 어떤 모델이든지 상품의 특성에 적합한 이미지를 갖는 인물이어야 광고 효과가 제대로 나타날 수 있다.

③ 유명인의 유명세가 상품에 전이되고 소비자가 유명인이 진실하다고 믿게 된다.

④ 유명인 모델의 광고 효과를 높이기 위해서는 유명인이 자신과 잘 어울리는 한 상품의 광고에만 지속적으로 나오는 것이 좋다.

 빈칸 이후의 내용은 자신의 이미지에 적합한 광고 모델을 써야 광고 효과가 나타나는 예시들을 나열하고 있으므로 ②가 가장 적절하다.

28 다음 중 밑줄 친 외래어의 표기가 올바르게 쓰인 것은 어느 것인가?

① 그는 어제 오후 비행기를 타고 <u>라스베가스</u>로 출국하였다.

② 그런 <u>넌센스</u>를 내가 믿을 것 같냐?

③ 도안이 완료되는 즉시 <u>팸플릿</u> 제작에 착수해야 한다.

④ 백화점보다는 <u>아울렛</u> 매장에서 사는 것이 훨씬 싸다고 생각한다.

 '팸플릿'은 올바른 외래어 표기법에 따른 것으로, '팜플렛'으로 잘못 쓰지 않도록 주의하여야 한다. 국립국어원 외래어 표기법에 따른 올바른 외래어의 표기는 다음과 같다.
① 라스베가스 → 라스베이거스
② 넌센스 → 난센스
④ 아울렛 → 아웃렛

Answer↪ 26.③ 27.② 28.③

29 문화체육관광부 홍보팀에 근무하는 김문화씨는 '탈춤'에 관한 영상물을 제작하는 프로젝트를 맡게 되었다. 제작계획서 중 다음의 제작 회의 결과가 제대로 반영되지 않은 것은?

> • 제목 : 탈춤 체험의 기록임이 나타나도록 표현
> • 주 대상층 : 탈춤에 무관심한 젊은 세대
> • 내용 : 실제 경험을 통해 탈춤을 알아가고 가까워지는 과정을 보여 주는 동시에 탈춤에 대한 정보를 함께 제공
> • 구성 : 간단한 이야기 형식으로 구성
> • 전달방식 : 정보들을 다양한 방식으로 전달

〈제작계획서〉

제목		'기획 특집 – 탈춤 속으로 떠나는 10일간의 여행'	①
제작 의도		젊은 세대에게 우리 고유의 문화유산인 탈춤에 대한 관심을 불러일으킨다.	②
전체 구성	중심 얼개	• 대학생이 우리 문화 체험을 위해 탈춤이 전승되는 마을을 찾아가는 상황을 설정한다. • 탈춤을 배우기 시작하여 마지막 날에 공연으로 마무리한다는 줄거리로 구성한다.	③
	보조 얼개	탈춤에 대한 정보를 별도로 구성하여 중간 중간에 삽입한다.	
전달 방식	해설	내레이션을 통해 탈춤에 대한 학술적 이견들을 깊이 있게 제시하여 탈춤에 조예가 깊은 시청자들의 흥미를 끌도록 한다.	④
	영상 편집	• 탈에 대한 정보를 시각 자료로 제시한다. • 탈춤의 종류, 지역별 탈춤의 특성 등에 대한 그래픽 자료를 보여 준다. • 탈춤 연습 과정과 공연 장면을 현장감 있게 보여 준다.	

 ④ 해당 영상물의 제작 의도는 탈춤에 무관심한 젊은 세대를 대상으로 하여 우리 고유의 문화유산인 탈춤에 대한 관심을 불러일으키기 위한 것이다. 따라서 탈춤에 대한 학술적 이견들을 깊이 있게 제시하는 것은 제작 의도와 맞지 않는다.

30 다음 글에서 언급하지 않은 내용은?

> 김치는 넓은 의미에서 소금, 초, 장 등에 '절인 채소'를 말한다. 김치의 어원인 '담채[沈菜]'도 '담근 채소'라는 뜻이다. 그러므로 깍두기, 오이지, 오이소박이, 단무지는 물론 장아찌까지도 김치류에 속한다고 볼 수 있다. 우리나라의 김치는 '지'라 불렸다. 그래서 짠지, 싱건지, 오이지 등의 김치에는 지금도 '지'가 붙는다. 초기의 김치는 단무지나 장아찌에 가까웠을 것이다.
>
> 처음에는 서양의 피클이나 일본의 쯔께모노와 비슷했던 김치가 이들과 전혀 다른 음식이 된 것은 젓갈과 고춧가루를 쓰기 시작하면서부터이다. 하지만 이때에도 김치의 주재료는 무나 오이였다. 우리가 지금 흔히 먹는 배추김치는 18세기 말 중국으로부터 크고 맛이 좋은 배추 품종을 들여온 뒤로 사람들이 널리 담그기 시작하였고, 20세기에 들어와서야 무김치를 능가하게 되었다.
>
> 김치와 관련하여 우리나라 향신료의 대명사로 쓰이는 고추는 생각만큼 오랜 역사를 갖고 있지 못하다. 중미 멕시코가 원산지인 고추는 '남만초'나 '왜겨자'라는 이름으로 16세기 말 조선에 전래되어 17세기부터 서서히 보급되다가 17세기 말부터 가루로 만들어 비로소 김치에 쓰이게 되었다. 조선 전기까지 주요 향신료는 후추, 천초 등이었고, 이 가운데 후추는 값이 비싸 쉽게 얻을 수 없었다. 19세기 무렵에 와서 고추는 향신료로서 압도적인 우위를 차지하게 되었다. 그 결과 후추는 더 이상 고가품이 아니게 되었으며 '산초'라고도 불리는 천초의 경우 지금에 와서는 간혹 추어탕에나 쓰일 정도로 되었다.
>
> 우리나라의 고추는 다른 나라의 고추 품종과 달리 매운 맛에 비해 단 맛 성분이 많고, 색소는 강렬하면서도 비타민C 함유량이 매우 많다. 더구나 고추는 소금이나 젓갈과 어우러져 몸에 좋은 효소를 만들어 낸다. 또 몸의 지방 성분을 산화시켜 열이 나게 함으로써 겨울의 추위를 이기게 하는 기능이 있다. 고추가 김장김치에 사용되기 시작한 것도 이 때문이라고 한다.

① 김치의 어원

② 배추김치가 무김치를 능가한 시기

③ 우리나라 고추의 역사

④ 조선 전기 향신료의 쓰임새

 ④ 조선 전기의 주요 향신료가 후추, 천초 등이 있었다는 설명만 있을 뿐, 어떻게 쓰였는지는 언급되지 않았다.

Answer↱ 29.④ 30.④

31 A 무역회사에 다니는 乙씨는 회의에서 발표할 '해외 시장 진출 육성 방안'에 대해 다음과 같이 개요를 작성하였다. 이를 검토하던 甲이 지시한 내용 중 잘못된 것은?

Ⅰ. 서론
 • 해외 시장에 진출한 우리 회사 제품 수의 증가 …… ㉠
 • 해외 시장 진출을 위한 장기적인 전략의 필요성

Ⅱ. 본론
 1. 해외 시장 진출의 의의
 • 다른 나라와의 경제적 연대 증진 …… ㉡
 • 해외 시장 속 우리 회사의 위상 제고
 2. 해외 시장 진출의 장애 요소
 • 해외 시장 진출 관련 재정 지원 부족
 • 우리 회사에 대한 현지인의 인지도 부족 …… ㉢
 • 해외 시장 진출 전문 인력 부족
 3. 해외 시장 진출 지원 및 육성 방안
 • 재정의 투명한 관리 …… ㉣
 • 인지도를 높이기 위한 현지 홍보 활동
 • 해외 시장 진출 전문 인력 충원

Ⅲ. 결론
 • 해외 시장 진출의 전망

---

① ㉠ : 해외 시장에 진출한 우리 회사 제품 수를 통계 수치로 제시하면 더 좋겠군.

② ㉡ : 다른 나라에 진출한 타 기업 수 현황을 근거 자료로 제시하면 더 좋겠군.

③ ㉢ : 우리 회사에 대한 현지인의 인지도를 타 기업과 비교해 상대적으로 낮음을 보여주면 효과적이겠군.

④ ㉣ : Ⅱ-2를 고려할 때 '해외 시장 진출 관련 재정 확보 및 지원'으로 수정하는 것이 좋겠군.

> **Tip** ② 다른 나라에 진출한 타 기업 수 현황 자료는 '다른 나라와의 경제적 연대 증진'이라는 해외 시장 진출의 의의를 뒷받침하는 근거 자료로 적합하지 않다.

32

> ○ 언어문화의 차이로 인하여 소통의 어려움을 겪는 일은 비일비재하다.
>
> ○ 이 말은 즉시 중립국 보도망을 통해 'ignore'라는 말로 번역되어 연합국 측에 전달되었고 연합국 측은 곧바로 원폭투하를 결정하였다.
>
> ○ 일본어 '묵살(黙殺)'은 '크게 문제시 하지 않는다'는 정도의 소극적 태도를 의미하는 말인데 반해 'ignore'는 '주의를 기울이는 것을 거부한다'는 명백한 거부의사의 표시였기 때문에 이런 성급한 결론에 도달하게 되었다는 것이다.
>
> ○ 1945년 7월 포츠담 선언이 발표되었을 때 일본정부는 '묵살(黙殺)'한다고 발표했다.

① ㉠㉡㉢㉣

② ㉠㉣㉡㉢

③ ㉡㉢㉣㉠

④ ㉣㉢㉠㉡

(Tip) ㉠언어문화의 차이로 소통의 어려움을 겪는 일이 잦음(도입·전제) → ㉣포츠담 선언에서 사용한 '묵살(黙殺)'이라는 표현(전개·예시) → ㉡문화의 차이로 인해 생긴 결과(부연) → ㉢ 사건발생의 원인이 된 언어문화의 차이에 대한 설명(결론)

33

ⓐ 과학 기술의 발전을 도모하되 이에 대한 사회적인 차원에서의 감시와 지성적인 비판을 게을리 하지 말아야 한다.

ⓑ 과학 기술에 대한 맹목적인 비난과 외면은 자칫 문명의 발전을 포기하는 결과를 초래하게 된다.

ⓒ 인류는 과학 기술에 대한 올바른 대응 방안을 모색하여 새로운 과학 기술 문명을 창출해야 한다.

ⓓ 과학 기술에 대한 과도한 신뢰는 인류의 문명을 오도하거나 인류의 생존 자체를 파괴할 우려가 있다.

ⓔ 과학 기술은 인류의 삶을 발전시키기도 했지만, 인류의 생존과 관련된 많은 문제를 야기하기도 하였다.

① ⓓⓐⓔⓒⓑ

② ⓓⓔⓐⓑⓒ

③ ⓔⓑⓒⓓⓐ

④ ⓔⓒⓑⓓⓐ

> **Tip** 문제 제시가 가장 먼저 나오고(ⓔ) 해결해야 할 논점(ⓒ)을 분명하게 제시한 뒤, 그 해결 방안을 모색하기 위한 검토의 단계(ⓑ, ⓓ)를 거친 다음, 결론적으로 해결 방안을 제시하는 것이 적절하다.

34~35 다음 글에서 ( )에 들어갈 접속어를 바르게 배열한 것을 고르시오.

34

> 사회는 수영장과 같다. 수영장에는 헤엄을 잘 치고 다이빙을 즐기는 사람이 있는가 하면, 헤엄에 익숙지 않은 사람도 있다. 사회에도 권력과 돈을 가진 사람이 있는가 하면, 그렇지 못한 사람도 존재한다. 헤엄을 잘 치고 다이빙을 즐기는 사람이 바라는 수영장과 헤엄에 익숙지 못한 사람이 바라는 수영장은 서로 다를 수밖에 없다. 전자는 높은 데서부터 다이빙을 즐길 수 있게끔 물이 깊은 수영장을 원하지만, 후자는 그렇지 않다. (　) 문제는 사회라는 수영장이 하나밖에 없다는 것이다. (　) 수영장을 어떻게 만들 것인지에 관하여 전자와 후자 사이에 갈등이 생기고 쟁투가 벌어진다.

① 그러나, 하지만　　　　　　② 그러나, 한편

③ 그런데, 그래서　　　　　　④ 그런데, 반면에

 첫 번째 괄호는 바로 전 문장에 대해 전환하는 내용을 이어주어야 하므로, '그런데'가 적절하다. 두 번째 괄호는 바로 전 문장과 인과관계에 있는 문장을 이어주므로 '그래서'가 적절하다.

35

> 역사 속에서 유대인들은 엄청난 대가를 치르면서도, 그들의 동질성을 유지하고 정체성을 지켜온 것으로 유명하다. (　) 유대인이 자신들의 언어를 소중하게 지켜왔으리라고 여기는 일은 자연스럽다. (　) 이는 사실과 크게 다르다. 유대인들은 별다른 고민이나 갈등 없이 자신들의 언어를 여러 번 바꾸었다.

① 예를들어, 왜냐하면　　　　② 하지만, 즉

③ 따라서, 그러나　　　　　　④ 그런데, 왜냐하면

 유대인들이 동질성을 유지하고 정체성을 지켜온 것으로 유명하기 때문에 언어를 소중하게 지켜왔으리라고 여겨지는 것이므로 첫 번째 빈칸은 '따라서'가 적절하며, 유대인이 언어를 소중하게 지켜왔으리라고 여기지지만 사실은 언어를 여러 번 바꾼 것이므로 두 번째 빈칸은 '그러나'가 적절하다.

Answer↲ 33.④ 34.③ 35.③

36 이 글에서 밑줄 친 부분의 의미를 나타낼 때 적절한 속담은?

> 아무리 고사(故事) 취미적이고 고증주의적인 역사가라 하더라도, 단순한 사실적 지식으로 만족하지 않고 조금은 사실 관련을 추구한다고 생각할 때, 사실적 지식만을 추구하는 연구와 관련적 지식을 추구하는 연구로 구분하는 것은 <u>무의미한 현학(衒學)</u>이 될지도 모른다. 결국 역사란 여러 가지 사실들이 복잡하게 얽혀 하나의 상황을 이루는 것이기 때문이다.

① 빈 수레가 더 요란하다.
② 낫 놓고 기역자도 모른다.
③ 가랑잎으로 눈 가리고 아옹한다.
④ 먹지도 못할 제사에 절만 죽도록 한다.

 ① 실속 없는 사람이 겉으로 더 떠들어 댐을 비유적으로 이르는 말
② 아주 무식함을 비유적으로 이르는 말
③ 얕은 꾀로 남을 속이려 함을 이르는 말

37 다음 글의 제목으로 가장 적절한 것은?

> 실험심리학은 19세기 독일의 생리학자 빌헬름 분트에 의해 탄생된 학문이었다. 분트는 경험과학으로서의 생리학을 당시의 사변적인 독일 철학에 접목시켜 새로운 학문을 탄생시킨 것이다. 분트 이후 독일에서는 실험심리학이 하나의 학문으로 자리 잡아 발전을 거듭했다. 그런데 독일에서의 실험심리학 성공은 유럽 전역으로 확산되지는 못했다. 왜 그랬을까? 당시 프랑스나 영국에서는 대학에서 생리학을 연구하고 교육할 수 있는 자리가 독일처럼 포화상태에 있지 않았고 오히려 팽창 일로에 있었다. 또한, 독일과는 달리 프랑스나 영국에서는 한 학자가 생리학, 법학, 철학 등 여러 학문 분야를 다루는 경우가 자주 있었다.

① 유럽 국가 간 학문 교류와 실험심리학의 정착
② 유럽에서 독일의 특수성
③ 유럽에서 실험심리학의 발전 양상
④ 실험심리학과 생리학의 학문적 관계

 19세기 실험심리학의 탄생부터 독일에서의 실험심리학 발전 양상을 설명하고 있는 글이다.

38 밑줄 친 부분의 문맥적 의미가 유사한 것은?

> 지방 수령의 장기 근무는 심각한 적체 현상을 <u>낳기</u>도 했다. 이에 따라 세조는 이전의 제도를 계승하면서도 수령의 임기는 30개월로 단축하였다. 그와 함께 우수한 평가를 받은 수령을 파격적으로 승진시키는 한편, 불법 행위를 한 수령은 즉각 징계하는 정책을 시행하였다. 이러한 평가 방식은 일시적인 효과는 기대할 수 있어도 안정적인 관직 운영 방식으로 정착되지 못했다.

① 그녀는 쌍둥이를 <u>낳았다.</u>

② 그가 하고 있는 사업은 많은 이익을 <u>낳는</u> 유망 사업이다.

③ <u>낳은</u> 정보다 기른 정이 더 크다.

④ 이 마을은 훌륭한 교수를 <u>낳은</u> 곳으로 유명하다.

 제시문에서 쓰인 '낳다'는 '어떤 결과를 이루거나 가져오다.'의 뜻이다. 이와 비슷한 의미를 가진 보기는 ②이다.
①③ 배 속의 아이, 새끼, 알을 몸 밖으로 내놓다.
④ 어떤 환경이나 상황의 영향으로 어떤 인물이 나타나도록 하다.

Answer → 36.④ 37.③ 38.②

39 다음 중 ㉠과 가장 유사한 생각을 드러내고 있는 것은?

> 인터넷을 이용해 영화를 보거나 노래를 들을 때, '스트리밍(streaming)'이란 말을 접하곤 한다. 스트리밍이란 무엇일까? 공급자가 자료를 주고 수신자가 이를 받아 재생하는 과정이, 스트리밍이란 말뜻과 같이 '물 흐르듯' 이어지는 과정을 말한다. 즉, 인터넷에서 용량이 아주 큰 파일을 전송하거나 재생하는 경우가 있는데, 이때 이 과정이 끊김 없이 물 흐르듯 진행될 수 있도록 하는 기술이 바로 스트리밍이다.
>
> 이제 인터넷을 이용해 노래를 듣는 경우를 생각해 보자. 노래 한 곡의 파일 전체를 10이라고 하자. 1을 다 듣고 나면 준비되어 있던 2가 나오고 이런 과정을 쭉 이어보면 우리는 끊김 없이 1부터 10까지의 노래를 들을 수 있다. 물이 흐르는 것처럼 말이다. 인터넷을 이용해 노래를 듣는 방법은 두 가지가 있을 것이다.
>
> 하나는 1부터 10까지 일단 모두 다운로드 해 두고, 오늘 당장 듣거나 며칠 후에 듣거나, 1부터 듣거나 3부터 듣거나 하는 방법일 것이고, 다른 하나는 실시간으로 1 하나만 받아서 들으며, 듣는 시간을 이용해 2나 3을 준비해 가며 듣고 파일은 저장하지 않는 방법이다. 각각의 방법은 그 나름대로 장단점이 있다. 그런데 노래 파일을 소장할 목적이 아니라면 아마도 뒤의 경우가 더 효율적일 것이다. ㉠<u>한 번 듣고 말면 충분할 것을 통째로 내 것으로 만들 필요는 없을 것이기 때문이다.</u> 아무리 용량이 큰 파일이라도 같은 크기로 조각조각 나눠서 준비해 두면 이것을 이용하는 사람들이 가장 먼저 필요한 조각을 가져가고, 그다음 필요한 조각이 이용자에게 도달하면 자료는 물이 흐르듯이 흘러갈 것이다. 스트리밍 기술은 이런 생각에서 출발한다.

① 평생에 한 번밖에 입지 않을 웨딩드레스를 구태여 사 입을 필요는 없다.

② 내년 겨울에 입기 위해 겨울이 끝날 때 싸게 파는 옷을 미리 구입해 놓을 필요는 없다.

③ 사장에게 직접 보고해도 될 사항을 굳이 과장, 부장, 상무를 거쳐 보고할 필요는 없다.

④ 집값이 오를 것이라는 기대감으로 무리하게 대출을 받아 자기 집을 장만해 둘 필요는 없다.

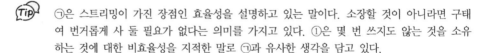 ㉠은 스트리밍이 가진 장점인 효율성을 설명하고 있는 말이다. 소장할 것이 아니라면 구태여 번거롭게 사 둘 필요가 없다는 의미를 가지고 있다. ①은 몇 번 쓰지도 않는 것을 소유하는 것에 대한 비효율성을 지적한 말로 ㉠과 유사한 생각을 담고 있다.

40 다음 ㉠에 들어갈 말로 가장 적절한 것은?

> (가) 사람들은 좋은 그림을 보거나 음악을 들으면 쉽게 감동을 느끼지만 과학 이론을 대하면 복잡한 논리와 딱딱한 언어 때문에 매우 어렵다고 느낀다. 그래서 흔히 과학자는 논리적 분석과 실험을 통해서 객관적 진리를 규명하고자 노력하고, 예술가는 직관적 영감에 의존해서 주관적인 미적 가치를 추구한다고 생각한다. 이러한 통념이 아주 틀린 것은 아니지만, 돌이켜 보면 많은 과학상의 발견들은 직관적 영감 없이는 이루어질 수 없었던 것들이었다.
>
> (나) 아인슈타인은 누구에게나 절대적 진리로 간주되었던 시간과 공간의 불변성을 뒤엎고, 상대성 이론을 통해 시간과 공간도 변할 수 있다는 것을 보여 주었다. 정형화된 사고의 틀을 깨는 이러한 발상의 전환은 직관적 영감에서 나온 것으로, 과학의 발견에서 직관적 영감이 얼마나 큰 역할을 하는지 잘 보여 준다. 그 밖에도 뉴턴은 떨어지는 사과에서 만유인력을 발견하였고, 갈릴레이는 피사의 대사원에서 기도하던 중 천장에서 흔들리는 램프를 보고 진자의 원리를 발견하였다. 그리고 아르키메데스는 목욕탕 안에서 물체의 부피를 측정하는 원리를 발견하고 "유레카! 유레카!"를 외치며 집으로 달려갔던 것이다. 이렇게 볼 때 과학의 발견이 '1퍼센트의 영감과 99퍼센트의 노력'에 의해서 이루어진다는 말은 (㉠)
>
> (다) 그렇다면 이와 같은 영감은 어디에서 오는 것일까? 사람들은 대체로 과학자들이 논리적 분석과 추리를 통해서 새로운 발견을 하게 된다고 소박하게 믿고 있지만, 상당 부분 그 발견의 밑거름은 직관적 영감이고, 그것은 흔히 언어가 끝나는 곳에서 나온다. 대부분의 위대한 과학자들은 예술가와 마찬가지로 발견의 결정적인 순간에는 논리가 아니라 의식의 심연으로부터 솟아나는, 말로 표현하기 어려운 미적 감각에 이끌린다고 고백한다. 문제와 오랜 씨름을 한 끝에 마음의 긴장과 갈등이 절정에 다다른 순간, 새로운 비전이 환상처럼 나타난다는 것이다. 과학의 발견은 이러한 영감을 논리적으로 분석하고 언어로 기술하여 체계화한 것이다.

① 과학적 발견의 어려움을 잘 표현하고 있다.

② 영감과 노력의 상호 작용을 나타내기에는 미흡하다.

③ 과학자들의 천재성을 보여주기에는 충분하지 못하다.

④ 과학의 발견에서 직관적 영감의 역할을 과소평가한 것이다.

 (나)의 내용만으로도 충분히 추리할 수 있는 문제이다. (나)에서는 과학에 있어서 영감의 중요성을 뉴턴, 갈릴레이, 아르키메데스 등의 예를 통해 충분히 설명하고 있다. 따라서 이러한 입장에서 볼 때 과학에 있어서의 노력의 절대적 중요성을 강조한 '1퍼센트의 영감과 99퍼센트의 노력'이라는 말은 영감의 중요성을 과소평가한 것이 된다.

Answer → 39.① 40.④

02 문제해결능력

1 문제와 문제해결

(1) 문제의 정의와 분류

① 정의 … 문제란 업무를 수행함에 있어서 답을 요구하는 질문이나 의논하여 해결해야 되는 사항이다.

② 문제의 분류

구분	창의적 문제	분석적 문제
문제제시 방법	현재 문제가 없더라도 보다 나은 방법을 찾기 위한 문제 탐구→문제 자체가 명확하지 않음	현재의 문제점이나 미래의 문제로 예견될 것에 대한 문제 탐구→문제 자체가 명확함
해결방법	창의력에 의한 많은 아이디어의 작성을 통해 해결	분석, 논리, 귀납과 같은 논리적 방법을 통해 해결
해답 수	해답의 수가 많으며, 많은 답 가운데 보다 나은 것을 선택	답의 수가 적으며 한정되어 있음
주요특징	주관적, 직관적, 감각적, 정성적, 개별적, 특수성	객관적, 논리적, 정량적, 이성적, 일반적, 공통성

(2) 업무수행과정에서 발생하는 문제 유형

① 발생형 문제(보이는 문제) … 현재 직면하여 해결하기 위해 고민하는 문제이다. 원인이 내재되어 있기 때문에 원인지향적인 문제라고도 한다.
  ㉠ 일탈문제 : 어떤 기준을 일탈함으로써 생기는 문제
  ㉡ 미달문제 : 어떤 기준에 미달하여 생기는 문제

② 탐색형 문제(찾는 문제) … 현재의 상황을 개선하거나 효율을 높이기 위한 문제이다. 방치할 경우 큰 손실이 따르거나 해결할 수 없는 문제로 나타나게 된다.
  ㉠ 잠재문제 : 문제가 잠재되어 있어 인식하지 못하다가 확대되어 해결이 어려운 문제
  ㉡ 예측문제 : 현재로는 문제가 없으나 현 상태의 진행 상황을 예측하여 찾아야 앞으로 일어날 수 있는 문제가 보이는 문제
  ㉢ 발견문제 : 현재로서는 담당 업무에 문제가 없으나 선진기업의 업무 방법 등 보다 좋은 제도나 기법을 발견하여 개선시킬 수 있는 문제

③ 설정형 문제(미래 문제) … 장래의 경영전략을 생각하는 것으로 앞으로 어떻게 할 것인가 하는 문제이다. 문제해결에 창조적인 노력이 요구되어 창조적 문제라고도 한다.

예제 1

D회사 신입사원으로 입사한 귀하는 신입사원 교육에서 업무수행과정에서 발생하는 문제 유형 중 설정형 문제를 하나씩 찾아오라는 지시를 받았다. 이에 대해 귀하는 교육받은 내용을 다시 복습하려고 한다. 설정형 문제에 해당하는 것은?

① 현재 직면하여 해결하기 위해 고민하는 문제
② 현재의 상황을 개선하거나 효율을 높이기 위한 문제
③ 앞으로 어떻게 할 것인가 하는 문제
④ 원인이 내재되어 있는 원인지향적인 문제

[출제의도]
업무수행 중 문제가 발생하였을 때 문제 유형을 구분하는 능력을 측정하는 문항이다.
[해설]
업무수행과정에서 발생하는 문제 유형으로는 발생형 문제, 탐색형 문제, 설정형 문제가 있으며 ①④는 발생형 문제이며 ②는 탐색형 문제, ③이 설정형 문제이다.

답 ③

---

(3) 문제해결

① 정의 … 목표와 현상을 분석하고 이 결과를 토대로 과제를 도출하여 최적의 해결책을 찾아 실행·평가해 가는 활동이다.

② 문제해결에 필요한 기본적 사고
  ㉠ 전략적 사고 : 문제와 해결방안이 상위 시스템과 어떻게 연결되어 있는지를 생각한다.
  ㉡ 분석적 사고 : 전체를 각각의 요소로 나누어 그 의미를 도출하고 우선순위를 부여하여 구체적인 문제해결방법을 실행한다.
  ㉢ 발상의 전환 : 인식의 틀을 전환하여 새로운 관점으로 바라보는 사고를 지향한다.
  ㉣ 내·외부자원의 활용 : 기술, 재료, 사람 등 필요한 자원을 효과적으로 활용한다.

③ 문제해결의 장애요소
  ㉠ 문제를 철저하게 분석하지 않는 경우
  ㉡ 고정관념에 얽매이는 경우
  ㉢ 쉽게 떠오르는 단순한 정보에 의지하는 경우
  ㉣ 너무 많은 자료를 수집하려고 노력하는 경우

④ 문제해결방법

　　㉠ **소프트 어프로치** : 문제해결을 위해서 직접적인 표현보다는 무언가를 시사하거나 암시를 통하여 의사를 전달하여 문제해결을 도모하고자 한다.

　　㉡ **하드 어프로치** : 상이한 문화적 토양을 가지고 있는 구성원을 가정하고, 서로의 생각을 직설적으로 주장하고 논쟁이나 협상을 통해 서로의 의견을 조정해 가는 방법이다.

　　㉢ **퍼실리테이션(facilitation)** : 촉진을 의미하며 어떤 그룹이나 집단이 의사결정을 잘 하도록 도와주는 일을 의미한다.

2 　문제해결능력을 구성하는 하위능력

(1) 사고력

① **창의적 사고** … 개인이 가지고 있는 경험과 지식을 통해 새로운 가치 있는 아이디어를 산출하는 사고능력이다.

　　㉠ 창의적 사고의 특징
- 정보와 정보의 조합
- 사회나 개인에게 새로운 가치 창출
- 창조적인 가능성

┃ 예제 2

M사 홍보팀에서 근무하고 있는 귀하는 입사 5년차로 창의적인 기획안을 제출하기로 유명하다. S부장은 이번 신입사원 교육 때 귀하에게 창의적인 사고란 무엇인지 교육을 맡아달라고 부탁하였다. 창의적인 사고에 대한 귀하의 설명으로 옳지 않은 것은?

① 창의적인 사고는 새롭고 유용한 아이디어를 생산해 내는 정신적인 과정이다.
② 창의적인 사고는 특별한 사람들만이 할 수 있는 대단한 능력이다.
③ 창의적인 사고는 기존의 정보들을 특정한 요구조건에 맞거나 유용하도록 새롭게 조합시킨 것이다.
④ 창의적인 사고는 통상적인 것이 아니라 기발하거나, 신기하며 독창적인 것이다.

[출제의도]
창의적 사고에 대한 개념을 정확히 파악하고 있는지를 묻는 문항이다.
[해설]
흔히 사람들은 창의적인 사고에 대해 특별한 사람들만이 할 수 있는 대단한 능력이라고 생각하지만 그리 대단한 능력이 아니며 이미 알고 있는 경험과 지식을 해체하여 다시 새로운 정보로 결합하여 가치 있는 아이디어를 산출하는 사고라고 할 수 있다.

답 ②

ⓛ 발산적 사고 : 창의적 사고를 위해 필요한 것으로 자유연상법, 강제연상법, 비교발상법 등을 통해 개발할 수 있다.

구분	내용
자유연상법	생각나는 대로 자유롭게 발상 ex) 브레인스토밍
강제연상법	각종 힌트에 강제적으로 연결 지어 발상 ex) 체크리스트
비교발상법	주제의 본질과 닮은 것을 힌트로 발상 ex) NM법, Synectics

Point 》 브레인스토밍
ⓗ 진행방법
• 주제를 구체적이고 명확하게 정한다.
• 구성원의 얼굴을 볼 수 있는 좌석 배치와 큰 용지를 준비한다.
• 구성원들의 다양한 의견을 도출할 수 있는 사람을 리더로 선출한다.
• 구성원은 다양한 분야의 사람들로 5~8명 정도로 구성한다.
• 발언은 누구나 자유롭게 할 수 있도록 하며, 모든 발언 내용을 기록한다.
• 아이디어에 대한 평가는 비판해서는 안 된다.
ⓛ 4대 원칙
• 비판엄금(Support) : 평가 단계 이전에 결코 비판이나 판단을 해서는 안 되며 평가는 나중까지 유보한다.
• 자유분방(Silly) : 무엇이든 자유롭게 말하고 이런 바보 같은 소리를 해서는 안 된다는 등의 생각은 하지 않아야 한다.
• 질보다 양(Speed) : 질에는 관계없이 가능한 많은 아이디어들을 생성해내도록 격려한다.
• 결합과 개선(Synergy) : 다른 사람의 아이디어에 자극되어 보다 좋은 생각이 떠오르고, 서로 조합하면 재미있는 아이디어가 될 것 같은 생각이 들면 즉시 조합시킨다.

② 논리적 사고 … 사고의 전개에 있어 전후의 관계가 일치하고 있는가를 살피고 아이디어를 평가하는 사고능력이다.

ⓗ 논리적 사고를 위한 5가지 요소 : 생각하는 습관, 상대 논리의 구조화, 구체적인 생각, 타인에 대한 이해, 설득

ⓛ 논리적 사고 개발 방법

• 피라미드 구조 : 하위의 사실이나 현상부터 사고하여 상위의 주장을 만들어가는 방법

• so what기법 : '그래서 무엇이지?'하고 자문자답하여 주어진 정보로부터 가치 있는 정보를 이끌어 내는 사고 기법

③ 비판적 사고 … 어떤 주제나 주장에 대해서 적극적으로 분석하고 종합하며 평가하는 능동적인 사고이다.

ⓗ 비판적 사고 개발 태도 : 비판적 사고를 개발하기 위해서는 지적 호기심, 객관성, 개방성, 융통성, 지적 회의성, 지적 정직성, 체계성, 지속성, 결단성, 다른 관점에 대한 존중과 같은 태도가 요구된다.

ⓒ 비판적 사고를 위한 태도
- 문제의식 : 비판적인 사고를 위해서 가장 먼저 필요한 것은 바로 문제의식이다. 자신이 지니고 있는 문제와 목적을 확실하고 정확하게 파악하는 것이 비판적인 사고의 시작이다.
- 고정관념 타파 : 지각의 폭을 넓히는 일은 정보에 대한 개방성을 가지고 편견을 갖지 않는 것으로 고정관념을 타파하는 일이 중요하다.

(2) 문제처리능력과 문제해결절차

① 문제처리능력 … 목표와 현상을 분석하고 이를 토대로 문제를 도출하여 최적의 해결책을 찾아 실행·평가하는 능력이다.

② 문제해결절차 … 문제 인식 → 문제 도출 → 원인 분석 → 해결안 개발 → 실행 및 평가
　ⓐ 문제 인식 : 문제해결과정 중 'waht'을 결정하는 단계로 환경 분석 → 주요 과제 도출 → 과제 선정의 절차를 통해 수행된다.
- 3C 분석 : 환경 분석 방법의 하나로 사업환경을 구성하고 있는 요소인 자사(Company), 경쟁사(Competitor), 고객(Customer)을 분석하는 것이다.

| 예제 3

L사에서 주력 상품으로 밀고 있는 TV의 판매 이익이 감소하고 있는 상황에서 귀하는 B부장으로부터 3C분석을 통해 해결방안을 강구해 오라는 지시를 받았다. 다음 중 3C에 해당하지 않는 것은?

① Customer　　　　　　　② Company
③ Competitor　　　　　　④ Content

- SWOT 분석 : 기업내부의 강점과 약점, 외부환경의 기회와 위협요인을 분석·평가하여 문제해결 방안을 개발하는 방법이다.

		내부환경요인	
		강점(Strengths)	약점(Weaknesses)
외부환경요인	기회 (Opportunities)	SO 내부강점과 외부기회 요인을 극대화	WO 외부기회를 이용하여 내부약점을 강점으로 전환
	위협 (Threat)	ST 외부위협을 최소화하기 위해 내부 강점을 극대화	WT 내부약점과 외부위협을 최소화

- ⓒ 문제 도출 : 선정된 문제를 분석하여 해결해야 할 것이 무엇인지를 명확히 하는 단계로, 문제 구조 파악 → 핵심 문제 선정 단계를 거쳐 수행된다.
- Logic Tree : 문제의 원인을 파고들거나 해결책을 구체화할 때 제한된 시간 안에서 넓이와 깊이를 추구하는데 도움이 되는 기술로 주요 과제를 나무모양으로 분해·정리하는 기술이다.
- ⓒ 원인 분석 : 문제 도출 후 파악된 핵심 문제에 대한 분석을 통해 근본 원인을 찾는 단계로 Issue 분석 → Data 분석 → 원인 파악의 절차로 진행된다.
- ⓔ 해결안 개발 : 원인이 밝혀지면 이를 효과적으로 해결할 수 있는 다양한 해결안을 개발하고 최선의 해결안을 선택하는 것이 필요하다.
- ⓜ 실행 및 평가 : 해결안 개발을 통해 만들어진 실행계획을 실제 상황에 적용하는 활동으로 실행계획 수립 → 실행 → Follow-up의 절차로 진행된다.

예제 4

C사는 최근 국내 매출이 지속적으로 하락하고 있어 사내 분위기가 심상치 않다. 이에 대해 Y부장은 이 문제를 극복하고자 문제처리 팀을 구성하여 해결방안을 모색하도록 지시하였다. 문제처리 팀의 문제해결 절차를 올바른 순서로 나열한 것은?

① 문제 인식 → 원인 분석 → 해결안 개발 → 문제 도출 → 실행 및 평가
② 문제 도출 → 문제 인식 → 해결안 개발 → 원인 분석 → 실행 및 평가
③ 문제 인식 → 원인 분석 → 문제 도출 → 해결안 개발 → 실행 및 평가
④ 문제 인식 → 문제 도출 → 원인 분석 → 해결안 개발 → 실행 및 평가

[출제의도]
실제 업무 상황에서 문제가 일어났을 때 해결 절차를 알고 있는지를 측정하는 문항이다.
[해설]
일반적인 문제해결절차는 '문제 인식 → 문제 도출 → 원인 분석 → 해결안 개발 → 실행 및 평가로 이루어진다.

답 ④

1 다음 명제가 모두 참일 때, 거짓말 하는 사람을 고르면?

> • 대회에 참가하는 팀은 총 6팀이다.
> • 각 팀은 다른 모든 팀과 한 번씩 경기를 한다.
> • C팀의 최종성적은 3승 2패이다.
> • C팀과의 경기를 제외한 5팀 간의 경기는 모두 무승부이다.
> • 기존의 승점제는 승리시 2점, 무승부시 1점, 패배시 0점을 부여한다.
> • 새로운 승점제는 승리시 3점, 무승부시 1점, 패배시 0점을 부여한다.

> ○ 유성 : 기존의 승점제를 적용시, 모든 팀은 4점 이상을 얻는다.
> ○ 수리 : 새로운 승점제를 적용시, 모든 팀은 5점 이상을 얻는다.
> ○ 정치 : C팀과의 경기에서 승리한 팀은 2팀이다.
> ② 병수 : 새로운 승점제를 적용시, C팀이 1위이다.

① 유성 ② 수리

③ 정치 ④ 병수

　○ 기존의 승점제를 적용시, C팀은 3승 2패로 6점을 얻고, C팀을 제외한 모든 팀은 4번의
　　무승부로 최소 4점 이상을 얻게 된다.
　○ 새로운 승점제를 적용시, C팀은 3승 2패로 9점을 얻고, C팀을 제외한 모든 팀은 4번의
　　무승부로 최소 4점 이상을 얻게 된다.
　○ C팀은 3승 2패를 기록했으므로, C팀과의 경기에서 승리한 팀은 2팀이다.
　② 새로운 승점제를 적용시, C팀은 3승 2패로 9점을 얻고, C팀을 제외한 팀은 1승 4무를
　　기록한다고 해도 7점이므로, 1위는 C팀이 된다.

2 다음은 운동별 평가표와 레슨 시간표이다. 명수의 선택 기준이 다음과 같을 때, 선택할 운동으로 적절한 것은?

〈운동별 평가표〉

난이도	테니스	줄넘기	조깅	수영
	상	중	중	상
칼로리 소모	210(kcal)	195(kcal)	220(kcal)	235(kcal)
소요 시간	30분	40분	1시간	50분

〈레슨 시간표〉

	테니스	줄넘기	조깅	수영
오전	10:00~10:30	9:00~9:40	9:00~10:00	10:00~10:50
오후	4:00~4:30	8:00~8:40	6:00~7:00	5:00~5:50

〈명수의 선택 기준〉

㉠ 난이도는 중급 정도면 좋을 것 같아
㉡ 칼로리 소모는 150kcal은 넘어야 해
㉢ 소요시간은 40분이 넘지 않았으면 좋겠어
㉣ 레슨은 저녁 7시 이후에 받고 싶어

① 테니스   ② 줄넘기
③ 조깅   ④ 수영

 ㉠ 난이도는 중급 : 줄넘기, 조깅
㉡ 칼로리 소모는 150kcal 이상 : 모든 운동 가능
㉢ 소요시간은 40분 이하 : 테니스, 줄넘기
㉣ 레슨은 저녁 7시 이후 : 줄넘기
따라서 명수의 선택 기준에 맞는 운동은 줄넘기이다.

Answer ↪ 1.② 2.②

3   에너지 신산업에 대한 다음과 같은 정의를 참고할 때, 다음 중 에너지 신산업 분야의 사업으로 보기에 가장 적절하지 않은 것은 어느 것인가?

> 2015년 12월, 세계 195개국은 프랑스 파리에서 UN 기후변화협약을 체결, 파리기후 변화협약에 따른 신기후체제의 출범으로 온실가스 감축은 선택이 아닌 의무가 되었으며, 이에 맞춰 친환경 에너지시스템인 에너지 신산업이 대두되었다. 에너지 신산업은 기후변화 대응, 미래 에너지 개발, 에너지 안보, 수요 관리 등 에너지 분야의 주요 현안을 효과적으로 해결하기 위한 '문제 해결형 산업'이다. 에너지 신산업 정책으로는 전력 수요관리, 에너지관리 통합서비스, 독립형 마이크로그리드, 태양광 렌탈, 전기차 서비스 및 유료충전, 화력발전 온배수열 활용, 친환경에너지타운, 스마트그리드 확산사업 등이 있다.

① 에너지 프로슈머 시장의 적극 확대를 위한 기반 산업 보강

② 전기차 확대보급을 실시하기 위하여 전기차 충전소 미비 지역에 충전소 보급 사업

③ 신개념 건축물에 대한 관심도 제고를 위한 고효율 제로에너지 빌딩 확대 사업

④ 분산형 전원으로 에너지 자립 도시 건립을 위한 디젤 발전기 추가 보급 사업

 디젤 발전은 내연력을 통한 발전이므로 친환경과 지속가능한 에너지 정책을 위한 발전 형태로 볼 수 없다. 오히려 디젤 발전을 줄여 신재생에너지원을 활용한 전력 생산 및 공급 방식이 에너지 신산업 정책에 부합한다고 볼 수 있다.

┃4~5┃ 다음은 A체육시설 이용에 관한 자료이다. 물음에 답하시오.

〈체육시설 대관 안내〉

• 체육시설 전용사용료

구분	체육경기	체육경기 외	비고
평일	100,000	200,000	• 평일 주간기준 사용료임
유료입장	입장수입액의 20%	입장수입액의 20%	• 조기 및 야간은 주간사용료의 50%를 가산한 금액(유료입장은 제외) • 토·일·공휴일은 평일사용료의 50%를 가산한다.

• 부속시설 사용료

구분		기준	사용료
전기	조명	1일	실사용료+기본시설사용료 (기본시설사용료 : 탁구경기장 100,000원, 체육관 50,000원)
	일반	1일	실사용료
조명	블랙라이트	1대	2,500원
	무빙라이트	1대	5,000원
냉난방	냉방	1일	35,000원
	난방	1일	35,000원
음향	음향설비	1일	30,000원+마이크 수×5,000원
집기	집기사용료	1개당	• 탁자 : 개당 3,000원 • 의자 : 개당 500원 • 노트북 및 빔 프로젝터 : 개당 20,000원 • 일반 비품 : 개당 500원
수도료		1일	실사용료
사물함		1일	개당 5,000원

Answer 3.④

4   평일에 체육경기 외의 목적으로 체육시설을 이용하려고 한다. 오후 9시에 시설을 이용하려고 할 때, 부과되는 사용료로 적절한 것은?

① 30만 원　　　　　　　　　　　② 35만 원

③ 40만 원　　　　　　　　　　　④ 45만 원

- 평일 체육경기 외의 목적인 체육시설 대관 비용 : 200,000원
- 야간사용료는 비용의 50%를 가산 : 200,000＋100,000＝300,000원

5   서원스포츠 재단은 체육관을 대여하고자 한다. 이용 내역이 다음과 같을 때, 부속시설 사용료는?

> - 기본시설 : 체육관
> - 대여 기간 : 1일
> - 냉방 시설 이용
> - 무빙라이트 대여 : 5대
> - 탁자 대여 : 20개
> - 의자 대여 : 60개

① 17만 원　　　　　　　　　　　② 18만 원

③ 19만 원　　　　　　　　　　　④ 20만 원

- 1일 체육관 기본시설사용료 : 50,000원
- 냉방 시설 비용 : 35,000원
- 무빙라이트 5대 비용 : 5,000×5＝25,000원
- 탁자 20개 비용 : 3,000×20＝60,000원
- 의자 60개 비용 : 500×60＝30,000원
- ∴ 총 비용 : 50,000＋35,000＋25,000＋60,000＋30,000＝200,000원

6 다음 명제가 모두 참일 때, 항상 참인 것을 고르면?

> • 갑의 성적은 정보다 높다.
> • 갑과 을의 성적은 병보다 높다.
> • 무의 성적은 갑보다 높지 않다.
> • 정의 성적은 병보다 높지 않다.
> • 갑의 성적은 을보다 높지 않다.
> • 병의 성적은 무보다 5점이 낮다.
> • '병, 무'의 성적은 정보다 높다.

① 갑의 성적은 정보다 낮다.

② 을의 성적은 무보다 높다.

③ 병의 성적은 무보다 높다.

④ 정의 성적은 갑보다 높다.

 명제를 종합해보면, 을 갑 무 병 정 순으로 성적이 좋다.

7 SWOT 분석은 기업내부의 강점과 약점, 외부환경의 기회와 위협요인을 분석하여 해결 방안을 개발하는 방법이다. 다음 중 외부위협을 최소화하기 위해 내부강점을 극대화하는 것은?

① SO

② WO

③ ST

④ WT

 SWOT 분석

		내부환경요인	
		강점	약점
외부환경요인	기회	SO	WO
	위협	ST	WT

Answer▸ 4.① 5.④ 6.② 7.③

8 다음의 개념에 관한 설명으로 옳지 않은 것은?

> 어떤 주제나 주장에 대해서 적극적으로 분석하고 종합하며 평가하는 능동적인 사고

① 개인의 경험과 지식을 통해 새로운 아이디어를 만든다.

② 어떤 주장에 대해 분석하고 종합할 수 있다.

③ 문제와 목적을 확실히 하는 것이 중요하다.

④ 정보에 대한 고정관념을 타파해야 한다.

 제시된 내용은 비판적 사고이다.
①은 창의적 사고에 관한 설명이다.
※ 비판적 사고를 위한 태도
• 문제의식 : 비판적인 사고를 위해서 가장 먼저 필요한 것은 바로 문제의식이다. 자신이 지니고 있는 문제와 목적을 확실하고 정확하게 파악하는 것이 비판적인 사고의 시작이다.
• 고정관념 타파 : 지각의 폭을 넓히는 일은 정보에 대한 개방성을 가지고 편견을 갖지 않는 것으로 고정관념을 타파하는 일이 중요하다.

9 다음 글의 내용과 날씨를 근거로 판단할 경우 종아가 여행을 다녀온 시기로 가능한 것은?

> • 종아는 선박으로 '포항 → 울릉도 → 독도 → 울릉도 → 포항' 순으로 3박 4일의 여행을 다녀왔다.
> • '포항 → 울릉도' 선박은 매일 오전 10시, '울릉도 → 포항' 선박은 매일 오후 3시에 출발하며, 편도 운항에 3시간이 소요된다.
> • 울릉도에서 출발해 독도를 돌아보는 선박은 매주 화요일과 목요일 오전 8시에 출발하여 당일 오전 11시에 돌아온다.
> • 최대 파고가 3m 이상인 날은 모든 노선의 선박이 운항되지 않는다.
> • 종아는 매주 금요일에 술을 마시는데, 술을 마신 다음날은 멀미가 심해 선박을 탈 수 없다.
> • 이번 여행 중 종아는 울릉도에서 호박엿 만들기 체험을 했는데, 호박엿 만들기 체험은 매주 월·금요일 오후 6시에만 할 수 있다.

〈날씨〉

(㉠ : 최대 파고)

日	月	火	水	木	金	土
16	17	18	19	20	21	22
㉠ 1.0m	㉠ 1.4m	㉠ 3.2m	㉠ 2.7m	㉠ 2.8m	㉠ 3.7m	㉠ 2.0m
23	24	25	26	27	28	29
㉠ 0.7m	㉠ 3.3m	㉠ 2.8m	㉠ 2.7m	㉠ 0.5m	㉠ 3.7m	㉠ 3.3m

① 19일(水) ~ 22일(土)

② 20일(木) ~ 23일(日)

③ 23일(日) ~ 26일(水)

④ 25일(火) ~ 28일(金)

① 19일 수요일 오후 1시 울릉도 도착, 20일 목요일 독도 방문, 22일 토요일은 복귀하는 날인데 종아는 매주 금요일에 술을 마시므로 멀미로 인해 선박을 이용하지 못한다. 또한 금요일 오후 6시 호박엿 만들기 체험도 해야 한다.

② 20일 목요일 오후 1시 울릉도 도착, 독도는 화요일과 목요일만 출발하므로 불가능하다.

③ 23일 일요일 오후 1시 울릉도 도착, 24일 월요일 호박엿 만들기 체험, 25일 화요일 독도 방문, 26일 수요일 포항 도착

④ 25일 화요일 오후 1시 울릉도 도착, 27일 목요일 독도 방문, 28일 금요일 호박엿 만들기 체험은 오후 6시인데, 복귀하는 선박은 오후 3시 출발이라 불가능하다.

Answer → 8.① 9.③

10 A모직은 4~50대를 대상으로 하는 맞춤 수제정장을 주력 상품으로 판매하고 있다. 다음은 2~30대 청년층을 대상으로 하는 캐주얼 정장 시장에 진입을 시도해보자는 안건으로 진행된 회의 내용을 3C 분석표로 나타낸 표이다. 표를 보고 A모직에서 결정할 수 있는 사항으로 가장 옳지 않은 것은?

구분	내용
고객/시장 (Customer)	• 시니어 정장 시장은 정체 및 감소되는 추세이다. • 캐주얼 정장 시장은 매년 급성장 중이다. • 청년들도 기성복이 아닌 맞춤 수제정장을 찾는 경우가 있다.
경쟁사 (Competitor)	• 2~30대 캐주얼 정장 시장으로 진출할 경우 경쟁사는 외국 캐주얼 정장 기업, 캐주얼 전문 기업 등의 의류 기업 등이 포함된다. • 이미 대기업들의 캐주얼 정장시장은 브랜드 인지도, 유통, 생산 등에서 차별화된 경쟁력을 갖고 있다. • 또한 공장 대량생산화를 통해 저렴한 가격으로 제품을 판매하고 있으며 스마트시대에 따른 디지털마케팅을 구사하고 있다.
자사 (Company)	• 디지털마케팅 역량이 미흡하고, 신규 시장 진출 시 막대한 마케팅 비용이 들 것으로 예상된다. • 기존 시니어 정장에 대한 이미지를 탈피하기 위한 노력이 필요하다. • 오래도록 품질 좋은 수제 정장을 만들던 기술력을 보유하고 있다.

① 2~30대를 대상으로 맞춤 수제정장에 대한 설문조사를 진행한다.

② 경쟁사의 전략이 막강하고 자사의 자원과 역량은 부족하므로 진출하지 않는 것이 바람직하다.

③ 청년들도 맞춤 수제정장을 찾는 수가 많아지고 있으므로 소비되는 마케팅 비용보다 새로운 시장에서의 수입이 더 클 것으로 전망된다.

④ 대량생산되는 기성복과의 차별화를 부각시킬 수 있는 방안을 생각한다.

 청년들도 기성복이 아닌 맞춤 수제정장을 찾는 경우가 있다고 제시되어 있으나 그 수요가 얼마나 될지 정확하게 알 수 없으며 디지털마케팅에 대한 역량이 부족하여 막대한 마케팅 비용이 들 것으로 예상된다고 제시되어 있으므로 A모직에서 결정할 수 있는 사항으로 가장 옳지 않은 것은 ③이다.

11 다음은 어느 레스토랑의 3C분석 결과이다. 이 결과를 토대로 하여 향후 해결해야 할 전략과제를 선택하고자 할 때 적절하지 않은 것은?

3C	상황 분석
고객/시장 (Customer)	• 식생활의 서구화 • 유명브랜드와 기술제휴 지향 • 신세대 및 뉴패밀리 층의 출현 • 포장기술의 발달
경쟁 회사 (Competitor)	• 자유로운 분위기와 저렴한 가격 • 전문 패밀리 레스토랑으로 차별화 • 많은 점포 수 • 외국인 고용으로 인한 외국인 손님 배려
자사 (company)	• 높은 가격대 • 안정적 자금 공급 • 업계 최고의 시장점유율 • 고객증가에 따른 즉각적 응대의 한계

① 원가 절감을 통한 가격 조정

② 유명브랜드와의 장기적인 기술제휴

③ 즉각적인 응대를 위한 인력 증대

④ 안정적인 자금 확보를 위한 자본구조 개선

 '안정적 자금 공급'이 자사의 강점이기 때문에 '안정적인 자금 확보를 위한 자본구조 개선'은 향후 해결해야 할 과제에 속하지 않는다.

12 G 음료회사는 신제품 출시를 위해 시제품 3개를 만들어 전직원을 대상으로 블라인드 테스트를 진행한 후 기획팀에서 회의를 하기로 했다. 독창성, 대중성, 개인선호도 세 가지 영역에 총 15점 만점으로 진행된 테스트 결과가 다음과 같을 때, 기획팀 직원들의 발언으로 옳지 않은 것은?

	독창성	대중성	개인선호도	총점
시제품 A	5	2	3	10
시제품 B	4	4	4	12
시제품 C	2	5	5	12

① 우리 회사의 핵심가치 중 하나가 창의성 아닙니까? 저는 독창성 점수가 높은 A를 출시해야 한다고 생각합니다.

② 독창성이 높아질수록 총점이 낮아지는 것을 보지 못하십니까? 저는 그 의견에 반대합니다.

③ 무엇보다 현 시점에서 회사의 재정상황을 타계하기 위해서는 대중성을 고려하여 높은 이윤이 날 것으로 보이는 C를 출시해야 하지 않겠습니까?

④ 그럼 독창성과 대중성, 개인선호도를 모두 고려하여 B를 출시하는 것이 어떻겠습니까?

(Tip) ② 시제품 B는 C에 비해 독창성 점수가 2점 높지만 총점은 같다. 따라서 옳지 않은 발언이다.

13 다음으로부터 바르게 추론한 것으로 옳은 것을 보기에서 고르면?

- 5개의 갑, 을, 병, 정, 무 팀이 있다.
- 현재 '갑'팀은 0개, '을'팀은 1개, '병'팀은 2개, '정'팀은 2개, '무'팀은 3개의 프로젝트를 수행하고 있다.
- 8개의 새로운 프로젝트 a, b, c, d, e, f, g, h를 5개의 팀에게 분배하려고 한다.
- 5개의 팀은 새로운 프로젝트 1개 이상을 맡아야 한다.
- 기존에 수행하던 프로젝트를 포함하여 한 팀이 맡을 수 있는 프로젝트 수는 최대 4개이다.
- 기존의 프로젝트를 포함하여 4개의 프로젝트를 맡은 팀은 2팀이다.
- 프로젝트 a, b는 한 팀이 맡아야 한다.
- 프로젝트 c, d, e는 한 팀이 맡아야 한다.

〈보기〉

㉠ a를 '을'팀이 맡을 수 없다.
㉡ f를 '갑'팀이 맡을 수 있다.
㉢ 기존에 수행하던 프로젝트를 포함해서 2개의 프로젝트를 맡는 팀이 있다.

① ㉠   ② ㉡
③ ㉢   ④ ㉠㉢

 ㉠ a를 '을'팀이 맡는 경우 : 4개의 프로젝트를 맡은 팀이 2팀이라는 조건에 어긋난다. 따라서 a를 '을'팀이 맡을 수 없다.

갑	c, d, e	0→3개
을	a, b	1→3개
병		2→3개
정		2→3개
무		3→4개

㉡ f를 '갑'팀이 맡는 경우 : a, b를 '병'팀 혹은 '정'팀이 맡게 되는데 4개의 프로젝트를 맡은 팀이 2팀이라는 조건에 어긋난다. 따라서 f를 '갑'팀이 맡을 수 없다.

갑	f	0→1개
을	c, d, e	1→4개
병	a, b	2→4개
정		2→3개
무		3→4개

Answer⤷ 12.② 13.④

© a, b를 '갑'팀이 맡는 경우 기존에 수행하던 프로젝트를 포함해서 2개의 프로젝트를 맡게
된다.

갑	a, b	0→2개
을	c, d, e	1→4개
병		2→3개
정		2→3개
무		3→4개

14 O씨가 잠시 쉬던 중 책상 위에 커피를 쏟아 자료의 일부가 훼손되었다. 다음 중 ㉠~㉢에 들어
갈 수 있는 수치는? (단, 인건비와 재료비 이외의 투입요소는 없다)

구분	목표량	인건비	재료비	산출량	효과성 순위	효율성 순위
A	㉠	200	100	600	4	2
B	1,200	㉡	300	1,500	3	1
C	1,000	800	㉢	2,000	2	2
D	1,000	500	500	2,500	1	1

※ 효율성 $= \frac{산출}{투입}$, 효과성 $= \frac{산출}{목표}$

	㉠	㉡	㉢			㉠	㉡	㉢
①	500	300	200		②	450	200	300
③	400	300	200		④	350	200	300

B와 D의 효율성이 같으므로 $\frac{1,500}{㉡+300} = \frac{2,500}{500+500}$, 즉 ㉡은 300이다.

A와 C의 효율성이 같으므로 $\frac{600}{200+100} = \frac{2,000}{800+㉢}$, 즉 ㉢은 200이다.

	A	B	C	D
효과성	$\frac{600}{㉠}$	$\frac{1,500}{1,200} = 1.25$	$\frac{2,000}{1,000} = 2$	$\frac{2,500}{1,000} = 2.5$

$\frac{600}{㉠} < 1.25$이므로 ㉠값은 480보다 큰 값이다.

15 다음은 카지노를 경영하는 사업자에 대한 관광진흥개발기금 납부에 관한 규정이다. 카지노를 경영하는 甲은 연간 총매출액이 90억 원이며 기한 내 납부금으로 4억 원만을 납부했다. 다음 규정에 따를 경우 甲의 체납된 납부금에 대한 가산금은 얼마인가?

> 카지노를 경영하는 사업자는 아래의 징수비율에 해당하는 납부금을 '관광진흥개발기금'에 내야 한다. 만일 납부기한까지 납부금을 내지 않으면, 체납된 납부금에 대해서 100분의 3에 해당하는 가산금이 1회에 한하여 부과된다(다만, 가산금에 대한 연체료는 없다).
>
> 〈납부금 징수비율〉
> • 연간 총매출액이 10억 원 이하인 경우 : 총매출액의 100분의 1
> • 연간 총매출액이 10억 원을 초과하고 100억 원 이하인 경우 : 1천만 원+(총매출액 중 10억 원을 초과하는 금액의 100분의 5)
> • 연간 총매출액이 100억 원을 초과하는 경우 : 4억 6천만 원+(총매출액 중 100억 원을 초과하는 금액의 100분의 10)

① 30만 원　　　　　　　　　　② 90만 원
③ 160만 원　　　　　　　　　④ 180만 원

 주어진 규정에 따를 경우 甲이 납부해야 하는 금액은 4억 1천만 원이다. 甲이 4억 원만을 납부했으므로 나머지 1천만 원에 대한 가산금을 계산하면 된다. 1천만 원의 100분의 3은 30만 원이다.

16 다음은 공공기관을 구분하는 기준이다. 다음 규정에 따라 각 기관을 구분한 결과가 옳지 않은 것은?

〈공공기관의 구분〉

제00조 제1항
공공기관을 공기업·준정부기관과 기타공공기관으로 구분하여 지정한다. 직원 정원이 50인 이상인 공공기관은 공기업 또는 준정부기관으로, 그 외에는 기타공공기관으로 지정한다.

제00조 제2항
제1항의 규정에 따라 공기업과 준정부기관을 지정하는 경우 자체수입액이 총수입액의 2분의 1 이상인 기관은 공기업으로, 그 외에는 준정부기관으로 지정한다.

제00조 제3항
제1항 및 제2항의 규정에 따른 공기업을 다음의 구분에 따라 세분하여 지정한다.
• 시장형 공기업 : 자산규모가 2조 원 이상이고, 총 수입액 중 자체수입액이 100분의 85 이상인 공기업
• 준시장형 공기업 : 시장형 공기업이 아닌 공기업

〈공공기관의 현황〉

공공기관	직원 정원	자산규모	자체수입비율
A	70명	4조 원	90%
B	45명	2조 원	50%
C	65명	1조 원	55%
D	60명	1.5조 원	45%

※ 자체수입비율 : 총 수입액 대비 자체수입액 비율

① A – 시장형 공기업　　　　　② B – 기타공공기관
③ C – 준정부기관　　　　　　④ D – 준정부기관

 ③ C는 정원이 50명이 넘으므로 기타공공기관이 아니며, 자체수입비율이 55%이므로 자체수입액이 총수입액의 2분의 1 이상이기 때문에 공기업이다. 시장형 공기업 조건에 해당하지 않으므로 C는 준시장형 공기업이다.

금융 관련 긴급상황 발생 행동요령

1. 신용카드 및 체크카드를 분실한 경우

카드를 분실했을 경우 카드회사 고객센터에 분실신고를 하여야 한다.

분실신고 접수일로부터 60일 전과 신고 이후에 발생한 부정 사용액에 대해서는 납부의무가 없다. 카드에 서명을 하지 않은 경우, 비밀번호를 남에게 알려준 경우, 카드를 남에게 빌려준 경우 등 카드 주인의 특별한 잘못이 있는 경우에는 보상을 하지 않는다.

비밀번호가 필요한 거래(현금인출, 카드론, 전자상거래)의 경우 분실신고 전 발생한 제2자의 부정사용액에 대해서는 카드사가 책임을 지지 않는다. 그러나 저항할 수 없는 폭력이나 생명의 위협으로 비밀번호를 누설한 경우 등 카드회원의 과실이 없는 경우는 제외

2. 다른 사람의 계좌에 잘못 송금한 경우

본인의 거래은행에 잘못 송금한 사실을 먼저 알린다. 전화로 잘못 송금한 사실을 말하고 거래은행 영업점을 방문해 착오입금반환의뢰서를 작성하면 된다.

수취인과 연락이 되지 않거나 돈을 되돌려 주길 거부하는 경우에는 부당이득반환소송 등 법적 조치를 취하면 된다.

3. 대출사기를 당한 경우

대출사기를 당했거나 대출수수료를 요구할 땐 경찰서, 금융감독원에 전화로 신고를 하여야 한다. 아니면 금감원 홈페이지 참여마당 → 금융범죄/비리/기타신고 → 불법 사금융 개인정보 불법유통 및 불법 대출 중개수수료 피해신고 코너를 통해 신고하면 된다.

4. 신분증을 잃어버린 경우

가까운 은행 영업점을 방문하여 개인정보 노출자 사고 예방 시스템에 등록을 한다. 신청인의 개인정보를 금융회사에 전파하여 신청인의 명의로 금융거래를 하면 금융회사가 본인확인을 거쳐 2차 피해를 예방한다.

Answer↱ 16.③

17 만약 당신이 신용카드를 분실했을 경우 가장 먼저 취해야 할 행동으로 적절한 것은?

① 경찰서에 전화로 분실신고를 한다.

② 해당 카드회사에 전화로 분실신고를 한다.

③ 금융감독원에 분실신고를 한다.

④ 카드사에 전화를 걸어 카드를 해지한다.

(Tip) 신용카드 및 체크카드를 분실한 경우 카드회사 고객센터에 분실신고를 하여야 한다.

18 매사 모든 일에 철두철미하기로 유명한 당신이 보이스피싱에 걸려 대출사기를 당했다고 느껴질 경우 당신이 취할 수 있는 가장 적절한 행동은?

① 가까운 은행을 방문하여 개인정보 노출자 사고 예방 시스템에 등록을 한다.

② 해당 거래 은행에 송금 사실을 전화로 알린다.

③ 경찰서나 금융감독원에 전화로 신고를 한다.

④ 법원에 부당이득반환소송을 청구한다.

(Tip) 대출사기를 당했거나 대출수수료를 요구할 땐 경찰서, 금융감독원에 전화로 신고를 하여야 한다.

19 K기업의 입사설명회에서 면접 강의를 한 L씨는 다음과 같이 강의를 하였다. 이 강의를 준비하기 위한 사전계획 중 L씨의 강의 내용에 포함되지 않은 것은?

> 안녕하십니까? 취업준비생 여러분, 오늘은 K기업의 입사시험을 준비하는 여러분에게 면접에 대한 대비 방법에 대해 알려드리려고 합니다.
>
> 면접 준비는 어떻게 해야 할까요? 먼저 입사하고자 하는 기업의 특성과 원하는 인재상에 맞는 면접 예상 질문을 만들고 그에 대한 답변을 준비하는 것이 좋습니다. 예를 들어 사회적 기업에 입사를 하려고 한다면 신문이나 잡지 등에서 사회적 이슈가 되고 있는 것을 찾아 예상 질문을 만들고 거울을 보면서 실제 면접관 앞이라고 생각하며 답변을 해 보면 면접에 대한 자신감을 키울 수 있습니다.
>
> 면접은 일반적으로 일대일 면접, 일대다 면접, 다대다 면접 이렇게 세 가지 유형으로 분류할 수 있습니다.
>
> 면접 유형이 다르면 전략도 달라져야 합니다. 다대다 면접을 치르는 기업의 경우 질문하는 면접관이 여러 명이므로 면접관 한 사람 한 사람의 질문에 집중해야 하고, 질문한 면접관의 눈을 응시하며 답변을 해야 합니다. 또한 다른 지원자들이 하는 답변도 잘 경청하는 것이 중요합니다.
>
> 면접 상황에서 가장 중요한 것은 질문의 의도가 사실의 정보를 요구하는 것인지, 본인의 의견을 묻는 것인지를 분명하게 파악해야 합니다. 사실적 정보를 묻는 질문이라면 객관적 내용을 토대로 명확하게 답변을 해야 하고, 본인의 의견을 묻는 질문이라면 구체적 근거를 제시하여 자신의 견해를 논리적으로 대답해야 합니다.
>
> 만약 면접관이 여러분에게 '음식물 쓰레기 종량제'에 대한 찬반 의견을 묻는다면 여러분은 어떻게 답변을 하시겠습니까? 먼저 찬반 입장을 생각한 후 자신의 입장을 분명히 밝히고 그에 따른 구체적 근거를 제시하면 됩니다. 이때 근거는 보통 세 가지 이상 드는 것이 좋습니다. 가능하면 실제 사례나 경험을 바탕으로 설명하는 것이 설득력을 높일 수 있습니다. 면접관이 추가 질문을 할 경우에는 앞서 했던 답변 중 부족한 부분이 무엇이었는지를 점검하고 보완해서 대답을 하면 됩니다.

① 구체적인 사례를 들어 청중의 이해를 도울 것이다.
② 청중의 특성을 고려하여 강의 내용을 선정할 것이다.
③ 청중과의 상호 작용을 위해 질문의 형식을 활용할 것이다.
④ 강의 중 청중의 배경지식을 확인하여 내용의 수준을 조절할 것이다.

 L씨는 청중이 취업준비생이라는 특성을 고려하여 면접 전형 대비 방법에 대한 강의 내용을 선정하였고, 질문의 형식을 활용하고 있다. 또한 예상 질문을 통해 사례를 구체적으로 들어 청중의 이해를 돕고 있다. 그러나 청중의 배경지식을 확인하여 내용의 수준을 조절한다고 보기는 어렵다.

Answer→ 17.② 18.③ 19.④

20 다음은 은행을 사칭한 대출 주의 안내문이다. 이에 대한 설명으로 옳지 않은 것은?

> 항상 OO은행을 이용해 주시는 고객님께 감사드립니다.
>
> 최근 OO은행을 사칭하면서 대출 협조문이 Fax로 불특정 다수에게 발송되고 있어 각별한 주의가 요망됩니다. OO은행은 절대로 Fax를 통해 대출 모집을 하지 않으니 아래의 Fax 발견시 즉시 폐기하시기 바랍니다.
>
> > 아래 내용을 검토하시어 자금문제로 고민하는 대표이하 직원 여러분들에게 저의 은행의 금융정보를 공유할 수 있도록 업무협조 부탁드립니다.
> >
> > 수신 : 직장인 및 사업자
> > 발신 : OO은행 여신부
> > 여신상담전화번호 : 070-xxxx-xxxx
> >
> > | 대상 | 직장인 및 개인/법인 사업자 |
> > |---|---|
> > | 금리 | 개인신용등급적용 (최저 4.8~) |
> > | 연령 | 만 20세~만 60세 |
> > | 상환 방식 | 1년만기일시상환, 원리금균등분할상환 |
> > | 대출 한도 | 100만 원~1억 원 |
> > | 대출 기간 | 12개월~최장 60개월까지 설정가능 |
> > | 서류 안내 | 공통서류 – 신분증
직장인 – 재직, 소득서류
사업자 – 사업자 등록증, 소득서류 |
>
> ※ 기타사항
> • 본 안내장의 내용은 법률 및 관련 규정 변경시 일부 변경될 수 있습니다.
> • 용도에 맞지 않을 시, 연락 주시면 수신거부 처리 해드리겠습니다.
>
> 현재 OO은행을 사칭하여 문자를 보내는 불법업체가 기승입니다. OO은행에서는 본 안내장 외엔 문자를 발송치 않으니 이점 유의하시어 대처 바랍니다.

① Fax 수신문에 의하면 최대 대출한도는 1억 원까지이다.
② 대출 주의 안내문은 수신거부 처리가 가능하다.
③ Fax로 수신되는 대출 협조문은 즉시 폐기하여야 한다.
④ OO은행에서는 대출 협조문을 문자로 발송한다.

(Tip) ④ OO은행에서는 본 안내장 외엔 문자를 발송하지 않는다.

21 다음은 수미의 소비상황과 각종 신용카드 혜택 정보이다. 수미가 가장 유리한 하나의 신용카드만을 결제수단으로 사용할 때 적절한 소비수단은?

- 뮤지컬, OO테마파크 및 서점은 모두 B신용카드의 문화 관련업에 해당한다.
- 신용카드 1포인트는 1원이고, 문화상품권 1매는 1만 원으로 가정한다.
- 혜택을 금전으로 환산하여 액수가 많을수록 유리하다.
- 액수가 동일한 경우 할인혜택, 포인트 적립, 문화상품권 지급 순으로 유리하다.
- 혜택의 액수 및 혜택의 종류가 동일한 경우 혜택 부여 시기가 빠를수록 유리하다 (현장할인은 결제 즉시 할인되는 것을 말하며, 청구할인은 카드대금 청구 시 할인되는 것을 말한다).

〈수미의 소비상황〉

서점에서 여행서적(정가 각 3만 원) 3권과 DVD 1매(정가 1만 원)를 구입(직전 1개월간 A신용카드 사용금액은 15만 원이며, D신용카드는 가입 후 미사용 상태임)

〈각종 신용카드의 혜택〉

A신용카드	OO테마파크 이용시 본인과 동행 1인의 입장료의 20% 현장 할인(단, 직전 1개월간 A신용카드 사용금액이 30만 원 이상인 경우에 한함)
B신용카드	문화 관련 가맹업 이용시 총액의 10% 청구 할인(단, 할인되는 금액은 5만 원을 초과할 수 없음)
C신용카드	이용시마다 사용금액의 10%를 포인트로 즉시 적립. 사용금액이 10만 원을 초과하는 경우에는 사용금액의 20%를 포인트로 즉시 적립
D신용카드	가입 후 2만 원 이상에 상당하는 도서류(DVD 포함) 구매시 최초 1회에 한하여 1만 원 상당의 문화상품권 증정(단, 문화상품권은 다음달 1일에 일괄 증정)

---

① A신용카드   ② B신용카드

③ C신용카드   ④ D신용카드

 수미 소비상황을 봤을 때 A신용카드 혜택이 없으며, B신용카드는 1만 원 청구할인, C신용카드는 1만 원 포인트 적립, D신용카드는 1만 원 문화상품권을 증정한다. 액수가 동일한 경우 할인혜택, 포인트 적립, 문화상품권 지급 순으로 유리하다고 했으므로 수미는 B신용카드를 선택한다.

Answer⟿ 20.④ 21.②

22 다음은 특보의 종류 및 기준에 관한 자료이다. ㉠과 ㉡의 상황에 어울리는 특보를 올바르게 짝지은 것은?

<특보의 종류 및 기준>

종류	주의보	경보		
강풍	육상에서 풍속 14m/s 이상 또는 순간풍속 20m/s 이상이 예상될 때. 다만, 산지는 풍속 17m/s 이상 또는 순간풍속 25m/s 이상이 예상될 때	육상에서 풍속 21m/s 이상 또는 순간풍속 26m/s 이상이 예상될 때. 다만, 산지는 풍속 24m/s 이상 또는 순간풍속 30m/s 이상이 예상될 때		
호우	6시간 강우량이 70mm 이상 예상되거나 12시간 강우량이 110mm 이상 예상될 때	6시간 강우량이 110mm 이상 예상되거나 12시간 강우량이 180mm 이상 예상될 때		
태풍	태풍으로 인하여 강풍, 풍랑, 호우 현상 등이 주의보 기준에 도달할 것으로 예상될 때	태풍으로 인하여 풍속이 17m/s 이상 또는 강우량이 100mm 이상 예상될 때. 다만, 예상되는 바람과 비의 정도에 따라 아래와 같이 세분한다.		
			3급	2급	1급
		바람(m/s)	17~24	25~32	33 이상
		비(mm)	100~249	250~399	400 이상
폭염	6월~9월에 일최고기온이 33℃ 이상이고, 일최고열지수가 32℃ 이상인 상태가 2일 이상 지속될 것으로 예상될 때	6월~9월에 일최고기온이 35℃ 이상이고, 일최고열지수가 41℃ 이상인 상태가 2일 이상 지속될 것으로 예상될 때		

㉠ 태풍이 남해안에 상륙하여 울산지역에 270mm의 비와 함께 풍속 26m/s의 바람이 예상된다.
㉡ 지리산에 오후 3시에서 오후 9시 사이에 약 130mm의 강우와 함께 순간풍속 28m/s가 예상된다.

	㉠	㉡
①	태풍경보 1급	호우주의보
②	태풍경보 2급	호우경보+강풍주의보
③	태풍주의보	강풍주의보
④	태풍경보 2급	호우경보+강풍경보

⊙ : 태풍경보 표를 보면 알 수 있다. 비가 270mm이고 풍속 26m/s에 해당하는 경우는 태풍경보 2급이다.

ⓒ : 6시간 강우량이 130mm 이상 예상되므로 호우경보에 해당하며 산지의 경우 순간풍속 28m/s 이상이 예상되므로 강풍주의보에 해당한다.

23 K지점으로부터 은행, 목욕탕, 편의점, 미용실, 교회 건물이 각각 다음과 같은 조건에 맞게 위치해 있다. 모두 K지점으로부터 일직선상에 위치해 있다고 할 때, 다음 설명 중 올바른 것은 어느 것인가? (언급되지 않은 다른 건물은 없다고 가정한다)

> • K지점으로부터 50m 이상 떨어져 있는 건물은 목욕탕, 미용실, 은행이다.
> • 목욕탕과 교회 건물 사이에는 편의점을 포함한 2개의 건물이 있다.
> • 5개의 건물은 각각 K지점에서 15m, 40m, 60m, 70m, 100m 떨어진 거리에 있다.

① 목욕탕과 편의점과의 거리는 40m이다.

② 연이은 두 건물 간의 거리가 가장 먼 것은 은행과 편의점이다.

③ 미용실과 편의점의 사이에는 1개의 건물이 있다.

④ K지점에서 미용실이 가장 멀리 있다면 은행과 교회는 45m 거리에 있다.

 5개의 건물이 위치한 곳을 그림과 기호로 표시하면 다음과 같다.

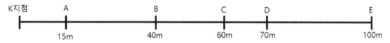

첫 번째 조건을 통해 목욕탕, 미용실, 은행은 C, D, E 중 한 곳, 교회와 편의점은 A, B 중 한 곳임을 알 수 있다.

두 번째 조건에 의하면 목욕탕과 교회 사이에 편의점과 또 하나의 건물이 있어야 한다. 이 조건을 충족하려면 A가 교회, B가 편의점이어야 하며 또한 D가 목욕탕이어야 한다. C와 E는 어느 곳이 미용실과 은행의 위치인지 주어진 조건만으로 알 수 없다.

따라서 보기 ④에서 언급된 바와 같이 미용실이 E가 된다면 은행은 C가 되어 교회인 A와 45m 거리에 있게 된다.

Answer⤵ 22.② 23.④

24 M회사 구내식당에서 근무하고 있는 N씨는 식단을 편성하는 업무를 맡고 있다. 식단편성을 위한 조건이 다음과 같을 때 월요일에 편성되는 식단은?

〈조건〉
- 다음 5개의 메뉴를 월요일~금요일 5일에 각각 하나씩 편성해야 한다.
  − 돈가스 정식, 나물 비빔밥, 크림 파스타, 오므라이스, 제육덮밥
- 월요일에는 돈가스 정식을 편성할 수 없다.
- 목요일에는 오므라이스를 편성할 수 없다.
- 제육덮밥은 금요일에 편성해야 한다.
- 나물 비빔밥은 제육덮밥과 연달아 편성할 수 없다.
- 돈가스 정식은 오므라이스보다 먼저 편성해야 한다.

① 나물 비빔밥 　　　　　　② 크림 파스타
③ 오므라이스 　　　　　　④ 제육덮밥

 금요일에는 제육덮밥이 편성된다. 목요일에는 오므라이스를 편성할 수 없고, 다섯 번째 조건에 의해 나물 비빔밥도 편성할 수 없다. 따라서 목요일에는 돈가스 정식 또는 크림 파스타가 편성되어야 한다. 마지막 조건과 두 번째 조건에 의해 돈가스 정식은 월요일, 목요일에도 편성할 수 없으므로 돈가스 정식은 화요일에 편성된다. 따라서 목요일에는 크림 파스타, 월요일에는 나물 비빔밥이 편성된다.

25 다음은 이○○씨가 A지점에서 B지점을 거쳐 C지점으로 출근을 할 때 각 경로의 거리와 주행속도를 나타낸 것이다. 이○○씨가 오전 8시 정각에 A지점을 출발해서 B지점을 거쳐 C지점으로 갈 때, 이에 대한 설명 중 옳은 것을 고르면?

구간	경로	주행속도(km/h)		거리(km)
		출근 시간대	기타 시간대	
A→B	경로 1	30	45	30
	경로 2	60	90	
B→C	경로 3	40	60	40
	경로 4	80	120	

※ 출근 시간대는 오전 8시부터 오전 9시까지이며, 그 이외의 시간은 기타 시간대임.

① C지점에 가장 빨리 도착하는 시각은 오전 9시 10분이다.

② C지점에 가장 늦게 도착하는 시각은 오전 9시 20분이다.

③ B지점에 가장 빨리 도착하는 시각은 오전 8시 40분이다.

④ 경로 2와 경로 3을 이용하는 경우와, 경로 1과 경로 4를 이용하는 경우 C지점에 도착하는 시각은 동일하다.

 시간 = $\dfrac{거리}{속도}$ 공식을 이용하여, 먼저 각 경로에서 걸리는 시간을 구한다.

구간	경로	시간			
		출근 시간대		기타 시간대	
A→B	경로 1	$\dfrac{30}{30}=1.0$	1시간	$\dfrac{30}{45}≒0.67$	약 40분
	경로 2	$\dfrac{30}{60}=0.5$	30분	$\dfrac{30}{90}≒0.33$	약 20분
B→C	경로 3	$\dfrac{40}{40}=1.0$	1시간	$\dfrac{40}{60}≒0.67$	약 40분
	경로 4	$\dfrac{40}{80}=0.5$	30분	$\dfrac{40}{120}≒0.33$	약 20분

④ 경로 2와 3을 이용하는 경우와 경로 1과 경로 4를 이용하는 경우 C지점에 도착하는 시각은 1시간 20분으로 동일하다.

① C지점에 가장 빨리 도착하는 방법은 경로 2와 경로 4를 이용하는 경우이므로, 가장 빨리 도착하는 시각은 1시간이 걸려서 오전 9시가 된다.

② C지점에 가장 늦게 도착하는 방법은 경로 1과 경로 3을 이용하는 경우이므로, 가장 늦게 도착하는 시각은 1시간 40분이 걸려서 오전 9시 40분이 된다.

③ B지점에 가장 빨리 도착하는 방법은 경로 2이므로, 가장 빨리 도착하는 시각은 30분이 걸려서 오전 8시 30분이 된다.

Answer➔ 24.① 25.④

26 다음 내용을 근거로 판단할 때 참말을 한 사람은 누구인가?

> A 동아리 학생 5명은 각각 B 동아리 학생들과 30회씩 가위바위보 게임을 하였다. 각 게임에서 이길 경우 5점, 비길 경우 1점, 질 경우 -1점을 받는다. 게임이 모두 끝나자 A 동아리 학생 5명은 자신들이 얻은 합산 점수를 다음과 같이 말하였다.
> 갑 : 내 점수는 148점이다.
> 을 : 내 점수는 145점이다.
> 병 : 내 점수는 143점이다.
> 정 : 내 점수는 140점이다.
> 무 : 내 점수는 139점이다.
> 　이들 중 한 명만 참말을 하고 있다.

① 갑 　　　　　　　　　② 을
③ 병 　　　　　　　　　④ 정

 승·무·패를 따지면 가능한 점수는 140점이다.

승	무	패	총점
30	0	0	30×5=150
29	1	0	(29×5)+1=146
29	0	1	(29×5)-1=144
28	2	0	(28×5)+(1×2)=142
28	1	1	(28×5)+1-1=140
28	0	2	(28×5)-(1×2)=138

27 A, B, C, D, E 5명이 한 명씩 차례로 면접을 보려고 한다. 다음의 내용을 모두 고려하였을 때 D 바로 다음에 면접을 보게 되는 사람은 누구인가?

> • E는 C보다 늦게 면접을 본다.
> • B는 A보다 늦게, D보다는 빨리 면접을 본다.
> • C는 A보다 늦게 면접을 본다.
> • B와 D 사이에 면접을 보는 사람은 없다.
> • B는 C보다 먼저 면접을 본다.

　① A 　　　　　　　　　② B
　③ C 　　　　　　　　　④ E

조건에 맞추어 정리해 보면 A→B→D→C→E가 된다.
그러므로 D 바로 다음에는 C가 면접을 보게 된다.

28 S기관은 업무처리시 오류 발생을 줄이기 위해 2016년부터 오류 점수를 계산하여 인사고과에 반영한다고 한다. 이를 위해 매월 직원별로 오류 건수를 조사하여 오류 점수를 다음과 같이 계산한다고 할 때, 가장 높은 오류 점수를 받은 사람은 누구인가?

〈오류 점수 계산 방식〉
• 일반 오류는 1건당 10점, 중대 오류는 1건당 20점씩 오류 점수를 부과하여 이를 합산한다.
• 전월 우수사원으로 선정된 경우, 합산한 오류 점수에서 80점을 차감하여 월별 최종 오류 점수를 계산한다.

〈S기관 벌점 산정 기초자료〉

직원	오류 건수(건)		전월 우수사원 선정 여부
	일반 오류	중대 오류	
A	5	20	미선정
B	10	20	미선정
C	15	15	선정
D	20	10	미선정

① A
② B
③ C
④ D

	총점
A	$(5 \times 10) + (20 \times 20) = 450$
B	$(10 \times 10) + (20 \times 20) = 500$
C	$(\times 10) + (\times 20) - 80 = 370$
D	$(20 \times 10) + (10 \times 20) = 400$

Answer 26.④ 27.③ 28.②

29 갑, 을, 병, 정, 무 다섯 명이 자유형, 배영, 접영, 평영을 한 번씩 사용하여 400m를 수영하려 한다. 레인은 1번부터 5번 레인을 사용하며 100m마다 다른 수영 방식을 사용한다. 단, 각 레인마다 1명씩 배정이 되며, 이웃한 레인에 있는 사람들은 같은 구간에서 동일한 수영 방식을 사용할 수 없다. 다음 중 4번 레인을 사용하는 사람의 구간별 수영 방식을 순서대로 바르게 나열한 것은?

> ㉠ 2번과 4번 레인을 사용하는 사람들은 첫 번째 구간에서 같은 수영 방식을 사용하되, 자유형은 사용할 수 없다.
>
> ㉡ 을, 정은 네 번째 구간에서만 같은 수영 방식을 사용한다.
>
> ㉢ 갑은 3번 레인을 사용하고 두 번째 구간에서 자유형을 한다.
>
> ㉣ 을은 네 번째 구간에서 배영을 하고, 세 번째 구간에서는 갑과 같은 수영방식을 사용한다.
>
> ㉤ 무는 5번 레인을 사용하고, 첫 번째 구간에서는 평영, 네 번째 구간에서는 자유형을 한다.

① 접영 – 평영 – 배영 – 자유형

② 배영 – 접영 – 평영 – 자유형

③ 배영 – 평영 – 자유형 – 접영

④ 접영 – 평영 – 자유형 – 배영

(Tip) ㉢㉤에 따라 정리하면,

	1번 레인	2번 레인	3번 레인	4번 레인	5번 레인
			갑		무
1구간					평영
2구간			자유형		
3구간					
4구간					자유형

㉣에 따르면,

3구간에서 '을'은 '갑'과 같은 수영방식을 사용하려면 갑과 이웃된 자리가 아니어야 한다. 따라서 1, 5번 레인이 가능하고, 5번 레인은 '무'의 자리이므로 1번이 '을'의 자리이다.

	1번 레인	2번 레인	3번 레인	4번 레인	5번 레인
	을		갑		무
1구간					평영
2구간			자유형		
3구간					
4구간	배영				자유형

㉡에 따르면,

'을'과 '정'은 4구간에서 같은 수영 방식을 사용하므로, '정'의 자리는 '을'과 이웃하지 않는다. 따라서 남는 자리 중 4번이 '정'의 자리이고, 2번 자리는 자동으로 '병'의 자리가 된다.

	1번 레인	2번 레인	3번 레인	4번 레인	5번 레인
	을	병	갑	정	무
1구간					평영
2구간			자유형		
3구간					
4구간	배영			배영	자유형

㉠에 따르면,

2번, 4번 레인은 1구간에서 같은 수영 방식을 사용하고, 자유형은 불가능하다. 4번 레인은 5번 레인과 이웃하므로 1구간은 평영이 불가하고, 4구간이 배영이므로 남는 수영 방식은 접영만 가능하다. 따라서 2번, 4번 레인의 1구간 수영방식은 접영이 된다.

	1번 레인	2번 레인	3번 레인	4번 레인	5번 레인
	을	병	갑	정	무
1구간		접영		접영	평영
2구간			자유형		
3구간					
4구간	배영			배영	자유형

또한 '정'은 '갑'과 이웃되므로 2구간은 자유형이 불가능하고 접영, 배영은 이미 사용하고 있기 때문에 평영만 가능하다. 따라서 3구간은 자동으로 자유형이 된다.

	1번 레인	2번 레인	3번 레인	4번 레인	5번 레인
	을	병	갑	정	무
1구간		접영		접영	평영
2구간			자유형	평영	
3구간				자유형	
4구간	배영			배영	자유형

Answer⤷ 29.④

30 다음 글과 상황을 근거로 판단할 때, A국 각 지역에 설치될 것으로 예상되는 풍력발전기 모델명을 바르게 짝지은 것은?

풍력발전기는 회전축의 방향에 따라 수평축 풍력발전기와 수직축 풍력발전기로 구분된다. 수평축 풍력발전기는 구조가 간단하고 설치가 용이하며 에너지 변환효율이 우수하다. 하지만 바람의 방향에 영향을 많이 받기 때문에 바람의 방향이 일정한 지역에만 설치가 가능하다. 수직축 풍력발전기는 바람의 방향에 영향을 받지 않아 바람의 방향이 일정하지 않은 지역에도 설치가 가능하며, 이로 인해 사막이나 평원에도 설치가 가능하다. 하지만 부품이 비싸고 수평축 풍력발전기에 비해 에너지 변환효율이 떨어진다는 단점이 있다. B사는 현재 4가지 모델의 풍력발전기를 생산하고 있다. 각 풍력발전기는 정격 풍속이 최대 발전량에 도달하며, 가동이 시작되면 최소 발전량 이상의 전기를 생산한다. 각 발전기의 특성은 아래와 같다.

모델명	U-50	U-57	U-88	U-93
시간당 최대 발전량(kW)	100	100	750	2,000
시간당 최소 발전량(kW)	20	20	150	400
발전기 높이(m)	50	68	80	84.7
회전축 방향	수직	수평	수직	수평

〈상황〉

A국은 B사의 풍력발전기를 X, Y, Z지역에 각 1기씩 설치할 계획이다. X지역은 산악지대로 바람의 방향이 일정하며, 최소 150kW 이상의 시간당 발전량이 필요하다. Y지역은 평원지대로 바람의 방향이 일정하지 않으며, 철새보호를 위해 발전기 높이는 70m 이하가 되어야 한다. Z지역은 사막지대로 바람의 방향이 일정하지 않으며, 주민 편의를 위해 정격 풍속에서 600kW 이상의 시간당 발전량이 필요하다. 복수의 모델이 각 지역의 조건을 충족할 경우, 에너지 변환효율을 높이기 위해 수평축 모델을 설치하기로 한다.

	X지역	Y지역	Z지역		X지역	Y지역	Z지역
①	U-88	U-50	U-88	②	U-88	U-57	U-93
③	U-93	U-50	U-88	④	U-93	U-50	U-93

ⓐ X지역: 바람의 방향이 일정하므로 수직·수평축 모두 사용할 수 있고, 최소 150kW 이상의 시간당 발전량이 필요하므로 U-88과 U-93 중 하나를 설치해야 한다. 에너지 변환효율을 높이기 위해 수평축 모델인 U-93을 설치한다.
ⓑ Y지역: 수직축 모델만 사용 가능하며, 높이가 70m 이하인 U-50만 설치 가능하다.
ⓒ Z지역: 수직축 모델만 사용 가능하며, 정격 풍속이 600kW·이상의 시간당 발전량을 갖는 U-88만 설치 가능하다.

31 다음 제시문을 읽고 바르게 추론한 것을 〈보기〉에서 모두 고른 것은?

> A회사에서는 1,500명의 소속직원들이 마실 생수를 구입하기로 하였다. 모든 조건이 동일한 두 개의 생수회사가 최종 경쟁을 하게 되었다. 구입 담당자는 직원들에게 시음하게 하여 직원들이 가장 좋아하는 생수를 선정하고자 하였다. 다음과 같은 절차를 통하여 구입 담당자가 시음회를 주관하였다.
> - 직원들로부터 더 많이 선택 받은 생수회사를 최종적으로 선정한다.
> - 생수 시음회 참여를 원하는 직원을 대상으로 신청자를 접수하고 그 중 남자 15명과 여자 15명을 무작위로 선정하였다.
> - 두 개의 컵을 마련하여 하나는 1로 표기하고 다른 하나는 2로 표기하여 회사이름을 가렸다.
> - 참가직원들은 1번 컵의 생수를 마신 후 2번 컵의 생수를 마시고 둘 중 어느 쪽을 선호하는지 표시하였다.

> 〈보기〉
> ㉠ 참가자들이 특정 번호를 선호할 가능성을 고려하지 못하였다.
> ㉡ 참가자가 무작위로 선정되었으므로 전체 직원에 대한 대표성이 확보되었다.
> ㉢ 참가자의 절반은 2번 컵을 먼저 마시고 1번 컵을 나중에 마시도록 했어야 한다.
> ㉣ 우리나라의 남녀 비율이 50대 50이므로 남자직원과 여자직원을 동수로 뽑은 것은 적절하였다.

① ㉠㉡   ② ㉠㉢
③ ㉡㉢   ④ ㉡㉣

 ㉡ 참가자는 무작위로 선정한 것이 아니라 시음회의 참여를 원하는 직원을 대상으로 선정하였기 때문에 전체 직원에 대한 대표성이 확보되었다고 보기는 어렵다.
㉣ 대표성을 확보하기 위해서는 우리나라의 남녀 비율이 아닌 A회사의 남녀 비율을 고려하여 선정하는 것이 더 적절하다.

Answer → 30.③ 31.②

32 다음 조건에 따를 때, 선정이의 병명은 무엇인가?

> 소윤, 홍미, 효진, 선정이가 처방전을 가지고 약국을 방문하였는데, 처방전을 받아 A~D의 약을 조제한 약사는 처방전을 잃어버리고 말았다.
> • 약국을 방문한 4명의 병명은 감기, 배탈, 치통, 위염이었다.
> • 홍미의 처방전은 B에 해당하는 것이었고, 그녀는 감기나 배탈 환자가 아니었다.
> • A는 배탈 환자에 사용되는 약이 아니다.
> • D는 위염에 사용되는 약이 포함되어 있다.
> • 소윤이는 임신을 한 상태이고, A와 D에는 임산부가 먹으면 안 되는 약이 포함되어 있다.
> • 효진이는 감기 환자가 아니었다.

① 감기
② 배탈
③ 치통
④ 위염

	소윤	홍미	효진	선정
감기(A)	×	×	×	○
배탈(C)	○	×	×	×
치통(B)	×	○	×	×
위염(D)	×	×	○	×

33 전무, 상무, 부장, 차장, 과장, 대리 6명은 다음 주부터 6주의 기간 동안 모두 휴가를 다녀와야 한다. 각자의 휴가기간은 연속하여 2주이며, 휴가를 가지 않는 사람은 없다. 다음에 제시된 내용을 모두 고려하였을 때, 항상 거짓인 것은?

> • 상무가 휴가를 다녀온 후에 전무가 휴가를 떠난다.
> • 차장이 휴가를 다녀오면 6주의 휴가 기간이 모두 끝난다.
> • 전무는 1주차와 6주차에는 휴가를 갈 수 없다.
> • 과장과 대리는 휴가를 동시에 시작하며 전무, 상무와 휴가 기간이 1주씩 겹친다.

① 아무도 휴가를 안 가는 주는 없다.
② 휴가 중인 인원이 가장 많은 주는 3주차이다.
③ 차장과 대리의 휴가가 겹치는 주가 있다.
④ 상무는 2주차에 휴가 중이다.

(Tip) 제시된 내용에 따라 정리를 해 보면 다음과 같음을 알 수 있다.

	1주	2주	3주	4주	5주	6주
전무	×		휴가			×
상무		휴가				
부장						
차장					휴가	
과장		휴가				
대리		휴가				

① 아무도 휴가는 안 가는 주는 없다. → 참
② 휴가 중인 인원이 가장 많은 주는 3주차이다. → 참
③ 차장과 대리의 휴가가 겹치는 주가 있다. → 거짓
④ 상무는 2주차에 휴가 중이다. → 참

┃34~35┃ 다음 상황과 자료를 보고 물음에 답하시오.

도서출판 서원각에 근무하는 K씨는 고객으로부터 9급 건축직 공무원 추천도서를 요청받았다. K씨는 도서를 추천하기 위해 다음과 같은 9급 건축직 발행도서의 종류와 특성을 참고하였다.

K씨 : 감사합니다. 도서출판 서원각입니다.

고객 : 9급 공무원 건축직 관련 도서 추천을 좀 받고 싶습니다.

K씨 : 네, 어떤 종류의 도서를 원하십니까?

고객 : 저는 기본적으로 이론은 대학에서 전공을 했습니다. 그래서 많은 예상문제를 풀 수 있는 것이 좋습니다.

K씨 : 아. 문제가 많은 것이라면 딱 잘라서 말씀드리기가 어렵습니다.

고객 : 알아요. 그래도 적당히 가격도 그리 높지 않고 예상문제가 많이 들어 있는 것이면 됩니다.

K씨 : 네. 알겠습니다. 많은 예상문제풀이가 가능한 것 외에는 다른 필요한 사항은 없으십니까?

고객 : 가급적이면 20,000원 이하가 좋을 듯 합니다.

도서명	예상문제 문항 수	기출문제 수	이론 유무	가격
실력평가모의고사	400	120	무	18,000
전공문제집	500	160	유	25,000
문제완성	600	40	무	20,000
합격선언	300	200	유	24,000

---

34 다음 중 K씨가 고객의 요구에 맞는 도서를 추천해 주기 위해 가장 우선적으로 고려해야 하는 특성은 무엇인가?

① 기출문제 수 　　　　　　② 이론 유무

③ 가격 　　　　　　　　　④ 예상문제 문항 수

 고객은 많은 문제를 풀어보기를 원하므로 우선적으로 예상문제의 수가 많은 것을 찾아야 한다.

35 고객의 요구를 종합적으로 반영하였을 때 많은 문제와 가격을 맞춘 가장 적당한 도서는?

① 실력평가모의고사 　　　　② 전공문제집

③ 문제완성 　　　　　　　　④ 합격선언

 고객의 요구인 20,000원 가격선과 예상문제의 수가 많은 도서는 문제완성이 된다.

36 서원각에서 중요한 팀 프로젝트를 진행하기 위해 6명(김 과장, 이 과장, 정 과장, 경 대리, 신 대리, 최 대리)의 후보를 선출하고, 이들 중 다음의 조건에 맞춰 4명의 팀원을 선택하려고 한다. 후보군은 총 몇 개인가?

> ㉠ 김 과장 또는 이 과장은 반드시 참여해야 하지만, 둘이 함께 참여할 수는 없다.
> ㉡ 경 대리와 신 대리 중 적어도 한 사람은 반드시 참여해야 하지만, 둘이 함께 참여할 수는 없다.
> ㉢ 이 과장이 참여할 수 없다면 최 대리도 참여할 수 없다.
> ㉣ 정 과장이 참여할 수 없다면 경 대리도 참여할 수 없다.

① 1개   ② 2개
③ 3개   ④ 4개

 조건을 정리해보면,
㉠ 김 과장과 이 과장 중 한 명은 반드시 참여하지만 동시에 참여할 수 없다.
㉡ 경 대리와 신 대리 중 한 명은 반드시 참여하지만 동시에 참여할 수 없다.
㉢ 이 과장이 참여할 수 없다면 최 대리도 참여할 수 없다.
  = 최 대리가 참여하면 이 과장도 참여한다.
㉣ 정 과장이 참여할 수 없다면 경 대리도 참여할 수 없다.
  = 경 대리가 참여하면 정 과장도 참여한다.
김 과장이 참여할 때와 이 과장이 참여할 때를 구분해보면,
• 김 과장이 참여하는 경우

	이 과장	경 대리	신 대리	정 과장	최 대리
후보군 1	×	○	×	○	×
후보군 2	×	×	○	○	×

따라서 김 과장을 포함한 4명의 팀원을 만들 수 없다.
• 이 과장이 참여하는 경우

	김 과장	경 대리	신 대리	정 과장	최 대리
후보군 1	×	○	×	○	○
후보군 2	×	×	○	○	○

따라서 이 과장을 포함한 [경 대리, 정 과장, 최 대리], [신 대리, 정 과장, 최 대리]가 팀원이 될 수 있다.

37 다음에 주어진 사실을 통해 내릴 수 있는 결론으로, 옳지 않은 것은?

> ㉠ A는 B보다 두 살이 많다.
> ㉡ B는 C보다 세 살이 어리다.
> ㉢ D는 A보다 나이가 많지만, C보다 나이가 많지는 않다.
> ㉣ E는 제일 어리지도 않고, 제일 나이가 많지도 않다.

① C는 D보다 나이가 많다.

② E는 C보다 어리다.

③ B는 5명 중 가장 어리다.

④ A는 C보다 나이가 적다.

> (Tip) ① C와 D의 나이는 동일할 수도 있다.
> ㉠㉡㉢ C≥D>A>B
> ㉣ C>E>B

38 도서출판 서원각에 근무하는 최 대리는 이번 달에 접수된 총 7건의 고객 불만 사항에 대해 보고서를 작성하려고 한다. A, B, C, D, E, F, G 고객의 불만이 접수된 순서가 다음의 정보를 모두 만족할 때, 불만 사항이 가장 마지막으로 접수된 고객은?

> 〈정보〉
> ㉠ B고객의 불만은 가장 마지막에 접수되지 않았다.
> ㉡ G고객의 불만은 C고객의 불만보다 먼저 접수되었다.
> ㉢ A고객의 불만은 B고객의 불만보다 먼저 접수되었다.
> ㉣ B고객의 불만은 E고객의 불만보다 나중에 접수되었다.
> ㉤ D고객과 E고객의 불만은 연달아 접수되었다.
> ㉥ C고객의 불만은 다섯 번째로 접수되었다.
> ㉦ A고객과 B고객의 불만 접수 사이에 한 건의 불만이 접수되었다.

① B

② E

③ F

④ G

ⓗ C는 다섯 번째로 접수 (□ □ □ □ C □ □)

ⓛⓔⓜ을 통해 E, D, G는 B보다 먼저 접수했고, ⓢ을 통해 B보다 늦게 접수된 고객은 F만 가능하다. (□ □ □ A C B □)

39 모두 진실을 말한다고 할 때, 다음 중 두 번째로 도착한 사람은 누구인가?

ⓐ A : 저는 B, D보다 늦게 도착했습니다.

ⓑ B : 저는 가장 먼저 도착했습니다.

ⓒ C : 저보다 세 명이 먼저 도착했습니다.

ⓓ D : 저는 C보다 먼저 도착했습니다.

ⓔ E : 제가 가장 마지막에 도착했습니다.

---

① A ② B

③ C ④ D

 명제를 종합해보면 B, D, A, C, E 순으로 도착했다.

Answer ↪ 37.① 38.③ 39.④

40 인사팀에 근무하는 주영씨는 회사의 대규모 인사발령이 발생하면서 현재 인사배치 현황을 살펴보았다. 그런데 서울, 인천, 광주, 대구, 부산의 경우 직급과 사람을 가리키는 표현에 실수로 커피를 쏟아 제대로 보이지 않게 되었다. 이에 주영씨는 자신이 가지고 있는 정보를 가지고 직급과 사람의 관계를 정리하려고 한다. 다음의 정보에 따라 주영씨가 내릴 수 없는 판단은?

> • 을은 서울에서 출근하거나 광주에서 출근한다.
> • 병은 E직급이고, 대구에서 출근하지 않는다.
> • 정은 D직급이 아니고, 부산에서 출근하지 않는다.
> • 갑은 광주에서 출근하고, 정보다 아래 직급이다.
> • 부산에는 A직급이 거주하고, 대구에는 그 바로 아래 직급이 거주한다.
> • 직급은 A > B > C > D > E 순이다.
> • 무는 A직급이다.
> • 을은 갑보다 직급이 높다.
> • 모든 직급별로 출발지는 다르다.

① 을은 C직급일 수 있다.

② 정은 대구에 산다.

③ 병은 인천에 산다.

④ 광주에서 출근하는 사람은 서울에서 출근하는 사람보다 직급이 높다.

 표로 정리하면서 지워보면 다음과 같다.

	서울	인천	광주	대구	부산
갑	×		○	×	×
을	○		×	×	×
병(E직급)	×		×	×	×
정	×		×	B직급	×
무	×	×	×	×	A직급

위의 정보를 다시 정리하면

	서울	인천	광주	대구	부산
갑			D직급		
을	C직급				
병		E직급			
정				B직급	
무					A직급

수리능력

1 직장생활과 수리능력

(1) 기초직업능력으로서의 수리능력

① **개념** … 직장생활에서 요구되는 사칙연산과 기초적인 통계를 이해하고 도표의 의미를 파악하거나 도표를 이용해서 결과를 효과적으로 제시하는 능력을 말한다.

② 수리능력은 크게 기초연산능력, 기초통계능력, 도표분석능력, 도표작성능력으로 구성된다.
  ㉠ **기초연산능력** : 직장생활에서 필요한 기초적인 사칙연산과 계산방법을 이해하고 활용할 수 있는 능력
  ㉡ **기초통계능력** : 평균, 합계, 빈도 등 직장생활에서 자주 사용되는 기초적인 통계기법을 활용하여 자료의 특성과 경향성을 파악하는 능력
  ㉢ **도표분석능력** : 그래프, 그림 등 도표의 의미를 파악하고 필요한 정보를 해석하는 능력
  ㉣ **도표작성능력** : 도표를 이용하여 결과를 효과적으로 제시하는 능력

(2) 업무수행에서 수리능력이 활용되는 경우

① 업무상 계산을 수행하고 결과를 정리하는 경우

② 업무비용을 측정하는 경우

③ 고객과 소비자의 정보를 조사하고 결과를 종합하는 경우

④ 조직의 예산안을 작성하는 경우

⑤ 업무수행 경비를 제시해야 하는 경우

⑥ 다른 상품과 가격비교를 하는 경우

⑦ 연간 상품 판매실적을 제시하는 경우

⑧ 업무비용을 다른 조직과 비교해야 하는 경우

⑨ 상품판매를 위한 지역조사를 실시해야 하는 경우

⑩ 업무수행과정에서 도표로 주어진 자료를 해석하는 경우

⑪ 도표로 제시된 업무비용을 측정하는 경우

예제 1

다음 자료를 보고 주어진 상황에 대한 물음에 답하시오.

〈근로소득에 대한 간이 세액표〉

월 급여액(천 원) [비과세 및 학자금 제외]		공제대상 가족 수				
이상	미만	1	2	3	4	5
2,500	2,520	38,960	29,280	16,940	13,570	10,190
2,520	2,540	40,670	29,960	17,360	13,990	10,610
2,540	2,560	42,380	30,640	17,790	14,410	11,040
2,560	2,580	44,090	31,330	18,210	14,840	11,460
2,580	2,600	45,800	32,680	18,640	15,260	11,890
2,600	2,620	47,520	34,390	19,240	15,680	12,310
2,620	2,640	49,230	36,100	19,900	16,110	12,730
2,640	2,660	50,940	37,810	20,560	16,530	13,160
2,660	2,680	52,650	39,530	21,220	16,960	13,580
2,680	2,700	54,360	41,240	21,880	17,380	14,010
2,700	2,720	56,070	42,950	22,540	17,800	14,430
2,720	2,740	57,780	44,660	23,200	18,230	14,850
2,740	2,760	59,500	46,370	23,860	18,650	15,280

※ 갑근세는 제시되어 있는 간이 세액표에 따름
※ 주민세＝갑근세의 10%
※ 국민연금＝급여액의 4.50%
※ 고용보험＝국민연금의 10%
※ 건강보험＝급여액의 2.90%
※ 교육지원금＝분기별 100,000원(매 분기별 첫 달에 지급)

박○○ 사원의 5월 급여내역이 다음과 같고 전월과 동일하게 근무하였으나 특별수당은 없고 차량지원금으로 100,000원을 받게 된다면, 6월에 받게 되는 급여는 얼마인가? (단, 원 단위 절삭)

(주) 서원플랜테크 5월 급여내역			
성명	박○○	지급일	5월 12일
기본급여	2,240,000	갑근세	39,530
직무수당	400,000	주민세	3,950
명절 상여금		고용보험	11,970
특별수당	20,000	국민연금	119,700
차량지원금		건강보험	77,140
교육지원		기타	
급여계	2,660,000	공제합계	252,290
		지급총액	2,407,710

① 2,443,910
② 2,453,910
③ 2,463,910
④ 2,473,910

(3) 수리능력의 중요성

① 수학적 사고를 통한 문제해결

② 직업세계의 변화에의 적응

③ 실용적 가치의 구현

(4) 단위환산표

구분	단위환산
길이	1cm = 10mm, 1m = 100cm, 1km = 1,000m
넓이	1cm² = 100mm², 1m² = 10,000cm², 1km² = 1,000,000m²
부피	1cm³ = 1,000mm³, 1m³ = 1,000,000cm³, 1km³ = 1,000,000,000m³
들이	1mℓ = 1cm³, 1dℓ = 100cm³, 1L = 1,000cm³ = 10dℓ
무게	1kg = 1,000g, 1t = 1,000kg = 1,000,000g
시간	1분 = 60초, 1시간 = 60분 = 3,600초
할푼리	1푼 = 0.1할, 1리 = 0.01할, 1모 = 0.001할

예제 2

둘레의 길이가 4.4km인 정사각형 모양의 공원이 있다. 이 공원의 넓이는 몇 a인가?

① 12,100a

② 1,210a

③ 121a

④ 12.1a

[출제의도]
길이, 넓이, 부피, 들이, 무게, 시간, 속도 등 단위에 대한 기본적인 환산 능력을 평가하는 문제로서, 소수점 계산이 필요하며, 자릿수를 읽고 구분할 줄 알아야 한다.

[해설]
공원의 한 변의 길이는
$4.4 \div 4 = 1.1(\text{km})$이고
$1\text{km}^2 = 10,000a$이므로
공원의 넓이는
$1.1\text{km} \times 1.1\text{km} = 1.21km^2$
$= 12,100a$

답 ①

(1) 기초연산능력

① **사칙연산** … 수에 관한 덧셈, 뺄셈, 곱셈, 나눗셈의 네 종류의 계산법으로 업무를 원활하게 수행하기 위해서는 기본적인 사칙연산뿐만 아니라 다단계의 복잡한 사칙연산까지도 수행할 수 있어야 한다.

② **검산** … 연산의 결과를 확인하는 과정으로 대표적인 검산방법으로 역연산과 구거법이 있다.

　⊙ **역연산** : 덧셈은 뺄셈으로, 뺄셈은 덧셈으로, 곱셈은 나눗셈으로, 나눗셈은 곱셈으로 확인하는 방법이다.

　⊙ **구거법** : 원래의 수와 각 자리 수의 합이 9로 나눈 나머지가 같다는 원리를 이용한 것으로 9를 버리고 남은 수로 계산하는 것이다.

예제 3

다음 식을 바르게 계산한 것은?

$$1 + \frac{2}{3} + \frac{1}{2} - \frac{3}{4}$$

① $\frac{13}{12}$　　　　　② $\frac{15}{12}$

③ $\frac{17}{12}$　　　　　④ $\frac{19}{12}$

[출제의도]

직장생활에서 필요한 기초적인 사칙연산과 계산방법을 이해하고 활용할 수 있는 능력을 평가하는 문제로서, 분수의 계산과 통분에 대한 기본적인 이해가 필요하다.

[해설]

$$\frac{12}{12} + \frac{8}{12} + \frac{6}{12} - \frac{9}{12} = \frac{17}{12}$$

답 ③

---

(2) 기초통계능력

① **업무수행과 통계**

　⊙ **통계의 의미** : 통계란 집단현상에 대한 구체적인 양적 기술을 반영하는 숫자이다.

　⊙ **업무수행에 통계를 활용함으로써 얻을 수 있는 이점**

　　• 많은 수량적 자료를 처리가능하고 쉽게 이해할 수 있는 형태로 축소

　　• 표본을 통해 연구대상 집단의 특성을 유추

　　• 의사결정의 보조수단

　　• 관찰 가능한 자료를 통해 논리적으로 결론을 추출·검증

ⓒ 기본적인 통계치

- 빈도와 빈도분포 : 빈도란 어떤 사건이 일어나거나 증상이 나타나는 정도를 의미하며, 빈도분포란 빈도를 표나 그래프로 종합적으로 표시하는 것이다.
- 평균 : 모든 사례의 수치를 합한 후 총 사례 수로 나눈 값이다.
- 백분율 : 전체의 수량을 100으로 하여 생각하는 수량이 그중 몇이 되는가를 퍼센트로 나타낸 것이다.

② 통계기법

ⓐ 범위와 평균

- 범위 : 분포의 흩어진 정도를 가장 간단히 알아보는 방법으로 최곳값에서 최젓값을 뺀 값을 의미한다.
- 평균 : 집단의 특성을 요약하기 위해 가장 자주 활용하는 값으로 모든 사례의 수치를 합한 후 총 사례 수로 나눈 값이다.
- 관찰값이 1, 3, 5, 7, 9일 경우 범위는 $9 - 1 = 8$이 되고, 평균은 $\dfrac{1+3+5+7+9}{5}$ $= 5$가 된다.

ⓑ 분산과 표준편차

- 분산 : 관찰값의 흩어진 정도로, 각 관찰값과 평균값의 차의 제곱의 평균이다.
- 표준편차 : 평균으로부터 얼마나 떨어져 있는가를 나타내는 개념으로 분산값의 제곱근 값이다.
- 관찰값이 1, 2, 3이고 평균이 2인 집단의 분산은 $\dfrac{(1-2)^2 + (2-2)^2 + (3-2)^2}{3} = \dfrac{2}{3}$ 이고 표준편차는 분산값의 제곱근 값인 $\sqrt{\dfrac{2}{3}}$ 이다.

③ 통계자료의 해석

ⓐ 다섯숫자요약

- 최솟값 : 원자료 중 값의 크기가 가장 작은 값
- 최댓값 : 원자료 중 값의 크기가 가장 큰 값
- 중앙값 : 최솟값부터 최댓값까지 크기에 의하여 배열했을 때 중앙에 위치하는 사례의 값
- 하위 25%값 · 상위 25%값 : 원자료를 크기 순으로 배열하여 4등분한 값

ⓑ **평균값과 중앙값** : 평균값과 중앙값은 그 개념이 다르기 때문에 명확하게 제시해야 한다.

인터넷 쇼핑몰에서 회원가입을 하고 디지털캠코더를 구매하려고 한다. 다음은 구입하고자 하는 모델에 대하여 인터넷 쇼핑몰 세 곳의 가격과 조건을 제시한 표이다. 표에 있는 모든 혜택을 적용하였을 때 디지털캠코더의 배송비를 포함한 실제 구매가격을 바르게 비교한 것은?

구분	A 쇼핑몰	B 쇼핑몰	C 쇼핑몰
정상가격	129,000원	131,000원	130,000원
회원혜택	7,000원 할인	3,500원 할인	7% 할인
할인쿠폰	5% 쿠폰	3% 쿠폰	5,000원
중복할인여부	불가	가능	불가
배송비	2,000원	무료	2,500원

① A<B<C
② B<C<A
③ C<A<B
④ C<B<A

(3) 도표분석능력

① 도표의 종류

　㉠ **목적별** : 관리(계획 및 통제), 해설(분석), 보고

　㉡ **용도별** : 경과 그래프, 내역 그래프, 비교 그래프, 분포 그래프, 상관 그래프, 계산 그래프

　㉢ **형상별** : 선 그래프, 막대 그래프, 원 그래프, 점 그래프, 층별 그래프, 레이더 차트

② 도표의 활용

　㉠ 선 그래프

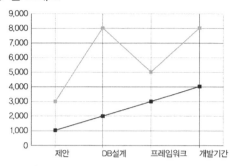

• 주로 시간의 경과에 따라 수량에 의한 변화 상황(시계열 변화)을 절선의 기울기로 나타내는 그래프이다.
• 경과, 비교, 분포를 비롯하여 상관관계 등을 나타낼 때 쓰인다.

　㉡ 막대 그래프

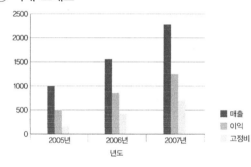

• 비교하고자 하는 수량을 막대 길이로 표시하고 그 길이를 통해 수량 간의 대소관계를 나타내는 그래프이다.
• 내역, 비교, 경과, 도수 등을 표시하는 용도로 쓰인다.

　㉢ 원 그래프

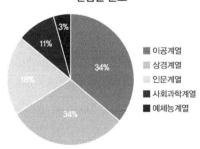

• 내역이나 내용의 구성비를 원을 분할하여 나타낸 그래프이다.
• 전체에 대해 부분이 차지하는 비율을 표시하는 용도로 쓰인다.

ⓔ 점 그래프

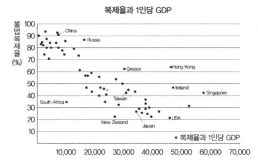

- 종축과 횡축에 2요소를 두고 보고자 하는 것이 어떤 위치에 있는가를 나타내는 그래프이다.
- 지역분포를 비롯하여 도시, 지방, 기업, 상품 등의 평가나 위치·성격을 표시하는데 쓰인다.

ⓜ 층별 그래프

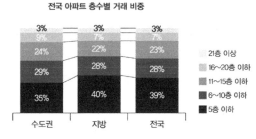

- 선 그래프의 변형으로 연속내역 봉 그래프라고 할 수 있다. 선과 선 사이의 크기로 데이터 변화를 나타낸다.
- 합계와 부분의 크기를 백분율로 나타내고 시간적 변화를 보고자 할 때나 합계와 각 부분의 크기를 실수로 나타내고 시간적 변화를 보고자 할 때 쓰인다.

ⓗ 레이더 차트(거미줄 그래프)

- 원 그래프의 일종으로 비교하는 수량을 직경, 또는 반경으로 나누어 원의 중심에서의 거리에 따라 각 수량의 관계를 나타내는 그래프이다.
- 비교하거나 경과를 나타내는 용도로 쓰인다.

③ 도표 해석상의 유의사항

    ㉠ 요구되는 지식의 수준을 넓힌다.

    ㉡ 도표에 제시된 자료의 의미를 정확히 숙지한다.

    ㉢ 도표로부터 알 수 있는 것과 없는 것을 구별한다.

    ㉣ 총량의 증가와 비율의 증가를 구분한다.

    ㉤ 백분위수와 사분위수를 정확히 이해하고 있어야 한다.

예제 5

다음 표는 2009 ~ 2010년 지역별 직장인들의 자기개발에 관해 조사한 내용을 정리한 것이다. 이에 대한 분석으로 옳은 것은?

(단위 : %)

연도 / 구분 / 지역	2009				2010			
	자기개발 하고 있음	자기개발 비용 부담 주체			자기개발 하고 있음	자기개발 비용 부담 주체		
		직장 100%	본인 100%	직장50%+ 본인50%		직장 100%	본인 100%	직장50%+ 본인50%
충청도	36.8	8.5	88.5	3.1	45.9	9.0	65.5	24.5
제주도	57.4	8.3	89.1	2.9	68.5	7.9	68.3	23.8
경기도	58.2	12	86.3	2.6	71.0	7.5	74.0	18.5
서울시	60.6	13.4	84.2	2.4	72.7	11.0	73.7	15.3
경상도	40.5	10.7	86.1	3.2	51.0	13.6	74.9	11.6

① 2009년과 2010년 모두 자기개발 비용을 본인이 100% 부담하는 사람의 수는 응답자의 절반 이상이다.

② 자기개발을 하고 있다고 응답한 사람의 수는 2009년과 2010년 모두 서울시가 가장 많다.

③ 자기개발 비용을 직장과 본인이 각각 절반씩 부담하는 사람의 비율은 2009년과 2010년 모두 서울시가 가장 높다.

④ 2009년과 2010년 모두 자기개발을 하고 있다고 응답한 비율이 가장 높은 지역에서 자기개발비용을 직장이 100% 부담한다고 응답한 사람의 비율이 가장 높다.

[출제의도]
그래프, 그림, 도표 등 주어진 자료를 이해하고 의미를 파악하여 필요한 정보를 해석하는 능력을 평가하는 문제이다.
[해설]
② 지역별 인원수가 제시되어 있지 않으므로, 각 지역별 응답자 수는 알 수 없다.
③ 2009년에는 경상도에서, 2010년에는 충청도에서 가장 높은 비율을 보인다.
④ 2009년과 2010년 모두 '자기개발을 하고 있다'고 응답한 비율이 가장 높은 지역은 서울시이며, 2010년의 경우 자기개발 비용을 직장이 100% 부담한다고 응답한 사람의 비율이 가장 높은 지역은 경상도이다.

답 ①

(4) 도표작성능력

① 도표작성 절차
  ㉠ 어떠한 도표로 작성할 것인지를 결정
  ㉡ 가로축과 세로축에 나타낼 것을 결정
  ㉢ 한 눈금의 크기를 결정
  ㉣ 자료의 내용을 가로축과 세로축이 만나는 곳에 표현
  ㉤ 표현한 점들을 선분으로 연결
  ㉥ 도표의 제목을 표기

② 도표작성 시 유의사항
  ㉠ 선 그래프 작성 시 유의점
    • 세로축에 수량, 가로축에 명칭구분을 제시한다.
    • 선의 높이에 따라 수치를 파악하는 경우가 많으므로 세로축의 눈금을 가로축보다 크
      게 하는 것이 효과적이다.
    • 선이 두 종류 이상일 경우 반드시 그 명칭을 기입한다.
  ㉡ 막대 그래프 작성 시 유의점
    • 막대 수가 많을 경우에는 눈금선을 기입하는 것이 알아보기 쉽다.
    • 막대의 폭은 모두 같게 하여야 한다.
  ㉢ 원 그래프 작성 시 유의점
    • 정각 12시의 선을 기점으로 오른쪽으로 그리는 것이 보통이다.
    • 분할선은 구성비율이 큰 순서로 그린다.
  ㉣ 층별 그래프 작성 시 유의점
    • 눈금은 선 그래프나 막대 그래프보다 적게 하고 눈금선은 넣지 않는다.
    • 층별로 색이나 모양이 완전히 다른 것이어야 한다.
    • 같은 항목은 옆에 있는 층과 선으로 연결하여 보기 쉽도록 한다.

출제예상문제

1 다음은 기차가 터널을 지날 때, 각 구간을 무작위로 선정하여 통과하는 시간을 나타낸 자료이다. 기차가 터널을 완전히 통과하는데 60초가 걸렸을 때, 터널의 길이가 2,350m라면 기차의 길이는 몇 m인가?

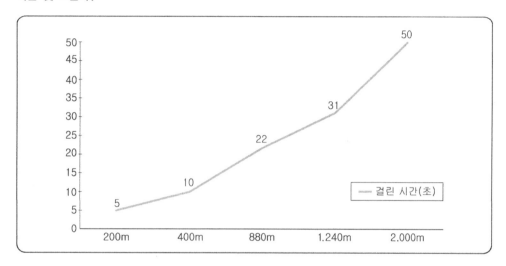

① 40

② 50

③ 60

④ 70

	200m	400m	880m	1,240m	2,000m
걸린 시간	5초	10초	22초	31초	50초

㉠ 각 구간의 속력은 $\frac{거리}{시간} = 40m/초$이므로,

　기차는 동일한 속력으로 달리고 있다는 것을 알 수 있다.

㉡ 기차의 속력은 $40m/초$이므로,

　터널을 통과하는데 지나간 거리는 $40 \times 60 = 2,400m$이다.

㉢ 터널의 길이가 $2,350m$인데 기차는 $2,400m$를 달려 터널을 통과했으므로,

　기차의 길이는 $2400 - 2350 = 50m$이다.

Answer 1.②

❚2~3❚ 다음은 세 종류의 소금물에 대한 자료이다. 물음에 답하시오.

〈소금물의 소금과 농도〉

(단위 : g, %)

	A	B	C
소금물	120	㉠	㉢
소금		㉡	㉣
농도	30	40	34

2 소금물 A와 B를 섞어 C를 만들었다면, ㉠의 값으로 적절한 것은?

① 60   ② 70

③ 80   ④ 90

 • A의 소금의 양은 $120 \times 0.3 = 36g$

• B의 소금물의 양을 x라 할 때, 들어있는 소금의 양은 $x \times 0.4 = 0.4x$

• A와 B를 섞었을 때의 농도는 $\dfrac{36 + 0.4x}{120 + x} \times 100 = 34\%, \ \therefore x = 80$

따라서 B의 소금물의 양 ㉠은 $80g$이다.

3 다음 중 ㉡+㉣의 값으로 적절한 것은?

① 100   ② 110

③ 120   ④ 130

 • ㉡ = ㉠ × 0.4 = 80 × 0.4 = 32

• ㉣ = ㉢ × 0.34 = (소금물A + 소금물B) × 0.34 = (120 + 80) × 0.34 = 68

따라서 32 + 68 = 100

4 다음은 2010 ~ 2017년 서원기업의 콘텐츠 유형별 매출액에 관한 자료이다. 이에 대한 설명으로 옳지 않은 것은?

(단위 : 백만 원)

연도＼유형	게임	음원	영화	SNS	전체
2010	235	108	371	30	744
2011	144	175	355	45	719
2012	178	186	391	42	797
2013	269	184	508	59	1,020
2014	485	199	758	58	1,500
2015	470	302	1,031	308	2,111
2016	603	411	1,148	104	2,266
2017	689	419	1,510	341	2,959

① 2012년 이후 매출액이 매년 증가한 콘텐츠 유형은 영화뿐이다.

② 2017년에 전년대비 매출액 증가율이 가장 큰 콘텐츠 유형은 SNS이다.

③ 영화 매출액은 매년 전체 매출액의 40% 이상이다.

④ 2014 ~ 2017년 동안 매년 게임 매출액은 음원 매출액의 2배 이상이다.

Tip　2014 ~ 2017년 동안 게임 매출액이 음원 매출액의 2배 이상인 경우는 2014년 한 번 뿐이며, 그 외의 기간 동안에는 모두 2배에 미치지 못하고 있다.

① 게임은 2015년에. 음원은 2013년에, SNS는 2014년과 2016년에 각각 전년대비 매출액이 감소한 반면, 영화는 유일하게 매년 매출액이 증가하고 있다.

② 2017년 SNS 매출액은 341백만 원으로 전년도의 104백만 원의 3배 이상이나 되는 반면, 다른 콘텐츠의 매출액은 전년도의 2배에도 미치지 못하고 있으므로 SNS의 전년대비 매출액 증가율이 가장 크다.

③ 영화 매출액의 비중을 일일이 계산하지 않더라도 매년 영화 매출액은 전체 매출액의 절반에 육박하고 있다는 점을 확인한다면 전체의 40% 이상을 차지한다는 것도 쉽게 알 수 있다.

Answer　2.③　3.①　4.④

5 다음은 2008 ~ 2017년 5개 자연재해 유형별 피해금액에 관한 자료이다. 이에 대한 설명으로 옳은 것만을 모두 고른 것은?

〈5개 자연재해 유형별 피해금액〉

(단위 : 억 원)

연도 유형	2008	2009	2010	2011	2012	2013	2014	2015	2016	2017
태풍	3,416	1,385	118	1,609	9	0	1,725	2,183	8,765	17
호우	2,150	3,520	19,063	435	581	2,549	1,808	5,276	384	1,581
대설	6,739	5,500	52	74	36	128	663	480	204	113
강풍	0	93	140	69	11	70	2	0	267	9
풍랑	0	0	57	331	0	241	70	3	0	0
전체	12,305	10,498	19,430	2,518	637	2,988	4,268	7,942	9,620	1,720

> ㉠ 2008 ~ 2017년 강풍 피해금액 합계는 풍랑 피해금액 합계보다 적다.
> ㉡ 2016년 태풍 피해금액은 2016년 5개 자연재해 유형 전체 피해금액의 90% 이상이다.
> ㉢ 피해금액이 매년 10억 원보다 큰 자연재해 유형은 호우 뿐이다.
> ㉣ 피해금액이 큰 자연재해 유형부터 순서대로 나열하면 2014년과 2015년의 순서는 동일하다.

① ㉠㉡
② ㉠㉢
③ ㉢㉣
④ ㉠㉡㉣

㉠ 주어진 기간 동안 강풍 피해금액과 풍랑 피해금액의 합계를 각각 계산하여 비교하기 보다는 소거법을 이용하여 비교하는 것이 좋다. 비슷한 크기의 값들을 서로 비교하여 소거한 뒤 남은 값들의 크기를 비교해주는 것으로 2013년 강풍과 2014년 풍랑 피해금액이 70억 원으로 동일하고 2009, 2010, 2012년 강풍 피해금액의 합 244억 원과 2013년 풍랑 피해금액 241억 원이 비슷하다. 또한 2011, 2016년 강풍 피해금액의 합 336억 원과 2011년 풍랑 피해금액 331억 원이 비슷하다. 이 값들을 소거한 뒤 남은 값들을 비교해보면 강풍 피해금액의 합계가 풍랑 피해금액의 합계보다 더 작다는 것을 알 수 있다.

㉡ 2016년 태풍 피해금액이 2016년 5개 자연재해 유형 전체 피해금액의 90% 이상이라는 것은 즉, 태풍을 제외한 나머지 4개 유형 피해금액의 합이 전체 피해금액의 10% 미만이라는 것을 의미한다. 2016년 태풍을 제외한 나머지 4개 유형 피해금액의 합을 계산하면 전체 피해금액의 10% 밖에 미치지 못함을 알 수 있다.

㉢ 피해금액이 매년 10억 원보다 큰 자연재해 유형은 호우, 대설이 있다.

㉣ 피해금액이 큰 자연재해 유형부터 순서대로 나열하면 2014년 호우, 태풍, 대설, 풍랑, 강풍이며 이 순서는 2015년의 순서와 동일하다.

6 다음은 ○○발전회사의 연도별 발전량 및 신재생에너지 공급현황에 대한 자료이다. 이에 대한 설명으로 옳은 것만을 바르게 짝지은 것은?

〈○○발전회사의 연도별 발전량 및 신재생에너지 공급 현황〉

구분	연도	2015	2016	2017
발전량(GWh)		55,000	51,000	52,000
신재생에너지	공급의무율(%)	1.4	2.0	3.0
	자체공급량(GWh)	75	380	690
	인증서구입량(GWh)	15	70	160

※ 공급의무율 $=\dfrac{공급의무량}{발전량}\times100$

※ 이행량(GWh)＝자체공급량＋인증서구입량

ⓐ 공급의무량은 매년 증가한다.
ⓑ 2015년 대비 2017년 자체공급량의 증가율은 2015년 대비 2017년 인증서구입량의 증가율보다 작다.
ⓒ 공급의무량과 이행량의 차이는 매년 증가한다.
ⓓ 이행량에서 자체공급량이 차지하는 비중은 매년 감소한다.

① ⓐⓑ   ② ⓐⓒ

③ ⓒⓓ   ④ ⓐⓑⓓ

ⓐ 2016년부터 2017년에는 발전량과 공급의무율 모두 증가하였으므로 공급의무량 역시 증가하였을 것이다. 2015년과 2016년만 비교해보면 2015년의 공급의무량은 770이고 2016년의 공급의무량은 1,020이므로 2016년의 공급의무량이 더 많다.

ⓑ 인증서구입량은 2015년 15GWh에서 2017년에 160GWh로 10배 넘었지만, 같은 기간 자체공급량은 75GWh에서 690GWh로 10배를 넘지 못하였다. 따라서, 자체공급량의 증가율이 인증서구입량의 증가율보다 작다.

ⓒ 각 연도별로 공급의무량과 이행량 및 이 둘의 차이를 계산하면
• 공급의무량＝공급의무율×발전량
  −2015년＝55,000×0.014＝770
  −2016년＝51,000×0.02＝1,020
  −2017년＝52,000×0.03＝1,560
• 이행량＝자체공급량＋인증서구입량
  −2015년＝75＋15＝90
  −2016년＝380＋70＝450
  −2017년＝690＋160＝850

Answer↪ 5.④ 6.①

- 공급의무량과 이행량의 차이
  - -2015년= 770 - 90 = 680
  - -2016년= 1,020 - 450 = 570
  - -2017년= 1,560 - 850 = 710

  2016년의 경우 전년에 비하여 공급의무량과 이행량의 차이가 감소한다.

  ② 이행량은 자체공급량과 인증서구입량의 합으로 구하므로 이행량에서 자체공급량이 차지하는 비중 대신에 인증서구입량 대비 자체공급량의 배율로 바꾸어 생각해보면

  $$2015년= \frac{75}{15} = 5, \quad 2016년= \frac{380}{70} = 5.4, \quad 2017년= \frac{690}{160} = 4.3$$

  2016년에는 값이 5를 초과하지만 2017년에는 5 미만이 된다. 그러므로 2016년에서 2017년으로 갈 때 이행량에서 자체공급량이 차지하는 비중은 2016년에는 증가, 2017에는 감소하였다.

7 다음은 학생들의 시험성적에 관한 자료이다. 순위산정방식을 이용하여 순위를 산정할 경우 옳은 설명만으로 바르게 짝지어진 것은?

〈학생들의 시험성적〉

(단위 : 점)

학생 \ 과목	국어	영어	수학	과학
미연	75	85	90	97
수정	82	83	79	81
대현	95	75	75	85
상민	89	70	91	90

〈순위산정방식〉

- A방식 : 4개 과목의 총점이 높은 학생부터 순서대로 1, 2, 3, 4위로 하되, 4개 과목의 총점이 동일한 학생의 경우 국어 성적이 높은 학생을 높은 순위로 한다.
- B방식 : 과목별 등수의 합이 작은 학생부터 순서대로 1, 2, 3, 4위로 하되, 과목별 등수의 합이 동일한 학생의 경우 A방식에 따라 산정한 순위가 높은 학생을 높은 순위로 한다.
- C방식 : 80점 이상인 과목의 수가 많은 학생부터 순서대로 1, 2, 3, 4위로 하되, 80점 이상인 과목의 수가 동일한 학생의 경우 A방식에 따라 산정한 순위가 높은 학생은 높은 순위로 한다.

⊙ A방식과 B방식으로 산정한 대현의 순위는 동일하다.

ⓛ C방식으로 산정한 상민의 순위는 2위이다.

ⓒ 상민의 과학점수만 95점으로 변경된다면, B방식으로 산정한 미연의 순위는 2위가 된다.

① ⊙

② ⓛ

③ ⓒ

④ ⊙ⓛ

 A방식

구분	미연	수정	대현	상민
총점	347	325	330	340
순위	1	4	3	2

B방식

구분	미연	수정	대현	상민
등수의 합	8	12	11	9
순위	1	4	3	2

C방식

구분	미연	수정	대현	상민
80점 이상 과목 수	3	3	2	3
순위	1	3	4	2

Answer↝ 7.④

8 서원이는 2017년 1월 전액 현금으로만 다음 표와 같이 지출하였다. 만약 서원이가 2017년 1월에 A~C 신용카드 중 하나만을 발급받아 할인 전 금액이 표와 동일하도록 그 카드로만 지출하였다면 신용카드별 할인혜택에 근거한 할인 후 예상청구액이 가장 적은 카드부터 순서대로 바르게 나열한 것은?

〈표〉 2017년 1월 지출내역

(단위 : 만 원)

분류	세부항목		금액	합계
교통비	버스 · 지하철 요금		8	20
	택시 요금		2	
	KTX 요금		10	
식비	외식비	평일	10	30
		주말	5	
	카페 지출액		5	
	식료품 구입비	대형마트	5	
		재래시장	5	
의류구입비	온라인		15	30
	오프라인		15	
여가 및 자기계발비	영화관람료(1만 원/회×2회)		2	30
	도서구입비 (2만 원/권×1권, 1만5천 원/권×2권, 1만 원/권×3권)		8	
	학원 수강료		20	

〈신용카드별 할인혜택〉

○ A 신용카드
• 버스, 지하철, KTX 요금 20% 할인(단, 할인액의 한도는 월 2만 원)
• 외식비 주말 결제액 5% 할인
• 학원 수강료 15% 할인
• 최대 총 할인한도액은 없음
• 연회비 1만 5천 원이 발급 시 부과되어 합산됨

○ B 신용카드
- 버스, 지하철, KTX 요금 10% 할인(단, 할인액의 한도는 월 1만 원)
- 온라인 의류구입비 10% 할인
- 도서구입비 권당 3천 원 할인(단, 권당 가격이 1만 2천 원 이상인 경우에만 적용)
- 최대 총 할인한도액은 월 3만 원
- 연회비 없음

○ C 신용카드
- 버스, 지하철, 택시 요금 10% 할인(단, 할인액의 한도는 월 1만 원)
- 카페 지출액 10% 할인
- 재래시장 식료품 구입비 10% 할인
- 영화관람료 회당 2천 원 할인(월 최대 2회)
- 최대 총 할인한도액은 월 4만 원
- 연회비 없음

※ 할부나 부분청구는 없으며, A ~ C 신용카드는 매달 1일부터 말일까지의 사용분에 대하여 익월 청구됨

① A － B － C
② A － C － B
③ B － A － C
④ B － C － A

 신용카드별 할인내역 및 예상청구액

	할인내역	예상청구액
A 신용카드	• 교통비 : 200,000×0.2=40,000(월 한도 20,000원) • 외식비 : 50,000×0.05=2,500 • 학원수강료 : 200,000×0.15=30,000 ∴ 할인 합계 : 20,000+2,500+30,000=52,500 * 연회비는 지불해야하는 비용이므로, ∴ 최종 할인 합계 : 52,500-15,000=37,500원	1,100,000-37,500 =1,062,500원
B 신용카드	• 교통비 : 200,000×0.1=20,000(월 한도 10,000원) • 온라인 의류구입비 : 150,000×0.1=15,000 • 도서구입비 : 3×3,000=9,000 ∴ 할인 합계 : 10,000+15,000+9,000=34,000 (월 한도 30,000원)	1,100,000-30,000 =1,070,000원
C 신용카드	• 교통비 : 200,000×0.1=20,000(월 한도 10,000원) • 카페 지출액 : 50,000×0.1=5,000 • 재래시장 식료품 구입비 : 50,000×0.1=5,000 • 영화관람료 : 2×2,000=4,000 ∴ 할인 합계 : 10,000+5,000+5,000+4,000=24,000원	1,100,000-24,000 =1,076,000원

Answer→ 8.①

9 다음은 'A'국의 4대 유통업태의 성별, 연령대별, 구매액 비중에 관한 자료이다. 이에 대한 설명으로 옳은 것들로만 바르게 짝지어진 것은?

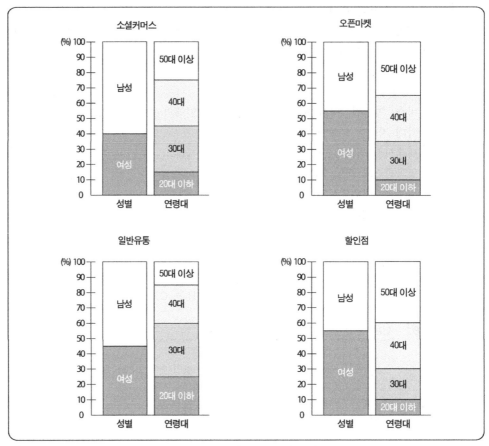

※ 유통업태는 소셜커머스, 오픈마켓, 일반유통, 할인점으로만 구성됨

ⓐ 유통업태별 전체 구매액 중 50대 이상 연령대의 구매액 비중이 가장 큰 유통업태는 할인점이다.

ⓑ 유통업태별 전체 구매액 중 여성의 구매액 비중이 남성보다 큰 유통업태 각각에서는 40세 이상의 구매액 비중이 60% 이상이다.

ⓒ 4대 유통업태 각각에서 50대 이상 연령대의 구매액 비중은 20대 이하보다 크다.

ⓓ 유통업태별 전체 구매액 중 40세 미만의 구매액 비중이 50% 미만인 유통업태에서는 여성의 구매액 비중이 남성보다 크다.

---

① ㄱㄴ

② ㄱㄷ

③ ㄴㄷ

④ ㄱㄴㄹ

㉠ 연령대 그래프 길이를 비교하면 할인점의 50대 이상이 약 40%로 다른 유통업태에 비교했을 때 가장 길다.

㉡ 여성의 비중이 남성보다 많은 유통업태는 오픈마켓과 할인점으로 40대 이상의 비중은 둘 다 약 70%이다.

㉢ 일반유통의 경우 20대 이하의 구매액 비중이 50대 이상의 비중보다 크다.

㉣ 40대 미만의 구매액 비중이 50% 미만인 유통업태는 소셜커머스, 오픈마켓, 할인점이다. 이들의 여성 구매액 비중을 보면 소셜커머스에서 남성의 비중이 여성의 비중보다 크다.

10 야산 한 쪽에 태양광 설비 설치를 위해 필요한 부품을 트럭에서 내려 설치 장소까지 리어카를 이용하여 시속 4km로 이동한 K씨는 설치 후 트럭이 있는 곳까지 시속 8km의 속도로 다시 돌아왔다. 처음 트럭을 출발하여 작업을 마치고 다시 트럭의 위치로 돌아오니 총 4시간이 걸렸다. 작업에 소요된 시간이 1시간 30분이라면, 트럭에서 태양광 설치 장소까지의 거리는 얼마인가? (거리는 반올림하여 소수 둘째 자리까지 표시함)

① 약 4.37km

② 약 4.95km

③ 약 5.33km

④ 약 6.67km

 '거리=시간×속력'을 이용하여 계산할 수 있다.

총 4시간의 소요 시간 중 작업 시간 1시간 30분을 빼면, 왕복 이동한 시간은 2시간 30분이 된다. 트럭에서 태양광 설치 장소까지의 거리를 x km라고 하면, 시속 4km로 이동한 거리와 시속 8km로 되돌아 온 거리 모두 x km가 된다.

따라서 거리=시간×속력 → 시간=거리÷속력 공식을 이용하여, 2시간 30분은 2.5시간이므로 2.5=(x÷4)+(x÷8)이 성립하게 된다.

이것을 풀면, 2.5=x/4+x/8 → 2.5=3/8x → x=2.5×8/3=6.666... → 약 6.67km가 된다.

11 다음은 '갑'국의 2004 ~ 2017년 알코올 관련 질환 사망자 수에 대한 자료이다. 이에 대한 설명으로 옳은 것은?

(단위 : 명)

연도 \ 구분	남성		여성		전체	
	사망자 수	인구 10만 명당 사망자 수	사망자 수	인구 10만 명당 사망자 수	사망자 수	인구 10만 명당 사망자 수
2004	2,542	10.7	156	0.7	2,698	5.9
2005	2,870	11.9	199	0.8	3,069	6.3
2006	3,807	15.8	299	1.2	4,106	8.4
2007	4,400	18.2	340	1.4	4,740	9.8
2008	4,674	19.2	374	1.5	5,048	10.2
2009	4,289	17.6	387	1.6	4,676	9.6
2010	4,107	16.8	383	1.6	4,490	9.3
2011	4,305	17.5	396	1.6	4,701	9.5
2012	4,243	17.1	400	1.6	4,643	9.3
2013	4,010	16.1	420	1.7	4,430	8.9
2014	4,111	16.5	424	1.7	( )	9.1
2015	3,996	15.9	497	2.0	4,493	9.0
2016	4,075	16.2	474	1.9	( )	9.1
2017	3,955	15.6	521	2.1	4,476	8.9

※ 인구 10만 명당 사망자 수는 소수점 아래 둘째 자리에서 반올림한 값이다.

① 2014년과 2016년의 전체 사망자 수는 같다.

② 여성 사망자 수는 매년 증가한다.

③ 매년 남성 인구 10만 명당 사망자 수는 여성 인구 10만 명당 사망자 수의 8배 이상이다.

④ 남성 인구 10만 명당 사망자 수가 가장 많은 해의 전년대비 남성 사망자 수 증가율은 5% 이상이다.

① 2014년 전체 사망자 수는 4,111 + 424 = 4,535명이고, 2016년 전체 사망자 수는 4,075 + 474 = 4,549명이다.

② 2010년과 2016년에는 전년대비 감소하였다.

③ 2015년과 2017년에는 각각 7.95배, 7.43배 차이가 난다.

④ 남성 인구 10만 명당 사망자 수가 가장 많은 해는 2008년으로 전년대비 사망자 수 증가율은 6.2%이다.

※ 전년대비 증가율 = (후년 ÷ 전년 − 1) × 100(%)

| 12~13 | 다음은 윤주네 가족 관계에 대한 자료이다. 물음에 답하시오.

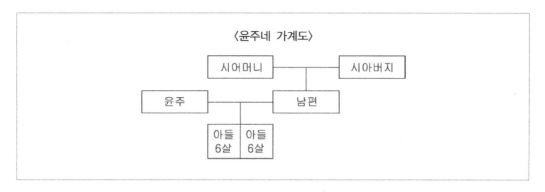

〈윤주네 가계도〉

12 다음 조건에 따를 때, 윤주와 시아버지의 나이 차이는?

> ㉠ 2년 전 쌍둥이 아들 나이의 합은 현재 윤주 나이의 1/3에 해당한다.
> ㉡ 시아버지의 나이는 손자 나이의 10배에 해당한다.

① 33 ② 34
③ 35 ④ 36

 ㉠ 2년 전 쌍둥이 아들 나이의 합은 4+4=8이므로,
현재 윤주 나이는 8×3=24살
㉡ 시아버지의 나이는 6×10=60살
따라서 둘의 나이 차이는 60-24=36

13 다음 조건에 따를 때, 시어머니의 나이는?

> ㉠ 5년 후 남편의 나이는 시아버지와 30년 차이가 난다.
> ㉡ 시어머니의 나이는 윤주와 남편의 나이의 합보다 4살이 적다.

① 45 ② 50
③ 55 ④ 60

 ㉠ 남편의 나이는 60-30=30살
㉡ 시어머니의 나이는 24+30-4=50살

Answer ↱ 11.④ 12.④ 13.②

❙14~15❙ 다음은 진법에 대한 자료이다. 물음에 답하시오.

〈10진법〉

10진법은 수의 자리가 왼쪽으로 하나씩 올라감에 따라 자리의 값이 10배씩 커지는 수의 표시법이다. 십진법의 수를 10의 거듭제곱을 써서 십진법의 전개식으로 나타내면 자세한 수의 구성을 이해할 수 있다.

[예 : $5424 = 5 \times 10^3 + 4 \times 10^2 + 2 \times 10^1 + 4 \times 10^0$]

〈5진법〉

수의 자리가 왼쪽으로 하나씩 올라감에 따라 자리의 값이 5배씩 커지는 수의 표시법으로 오진법의 수는 0, 1, 2, 3, 4의 다섯 개의 숫자를 사용하여 나타낸다.

[예 : $312_{(5)} = 3 \times 5^2 + 1 \times 5^1 + 2 \times 5^0$]

〈2진법〉

2진법은 수의 자리가 왼쪽으로 하나씩 올라감에 따라 자리의 값이 2배씩 커지는 수의 표시법을 이진법이라고 한다. 이진법의 수에서는 0, 1의 두 개의 숫자만을 사용하기 때문에 매우 쉽게 수를 나타낼 수 있다.

[예 : $1001_{(2)} = 1 \times 2^3 + 0 \times 2^2 + 0 \times 2^1 + 1 \times 2^0$]

---

14 다음 주어진 값의 실제 수의 곱은?

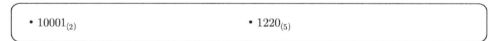

- $10001_{(2)}$
- $1220_{(5)}$

① 1154　　　　　　　　　　② 2451

③ 3145　　　　　　　　　　④ 4532

 ㉠ $1 \times 2^4 + 0 \times 2^3 + 0 \times 2^2 + 0 \times 2^1 + 1 \times 2^0 = 17$
㉡ $1 \times 5^3 + 2 \times 5^2 + 2 \times 5^1 + 0 \times 5^0 = 185$
∴ $17 \times 185 = 3145$

15 다음 주어진 값의 실제 수의 차이는?

• $11100_{(2)}$	• $2211_{(5)}$

① 258   ② 268

③ 278   ④ 288

 • $1 \times 2^4 + 1 \times 2^3 + 1 \times 2^2 + 0 \times 2^1 + 0 \times 2^0 = 28$
 • $2 \times 5^3 + 2 \times 5^2 + 1 \times 5^1 + 1 \times 5^0 = 306$
 ∴ $306 - 28 = 278$

16 다음 〈표〉는 A은행 ○○지점 직원들의 지난 달 상품 신규 가입 실적 현황을 나타낸 자료이다. 이에 대한 설명 중 옳은 것을 모두 고르면?

〈표〉 A은행 ○○지점 직원별 상품 신규 가입 실적 현황

구분＼직원	A	B	C	D	E	F
성별	남	남	여	남	여	남
실적(건)	0	2	6	4	8	10

ⓐ 직원들의 평균 실적은 5건이다.
ⓑ 남자면서 실적이 5건 이상인 직원 수는 전체 남자 직원 수의 50% 이상이다.
ⓒ 실적이 2건 이상인 남자 직원의 수는 실적이 4건 이상인 여자 직원의 수의 2배 이상이다.
ⓓ 여자 직원이거나 실적이 7건 이상인 직원 수는 전체 직원 수의 50% 이상이다.

① ㉠, ㉡   ② ㉠, ㉢

③ ㉠, ㉣   ④ ㉡, ㉢

 ㉠ 직원들의 평균 실적은 $\dfrac{2+6+4+8+10}{6} = 5$건이다.
 ㉣ 여자 직원이거나 실적이 7건 이상인 직원은 C, E, F로 전체 직원 수의 50%이다.
 ㉡ 남자이면서 실적이 5건 이상인 직원은 F뿐이므로 전체 남자 직원 수의 25%이다.
 ㉢ 실적이 2건 이상인 남자 직원은 B, D, F이고, 실적이 4건 이상인 여자 직원은 C, E이다.

Answer↝ 14.③ 15.③ 16.③

17 다음은 최근 10년 동안 우리나라의 칠레산 농축산물 수입액 추이를 나타낸 표이다. 2008년 대비 2013년의 임산물 수입액의 증가율은?

(단위 : 천 달러, %)

구분	2003년	2008년	2012년	2013년
농산물	21,825(0.4)	109,052(0.8)	222,161(1.2)	268,655(1.4)
포도	13,656(35.1)	64,185(58.2)	117,935(60.3)	167,016(71.1)
키위	1,758(7.8)	3,964(6.9)	12,391(18.5)	11,998(27.6)
축산물	30,530(1.4)	92,492(2.8)	135,707(2.9)	114,442(2.4)
돼지고기	30,237(15.4)	89,508(10.2)	125,860(10.4)	102,477(11.2)
임산물	16,909(0.9)	37,518(1.3)	355,332(5.9)	398,595(6.1)
합계	69,264(0.7)	239,062(1.2)	713,200(2.4)	781,692(2.6)

※ 괄호 안의 숫자는 우리나라 총 수입에서 칠레산이 차지하는 비율이다.

① 약 914% ② 약 962%

③ 약 1031% ④ 약 1097%

 $\dfrac{398595 - 37518}{37518} \times 100 ≒ 962\%$

18 다음 자료를 참고할 때, 산림율이 가장 큰 국가부터 순서대로 알맞게 나열된 것은 어느 것인가? (모든 수치는 반올림하여 소수 첫째 자리까지 표시함)

(단위: 만 명, 명/km^2)

국가	인구수	인구밀도	산림 인구밀도
갑	1,200	24	65
을	1,400	36	55
병	2,400	22	30
정	3,500	40	85

* 인구밀도=인구수÷국토 면적
* 산림 인구밀도=인구수÷산림 면적
* 산림율=산림 면적÷국토 면적×100

① 병 - 을 - 정 - 갑
② 을 - 병 - 정 - 갑
③ 병 - 을 - 갑 - 정
④ 병 - 정 - 을 - 갑

(Tip) 주어진 산식에 의하여 국토 면적, 산림 면적, 산림율을 확인해 보면 다음 표와 같다.

(단위: 만 명, 명/km^2)

국가	인구수	인구밀도	산림 인구밀도	국토 면적	산림 면적	산림율
갑	1,200	24	65	1,200÷24= 50	1,200÷65 =18.5	18.5÷50×100=37%
을	1,400	36	55	1,400÷36= 38.9	1,400÷55 =25.5	25.5÷38.9×100=65.6%
병	2,400	22	30	2,400÷22= 109.1	2,400÷30 =80	80÷109.1×100=73.3%
정	3,500	40	85	3,500÷40= 87.5	3,500÷85 =41.2	41.2÷87.5×100=47.1%

따라서 산림율이 가장 큰 국가는 병 - 을 - 정 - 갑국의 순이다.

|19~20| 다음의 상품설명서를 읽고 물음에 답하시오.

<거래 조건>

구분		금리
적용금리	모집기간 중	큰 만족 실세예금 1년 고시금리
	계약기간 중 중도해지	없음
	만기 후	원금의 연 0.10%
중도해지 수수료율 (원금기준)	예치기간 3개월 미만	개인 원금의 0.38%
		법인 원금의 0.38%
	예치기간 3개월 이상~6개월 미만	개인 원금의 0.29%
		법인 원금의 0.30%
	예치기간 6개월 이상~9개월 미만	개인 원금의 0.12%
		법인 원금의 0.16%
	예치기간 9개월 이상~12개월 미만	원금의 0.10%
이자지급방식	만기일시지급식	
계약의 해지	영업점에서 해지 가능	

<유의사항>
• 예금의 원금보장은 만기 해지 시에만 적용된다.
• 이 예금은 분할해지 할 수 없으며 중도해지 시 중도해지수수료 적용으로 원금손실이 발생할 수 있다. (중도해지수수료는 '가입금액×중도해지수수료율'에 의해 결정)
• 이 예금은 예금기간 중 지수가 목표지수변동률을 넘어서 지급금리가 확정되더라도 이자는 만기에만 지급한다.
• 지수상승에 따른 수익률(세전)은 실제 지수상승률에도 불구하고 연 4.67%를 최대로 한다.

19 석준이는 개인이름으로 최초 500만 원의 원금을 가지고 이 상품에 가입했다가 불가피한 사정으로 5개월 만에 중도해지를 했다. 이때 석준이의 중도해지 수수료는 얼마인가?

① 6,000원   ② 8,000원

③ 14,500원   ④ 15,000원

 5,000,000×0.0029＝14,500원

20 상원이가 이 예금에 가입한 후 증시 호재로 인해 지수가 약 29% 상승하였다. 이 경우 상원이의 최대 수익률은 연 몇 %인가? (단, 수익률은 세전으로 한다)

① 연 1.35% ② 연 4.67%

③ 연 14.5% ④ 연 21%

 〈유의사항〉에 "지수상승에 따른 수익률(세전)은 실제 지수상승률에도 불구하고 연 4.67%를 최대로 한다."고 명시되어있다.

21 다음은 어느 캠핑 장비 업체에서 제공하는 렌탈 비용이다. 이에 대한 설명 중 옳지 않은 것은? (단, 연장은 30분 단위로만 가능하다.)

종류 \ 요금	기본 요금	연장 요금
A세트	1시간 15,000원	초과 30분당 1,000원
B세트	3시간 17,000원	초과 30분당 1,300원

① 렌트 시간이 5시간이라면, B세트가 A세트보다 더 저렴하다.

② 렌트 시간이 6시간을 초과한다면, B세트가 A세트보다 더 저렴하다.

③ 렌트 시간이 3시간 30분이라면, B세트가 A세트보다 더 저렴하다.

④ B세트의 연장 요금을 30분당 2,000원으로 인상한다면, 4시간 사용 시 A세트와 B세트의 요금은 동일하다.

 ② 6시간 30분 기준, A세트의 요금은 26,000원, B세트의 요금은 26,100원이다.
① 5시간 기준, A세트의 요금은 23,000원, B세트의 요금은 22,200원이다.
③ 3시간 30분 기준, A세트의 요금은 20,000원, B세트의 요금은 18,300원이다.
④ 4시간 기준, A세트의 요금은 21,000원, B세트의 요금은 21,000원이다.

Answer → 19.③ 20.② 21.②

22 다음은 A대학 졸업자 중 취업자의 고용형태별 직장유형에 대한 자료이다. 이에 대한 설명으로 옳지 않은 것은?

(단위 : %)

고용형태 직장유형	전체	정규직	비정규직
대학	31.2	9.3	80.3
사기업	28.9	42.2	7.3
공기업	20.4	38.1	2.1
지자체	2.1	2.5	1.6
연구소	8.2	5.5	4.3
기타	9.2	2.4	4.4
계	100.0	100.0	100.0

① 사기업의 정규직 대비 비정규직 비율의 차이는 5배 이상이다.

② 연구소 취업자 중 성비는 여성이 더 높게 나타났다.

③ 지자체 취업자 비율은 상대적으로 낮은 편이다.

④ 비정규직 비율이 가장 높은 직장은 대학이다.

 ① 약 5.78배 차이 난다.

② 제시된 자료에 성비는 나타나있지 않다.

③ 지자체는 2.1%의 비율에 해당한다.

④ 대학은 비정규직 비율이 80.3%로 상대적으로 가장 높다.

23 다음은 어느 보험회사의 보험계약 현황에 관한 표이다. 이에 대한 설명으로 옳지 않은 것은?

(단위 : 건, 억 원)

구분	2015년		2014년	
	건수	금액	건수	금액
개인보험	5,852,844	1,288,847	5,868,027	1,225,968
생존보험	1,485,908	392,222	1,428,422	368,731
사망보험	3,204,140	604,558	3,241,308	561,046
생사혼합	1,162,792	292,068	1,198,297	296,191
단체보험	0	0	0	0
단체보장	0	0	0	0
단체저축	0	0	0	0
소계	5,852,844	1,288,847	5,868,027	1,225,968

※ 건수는 보유계약의 건수임
※ 금액은 주계약 및 특약의 보험가입금액임

① 2014년과 2015년에 단체보험 보유계약의 건수는 0건이다.
② 2015년은 2014년에 비해 개인보험 보유계약 건수가 감소하였다.
③ 2015년은 2014년에 비해 개인보험 보험가입금액은 증가하였다.
④ 2015년 개인보험 보험가입금액에서 생존보험 금액이 차지하는 비중은 30% 미만이다.

 ④ $\frac{392,222}{1,288,847} \times 100 ≒ 30.43\%$

따라서 30%를 초과한다.

24 다음은 어느 재단의 연도별 재무 현황이다. 다음 중 자산부채비율이 가장 높은 해는?

(단위 : 억 원, %)

구분 \ 연도	2009	2010	2011	2012
자산	31,303	56,898	77,823	91,464
부채	20,379	47,295	67,708	83,754
재단채	12,500	37,611	59,105	74,751
기타	7,879	9,684	8,603	9,003
자본	10,924	9,603	10,115	7,711

※ 자산부채비율(%) = $\dfrac{자산}{부채} \times 100$

① 2009년   ② 2010년

③ 2011년   ④ 2012년

① 2009년 : $\dfrac{31,303}{20,379} \times 100 ≒ 153.6\%$

② 2010년 : $\dfrac{56,898}{47,295} \times 100 ≒ 120.3\%$

③ 2011년 : $\dfrac{77,823}{67,708} \times 100 ≒ 114.9\%$

④ 2012년 : $\dfrac{91,464}{83,754} \times 100 ≒ 109.2\%$

25 다음 〈표〉는 UN 전자정부발전지수의 주요국 순위에 대한 자료이다. 이에 대한 설명 중 옳지 않은 것은?

국가	2010년	2008년	2005년	2004년	2003년	2001년
한국	1	6	5	5	13	15
미국	2	4	1	1	1	1
캐나다	3	7	8	7	6	6
영국	4	10	4	3	5	7
네덜란드	5	5	12	11	11	8
노르웨이	6	3	10	10	7	5
덴마크	7	2	2	2	4	9
호주	8	8	6	6	3	2
스페인	9	20	39	34	29	16
프랑스	10	9	23	24	19	14
싱가포르	11	23	7	8	12	4
스웨덴	12	1	3	4	2	11
독일	15	22	11	12	9	10
핀란드	19	15	9	9	10	13

① 한국은 2010년 1위로 2001년에 비하여 14순위 상승하였다.

② 미국은 2001년부터 4년 연속 1위를 차지했다.

③ 2008년에 비해 2010년에 가장 많이 순위가 상승한 국가는 싱가포르이다.

④ 미국, 캐나다, 덴마크, 호주는 6차례 평가에서 모두 10위 이내로 평가되었다.

 ② 연도가 2001년, 2003년, 2004년, 2005년으로 2002년이 빠져있다. 미국이 2002년에 몇 위를 차지했는지 알 수 없기 때문에 4년 연속 1위를 차지했다는 것은 옳지 않은 해석이다.

26 다음 자료는 동일한 산업에 속한 각 기업의 경영현황에 관한 것이다. A~D 기업 중에서 자기자본 대비 자산비율이 가장 큰 기업은?

(단위 : 억 원)

기업	자기자본	자산	매출액	순이익
A	500	1,200	1,200	48
B	400	600	800	80
C	1,200	2,400	1,800	72
D	600	1,200	1,000	36

① A   ② B

③ C   ④ D

① A : $\dfrac{1,200}{500} = 2.4$

② B : $\dfrac{600}{400} = 1.5$

③ C : $\dfrac{2,400}{1,200} = 2$

④ D : $\dfrac{1,200}{600} = 2$

27 5곳의 커피 프랜차이즈에 대한 한국 소비자의 선호도를 조사하고 정리하였다. 조사는 541명의 동일 소비자를 대상으로 1차 방문과 2차 방문을 통하여 이루어졌다. 이 자료에 대한 설명으로 옳은 것을 〈보기〉에서 모두 고르면?

〈표〉 커피 프랜차이즈에 대한 소비자 선호도 조사

1차 방문	2차 방문					총계
	이디O	엔제리OO	스타벅O	탐앤탐O	할리O	(명)
이디O	93	17	44	7	10	171
엔제리OO	9	46	11	0	9	75
스타벅O	17	11	155	9	12	204
탐앤탐O	6	4	9	15	2	36
할리O	10	4	12	2	27	55
총계	135	82	231	33	60	541

〈보기〉
㉠ 대부분의 소비자들은 그들의 취향에 맞는 커피 프랜차이즈를 꾸준하게 선택하고 있다.
㉡ 1차 방문에서 이디O를 방문한 소비자가 2차 방문에서 스타벅O를 방문하는 경우가 그 반대의 경우보다 더 적다.
㉢ 전체적으로 스타벅O를 방문하는 소비자가 제일 많다.

① ㉠
② ㉠㉡
③ ㉠㉢
④ ㉡㉢

 ㉠ 2차 방문 시 1차에서 방문한 동일한 커피 프랜차이즈를 방문하는 사람들이 다른 프랜차이즈를 방문하는 사람들보다 최소한 2배 이상 높은 것으로 나타났다.
㉢ 1차 방문에서 스타벅O를 방문한 사람들은 전체 방문자(541명) 중 37.7%(204명)로 가장 높았고, 2차 방문에서 스타벅O 방문한 사람들은 전체 방문자 중 42.7%(231명)로 가장 높았다.
㉡ 1차 방문에서 이디O를 방문한 뒤 2차 방문에서 스타벅O를 방문한 사람들은 44명이며, 반대로 1차 방문에서 스타벅O를 방문한 뒤 2차 방문에서 이디O를 방문한 사람들은 17명으로 전자의 경우가 더 많은 것으로 나타났다.

28 다음 자료는 럭키 전자의 TV 광고모델 후보 4명에 대한 것이다. 제시된 〈조건〉을 바탕으로 광고모델을 선정할 때 총 광고효과가 가장 큰 모델은?

〈표〉 모델별 1년 계약금 및 광고 1회당 광고 효과

(단위 : 만 원)

모델	계약금	1회당 광고효과	
		수익 증대	브랜드 가치 증대
수지	1,000	100	100
태희	600	60	100
지현	700	60	110
민아	800	50	140

〈조건〉

• 광고효과는 수익 증대 효과와 브랜드 가치 증대 효과로만 구성된다.

 총 광고효과 = 1회당 광고효과 × 1년 광고횟수

 1회당 광고효과 = 1회당 수익 증대 효과 + 1회당 브랜드 가치 증대 효과

• 1회당 광고비는 20만 원으로 고정되어 있다.

 $1년 광고횟수 = \dfrac{1년\ 광고비}{1회당\ 광고비}$

• 1년 광고비는 3,000만 원(고정값)에서 1년 계약금을 뺀 금액이다.

 1년 광고비 = 3,000만 원 − 1년 계약금

※ 광고는 TV를 통해서만 1년 내에 모두 방송됨

① 수지　　　　　　　　　② 태희
③ 지현　　　　　　　　　④ 민아

 제시된 〈조건〉에 따르면 총 광고효과는
(1회당 수익 증대 효과 + 1회당 브랜드 가치 증대 효과) × (3,000−1년 계약금) / 20이다.
① **수지** : (100 + 100) × 2,000 / 20 = 20,000(만 원)
② **태희** : (60 + 100) × 2,400 / 20 = 19,200(만 원)
③ **지현** : (60 + 110) × 2,300 / 20 = 19,550(만 원)
④ **민아** : (50 + 140) × 2,200 / 20 = 20,900(만 원)
따라서 총 광고 효과가 가장 큰 모델은 '민아'이다.

29 다음 〈표〉는 2008~2010년 동안 어느 지역의 용도별 물 사용량 현황을 나타낸 자료이다. 다음 표에 대한 설명으로 옳지 않은 것은?

(단위 : m^3, %, 명)

용도 \ 연도 \ 구분	2008		2009		2010	
	사용량	비율	사용량	비율	사용량	비율
생활용수	136,762	56.2	162,790	56.2	182,490	56.1
가정용수	65,100	26.8	72,400	25.0	84,400	26.0
영업용수	11,000	4.5	19,930	6.9	23,100	7.1
업무용수	39,662	16.3	45,220	15.6	47,250	14.5
욕탕용수	21,000	8.6	25,240	8.7	27,740	8.5
농업용수	45,000	18.5	49,050	16.9	52,230	16.1
공업용수	61,500	25.3	77,900	26.9	90,300	27.8
총 사용량	243,262	100.0	289,740	100.0	325,020	100.0
사용인구	379,300		430,400		531,250	

※ 1명당 생활용수 사용량(m^3/명) = $\dfrac{\text{생활용수 총 사용량}}{\text{사용인구}}$

① 생활용수의 사용량은 계속 증가하고 있다.

② 2009년에는 생활용수의 사용량은 증가했지만 비율은 2008년과 같다.

③ 매년 생활용수 중 가장 비중이 높은 것은 가정용수이다.

④ 욕탕용수의 비율은 매년 증가하고 있다.

 ④ 욕탕용수의 비율은 2010년에 하락했다.

30 다음은 예식장 사업형태에 대한 자료이다. 자료에 대한 설명으로 옳지 않은 것은?

구분	개인경영	회사법인	회사 이외의 법인	비법인 단체	합계
사업체수(개)	1,160	50	91	9	1,310
매출(백 만)	238,000	43,000	10,000	800	291,800
비용(백 만)	124,000	26,000	5,500	400	155,900
면적(km^2)	1,253,000	155,000	54,000	3,500	1,465,500

① 예식장 사업비용은 매출액의 50% 이상이다.

② 예식징 사업은 대부분 개인경영의 형태로 이루어지고 있다.

③ 사업체당 매출액이 평균적으로 제일 큰 것은 회사법인 예식장이다.

④ 사업체당 면적의 크기는 회사법인보다 회사 이외의 법인이 더 크다.

회사법인의 사업체당 면적의 크기 : $\frac{155,000}{50} = 3,100$

회사 이외의 법인의 사업체당 면적의 크기 : $\frac{54,000}{91} ≒ 593.406$

따라서 사업체당 면적의 크기는 회사법인이 더 크다.

31 다음은 화재발생 현황에 관한 자료이다. 자료에 대한 설명으로 옳은 것은?

(단위 : 건, 명, 백만 원)

		2007	2008	2009	2010	2011	2012	2013
발생건수		47,882	49,631	47,318	41,863	43,875	43,249	40,932
인명 피해	소계	2,459	2,716	2,441	1,892	1,862	2,223	2,184
	사망	424	468	409	304	263	267	307
	부상	2,035	2,248	2,032	1,588	1,599	1,956	1,877
재산피해		248,432	383,141	251,853	266,776	256,548	289,526	434,462

① 화재발생 건수가 가장 많았던 해에 재산피해 액수도 가장 많았다.

② 화재발생으로 인한 인명피해는 해마다 증가하고 있다.

③ 2009년 인명피해자 중에서 부상자가 차지하는 비중은 80% 이상이다.

④ 2007년의 화재발생 사망자 수는 2011년 사망자 수의 1.5배 미만이다.

32 다음은 우리나라 출판, 음악, 영화, 방송 산업의 수출현황을 나타낸 자료이다. 이에 대한 설명으로 옳지 않은 것은?

(단위 : 천 달러)

산업＼국가	중국	일본	인도	미국	합
출판	21,489	24,858	24,533	90,870	161,750
음악	1,665	9,431	2,061	306	13,463
영화	824	5,189	2,759	8,767	17,539
방송	7,328	68,494	26,594	1,324	103,740

① 출판산업의 수출액이 가장 큰 순서는 미국, 일본, 인도, 중국이다.

② 출판산업의 총 수출액에서 미국 수출액이 차지하는 비중은 50% 이하이다.

③ 음악산업과 방송산업 수출액의 합은 중국, 인도, 미국을 모두 합친 것보다 일본이 크다.

④ 미국의 영화산업의 수출액은 방송산업의 수출액의 6배 이상이다.

33 A ～ N까지 14곳의 경제 관련 기관 전문가들에게 2015년 경제 전망(향후 1년) 10가지에 대하여 질문한 뒤 그 결과를 YES(1), NO(0) 이진수 자료로 정리하였다. 이 자료에 대한 설명으로 적절하지 않은 것은?

〈자료1〉 2015년 경제 전망 항목

> ⑴ 성장률이 8.5% 이상이 될 것이다.
> ⑵ GNP는 1,950달러 이상이 될 것이다.
> ⑶ 수출은 700억 달러 이상이 될 것이다.
> ⑷ 수입은 630억 달러 이하가 될 것이다.
> ⑸ 국제흑자는 100억 달러 목표를 달성할 것이다.
> ⑹ 연말외채는 280억 달러 이하가 될 것이다.
> ⑺ 연말 환율은 1달러당 630원으로 안정적일 것이다.
> ⑻ 실업률은 3.0% 이하일 것이다.
> ⑼ 소비자 물가의 상승률은 6.0% 이하일 것이다.
> ⑽ 임금 상승률은 12.5% 이하일 것이다.

〈자료2〉 2015년 경제 전망 항목에 대한 응답

기관＼항목	(1)	(2)	(3)	(4)	(5)	(6)	(7)	(8)	(9)	⑽
A	0	1	0	0	0	1	1	1	1	1
B	1	1	1	1	1	1	1	1	1	1
C	1	1	0	1	1	0	1	1	1	1
D	0	0	0	0	0	1	0	1	0	0
E	1	0	1	0	0	0	0	1	1	1
F	1	1	1	1	0	1	0	0	1	1
G	1	0	1	1	1	1	0	0	1	0
H	0	0	1	0	1	1	1	1	1	1
I	1	1	1	1	0	1	1	0	1	1
J	0	0	0	0	0	1	0	1	0	0
K	1	1	1	1	1	1	1	1	0	0
L	1	1	0	1	0	0	1	1	1	1
M	1	0	1	0	1	1	0	0	0	0
N	1	0	1	1	0	1	0	0	1	0

① A기관은 경제 전망 항목 중 6가지를 긍정적으로 평가하였다.

② 경제를 가장 부정적으로 전망하는 기관은 D이다.

③ 소비자물가 상승률이 높을 것이라 평가한 기관은 5곳이다.

④ 성장률과 GNP에 대한 전망을 동시에 좋게 보는 기관은 8곳이다.

 ④ (1)성장률과 (2)GNP에 대하여 동시에 긍정적으로 평가한 기관은 6곳(B, C, F, I, K, L)이다.
　① A기관은 6가지 항목[(2), (6), (7), (8), (9), (10)]을 긍정적으로 평가하였다.
　② D기관은 10가지 항목 중 2가지[(6), (8)] 항목에만 긍정적으로 평가하여, J기관과 함께 그 항목 수가 조사 기관 가운데 가장 적었다.
　③ 소비자 물가상승률이 6.0% 미만일 것이라는 전망[(9)]에 대하여 부정적으로 평가한 기관은 5곳(D, I, J, K, M)이다.

34 다음 제시된 〈표〉는 D○○ PIZZA의 피자 1판 주문 시 구매방식별 할인혜택과 비용을 나타낸 것이다. 이를 바탕으로 할 때 정가 12,500원의 포테이토 피자 1판을 가장 저렴하게 살 수 있는 구매방식은? (단, 구매방식은 한 가지만 선택함)

〈표〉 D○○ PIZZA의 구매방식별 할인혜택 및 비용

구매방식	할인혜택과 비용
스마트폰 앱	정가의 25% 할인
전화주문	정가에서 1,000원 할인 후 할인된 가격의 10% 추가 할인
회원 카드와 쿠폰	회원 카드로 정가의 10% 할인 후 할인된 가격의 15%를 쿠폰으로 추가 할인
포장 방문	정가의 30% 할인, 교통비용 1,000원 발생

① 스마트폰 앱

② 전화주문

③ 회원 카드와 쿠폰

④ 포장 방문

 ① $12,500 - (12,500 \times 0.25) = 9,375$(원)
② $12,500 - 1,000 = 11,500$
　$11,500 - (11,500 \times 0.1) = 10,350$(원)
③ $12,500 - (12,500 \times 0.1) = 11,250$(원)
　$11,250 - (11,250 \times 0.15) = 9,562.5$(원)
④ $12,500 - (12,500 \times 0.3) + 1,000 = 9,750$(원)
따라서 D○○ PIZZA에서 포테이토 피자 1판을 가장 저렴하게 살 수 있는 구매방식은 스마트폰 앱을 이용하는 방식이다.

Answer → 33.④ 34.①

▌35~36 ▌ 다음은 2015년 8, 9월 '갸세대 관리비의 상세 부과내역이다. 물음에 답하시오.

(단위 : 원)

항목	8월	9월
전기료	93,618	52,409
수도료	17,595	27,866
일반관리비	33,831	36,187
경비비	30,760	33,467
장기수선충당금	20,502	20,502
급탕비	15,816	50,337
청소비	11,485	12,220
기타	18,413	17,472
합계	242,020	250,460

35 위의 표에 대한 설명으로 옳지 않은 것은?

① 9월의 급탕비는 8월의 급탕비의 세배 이상이다.

② 9월 관리비 전체에서 기타비가 차지하는 비중은 8월보다 감소했다.

③ 8월과 9월의 장기수선충당금은 같다.

④ 8월 관리비 전체에서 전기료가 차지하는 비중은 40% 이상이다.

  ④ $\dfrac{93,618}{242,020} \times 100 ≒ 38.7\%$

따라서 40% 이하이다.

36 위의 표에서 '갸와 같은 세대가 아파트에 56세대가 살고 있다면 그 아파트의 9월 총 전체 관리비는 얼마인가?

① 12,523,000 원　　　　② 14,025,760 원

③ 14,276,220 원　　　　④ 15,027,600 원

  250,460×56=14,025,760

▌37~38 ▌ 다음 자료는 Y지역에서 판매된 가정용 의료기기의 품목별 판매량에 관한 것이다. 다음을 보고 물음에 답하시오.

(단위 : 천 개)

판매량 순위	품목	판매량	국내산	국외산
1	체온계	271	228	43
2	부항기	128	118	10
3	혈압계	100	(㉠)	(㉡)
4	혈당계	84	61	23
5	개인용 전기자극기	59	55	4
	6위 이하	261	220	41
	전체	(㉢)	(㉣)	144

37 위의 괄호에 알맞은 수치로 옳지 않은 것은?

① ㉠ － 77   ② ㉡ － 23

③ ㉢ － 905   ④ ㉣ － 759

 ㉢에 들어갈 수치는 903이다.

38 위의 표에 대한 설명으로 옳지 않은 것은?

① 전체 가정용 의료기기 판매량 중 국내산 혈당계가 차지하는 비중은 6% 미만이다.

② 국내산 가정용 의료기기 판매량 중 체온계가 차지하는 비중은 30% 이상이다.

③ 부항기는 국내산 판매량이 국외산의 11배 이상이다.

④ 전체 가정용 의료기기 판매량 중 1~5위까지의 판매량이 전체의 70% 이상을 차지한다.

 ① 국내산 혈당계가 차지하는 비중 : $\frac{61}{903} \times 100 ≒ 6.76\%$

Answer↱ 35.④   36.②   37.③   38.①

▮39~40▮ 다음 표는 2009년과 2010년 정부창업금 신청자를 대상으로 직업과 창업단계를 조사한 자료이다. 물음에 답하시오.

〈표1〉 정부창업지원금 신청자의 직업 구성

(단위 : 명, %)

직업	2009년		2010년		합계	
	인원	비율	인원	비율	인원	비율
교수	34	4.2	183	12.5	217	9.6
연구원	73	9.1	118	8.1	191	8.4
대학생	17	2.1	74	5.1	91	4.0
대학원생	31	3.9	93	6.4	124	5.5
회사원	297	37.0	567	38.8	864	38.2
기타	350	43.6	425	(㉠)	775	34.3
계	802	100.0	1,460	100.0	2,262	100.0

〈표2〉 정부창업지원금 신청자의 창업단계

(단위 : 명, %)

창업단계	2009년		2010년		합계	
	인원	비중	인원	비중	인원	비중
예비창업단계	79	9.9	158	10.8	237	10.5
기술개발단계	291	36.3	668	45.8	959	42.4
시제품 제작단계	140	17.5	209	14.3	349	15.4
시장진입단계	292	36.4	425	29.1	717	31.7
계	802	100.0	1,460	100.0	2,262	100.0

39 위의 표에 대한 설명으로 옳지 않은 것은?

① '기타'를 제외하고 2009년 정부창업지원금 신청자의 직업이 가장 높은 비율을 차지하는 것은 회사원이다.

② 〈표2〉에서 2009년에 비해 2010년에 인원은 늘어났으나 비중이 감소한 단계는 시제품 제작단계 뿐이다.

③ 2010년에는 기술개발단계에 있는 신청자의 인원수가 가장 많았다.

④ 2009년에 정부창업지원금 신청자의 인원수는 교수가 대학생의 두 배이다.

 ② 2010년에 인원은 늘어났으나 비중이 감소한 단계는 시제품 제작단계와 시장진입단계이다.

40 복수응답과 무응답이 없다고 할 때, ㉠에 알맞은 것은?

① 25.1

② 29.1

③ 34.1

④ 39.1

 $100 - 12.5 - 8.1 - 5.1 - 6.4 - 38.8 = 29.1$

Answer↪ 39.② 40.②

PART

III

금융상식 및 경제 · 경영

금융상식

1 다음에서 설명하고 있는 개념으로 적절할 것은?

이것은 금융감독원에 접수된 금융민원에 대해 금융감독원의 처리에 앞서 당사자인 민원인과 금융회사간 자율적인 조성기회를 부여하고 조정이 성립되지 않을 경우 금융감독원이 직접 처리하는 제도이다. 적용대상 민원은 금융회사에 민원을 제기함이 없이 금융감독원에 곧바로 제기된 금융민원 중 금융거래계약에 기초해 권리구제를 요청하는 이의신청성 민원이며, 금융회사의 불법·부당행위 고발 민원, 금융관련 법규해석 민원 및 금융회사에 민원을 제기하였으나 해결되지 않아 금융감독원에 제기한 민원은 자율조정 없이 금융감독원이 직접 처리한다. 2005년 10월~2006년 6월까지 8개 금융회사를 대상으로 시범 실시하였고, 2006년 7월부터 민원발생평가 대상 금융회사(92개사)를 대상으로 확대 실시 후, 2010년 10월부터 자산 1조 원 이상 저축은행(28개사)을 추가하여 자율조정제도를 실시하고 있다.

① 구제유예
② 민원자율조정제도
③ 사회책임투자지수
④ 탄소펀드

 ① 제유예는 부도위기에 있는 금융회사에 대하여 적정한 감독조치를 유예하는 것을 의미한다.
③ 기업의 지속가능성에 영향을 미치는 요소들을 비재무적 관점에서 평가한 후 우수기업을 대상으로 산출한 지수를 의미한다.
④ 온실가스감축을 위한 프로젝트에 투자하여 탄소배출권 획득을 목표로 운용되는 펀드를 말한다.

2 다음 밑줄에 들어갈 알맞은 것은?

> _____는 GATT 이념에 부합되는 공정무역관행에 의한 수입일지라도 동 수입 증가로 인해 수입국의 국내 산업이 심각한 피해를 입거나 입을 우려가 있을 경우, 동 수입을 일시적으로 제한하여 국내 경쟁 산업으로 하여금 구조조정기회를 갖도록 하는 조치이다. 보존조항, 도피조항(Escape clause), 면책조항이라고도 하며 공정무역관행에 배치한 방법으로 수입을 제한하는 것이므로 반덤핑·상계관세 등 불공정무역규제제도 보다 발동요건이 까다롭고 보상 및 보복조치가 규정되어 있다.

① 세이프가드   ② 합성선물

③ 트라우트   ④ 콘탱고

 ② 옵션을 결합하여 선물을 만드는 것으로, 현물이나 선물과의 차익거래에 주로 활용되고 있다.
　③ 우리나라의 장내파생상품시장에서 큰 손을 일컫는 속어(slang)이다.
　④ 선물가격과 선물의 대상자산(현물)과의 가격을 비교하여 상대적인 가격상태를 설명하는 용어이다.

3 다음 중 지정거래외국환은행제도에 대한 설명으로 옳지 않은 것은?

① 지정거래외국환은행은 거래당사자가 선택하는 은행이 지정된다.

② 고객의 거래내역을 보관하고 사후관리를 함으로써 외환관리업무를 수행하게 된다.

③ 은행이 지점을 보유하지 않고 본점만 가지고 있다.

④ 「외국환거래규정」에서 지정거래외국환은행제도를 적용하고 있는 주요 거래로는 해외유학생경비 지급, 해외체재비 지급 등이 있다.

 ③ 단일은행제도 … 은행이 지점을 보유하지 않고 본점만 있는 제도를 가리킨다. 이 제도는 미국에서 채택되고 있는 제도로서 금융독점의 폐해를 방지할 수 있고, 소재지의 소비자와 사업자에게 충분한 지원을 할 수 있다는 장점을 가지고 있다. 그러나 지점을 보유하고 있지 않아 업무수행이 원활하지 못하다는 단점을 가지고 있다.
　※ **지정거래외국환은행제도** … 일반적으로 환전, 해외송금 등의 외국환거래를 하고자 하는 고객은 자신이 원하는 외국환은행을 자유롭게 선택하여 이용할 수 있으나 외국환거래법 규에서는 효과적인 외환관리를 위하여 일정한 거래의 경우, 거래당사자로 하여금 특정 외국환은행을 통해서만 거래하도록 규제하는 경우가 있는데 이를 지정거래외국환은행제도라 한다.

Answer↝ 1.② 2.① 3.③

4 다음에서 설명하고 있는 용어로 올바른 것은?

> 일정시점에서 외국환은행 및 기업 등이 보유하고 있는 외화표시 자산과 부채의 차액을 말하며 다음과 같이 구분된다.
> • 매입초과포지션 : 외화자산 > 외화부채
> • 매도초과포지션 : 외화자산 < 외화부채
> • 스퀘어포지션 : 외화자산 = 외화부채

① 외국환포지션　　　　　　　　　② 드라이빙포지션

③ 유닛포지션　　　　　　　　　　④ 폴포지션

 외국환포지션은 환거래의 종류에 따라 현물환포지션, 선물환포지션, 그리고 현물환포지션과 선물환포지션을 합산한 종합포지션으로 구분되며, 외환당국에서는 금융기관의 환위험 노출 및 외환시장 교란을 사전에 방지하기 위하여 종합포지션 및 선물환포지션을 기준으로 매입 초과포지션 또는 매도초과포지션의 한도를 자기자본의 일정부분 이내로 제한하는 외국환포 지션 관리 제도를 운영하고 있다.

5 다음 중 핀패드에 대한 설명으로 적절하지 않은 것은?

① 고객이 거래용지 등에 비밀번호를 쓰는 대신 손으로 직접 입력할 수 있게 한다.

② 고객 외 타인이 입력번호를 볼 수 없다.

③ 전표 폐기과정에서 유출되는 것을 방지할 수 있다.

④ '금융(finance)'과 '기술(technology)'이 결합한 서비스를 가리킨다.

 ④ 핀테크 … 핀테크는 금융과 기술의 합성어로 예금, 대출, 자산 관리, 결제, 송금 등 다양한 금융 서비스가 IT, 모바일 기술과 결합된 새로운 유형의 금융 서비스를 뜻한다. 금융기관에서도 IT를 활용해 시간과 공간을 뛰어넘는 편의성을 추구해 왔지만, 핀테크 서비스들은 기존과 다른 방식으로 새로운 가치를 제공하고 있다.
※ 핀패드 … 고객의 통장개설 신청서, 전표 등에 기재된 비밀번호가 금융회사 직원의 업무처리 또는 전표 폐기과정에서 유출되는 것을 방지하기 위하여, 고객이 거래용지 등에 비밀번호를 쓰는 대신 손으로 직접 입력할 수 있게 하는 장치이다. 주로 금융회사 영업점에 설치되어 있는 비밀번호 입력장치(그림 참조)로 고객이 직접 비밀번호 등을 입력함으로써 고객 외 타인이 입력번호를 볼 수 없는 것이 장점이다.

6 다음 빈칸에 공통적으로 들어갈 용어로 적절한 것은?

> _____은 금융감독원의 부당한 처분 등으로 금융회사 또는 민원인의 권익이 침해되는 경우 이를 해결하는 역할을 수행한다. _____은 금융에 관한 식견과 덕망이 있는 민간 전문가 중에서 금융감독원장이 임명하며 임기는 2년으로, 소관부서 및 감사실은 _____의 제시 의견에 대하여 특별한 사정이 없는 한 존중하여야 한다. _____이 담당하는 민원은 금융회사가 제기하는 금융감독원의 감독·검사관련 고충민원과 민원인이 _____이 처리하기를 원하는 건 및 소관부서가 _____이 처리하는 것이 타당하다고 판단하여 사전에 협의하는 건이다.

① 할부금융   ② 옴부즈만
③ 신계약비   ④ 투자자문

　① 재화 및 용역의 매매계약에 대하여 매도인 및 매수인과 각각 약정을 체결하여 매수인에게 융자한 재화 및 용역의 구매자금을 매도인에게 지급하고 매수인으로부터 그 원리금을 분할하여 상환 받는 방식
　③ 신계약 획득을 위하여 소요되는 제경비
　④ 금융투자상품의 가치 또는 금융투자상품에 대한 투자판단(종류, 종목, 취득·처분, 취득·처분의 방법·수량·가격 및 시기 등에 대한 판단)에 관한 자문에 응하는 것

7 금융 산업 및 개별 금융회사의 위기수준을 점검하기 위해 건전성, 수익성, 유동성 지표 등 소수의 간편 지표를 등급화하여 운용하는 실시간 조기경보시스템은?

① 핸디사이즈   ② 핸디코트
③ 핸디지표   ④ 핸디터미널

　① 화물을 취급하기에 편리한 크기의 화물선
　② 휴대가 간편한 장마철 코트
　④ 한 손으로 들 수 있을 정도의 크기의 휴대형 통신 단말기

8 상업은행과 유사한 기능을 수행하지만, 관련 규제를 받지 않는 자금중개기구는?

① 유사은행업   ② 다국적은행

③ 유러뱅크   ④ 유니버설은행

② 세계적으로 활동하는 미국의 대 은행
③ 유러커런시 시장에서 활동하는 국제은행업기관
④ 예금, 대출 등 은행 본연의 업무뿐 아니라 신탁, 리스, 팩토링, 보험, 할부금융, 투자신탁까지 한마디로 모든 금융업무를 할 수 있는 은행

9 다음에서 설명하고 있는 개념은?

> 미국 연방예금보험공사(FDIC)가 1999년 개발·채택한 조기경보 및 상시감시 모형을 말한다. 동 모형은 4~6개월 이후의 금융회사의 CAMELS 등급을 예측하기 위한 단기적인 계량모형으로서, 임점검사 실시 이후 다음번 임점검사 실시 시점까지의 기간 중 부실화 징후 은행을 조기에 식별함으로써 제한된 감독인력으로 효율적인 감독업무를 수행하기 위한 상시감시 기법의 하나로 활용되고 있다. 즉, 특정은행의 분기별 영업보고서 데이터와 검사결과 CAMELS 등급 사이의 관계를 추정하고, 이에 기초하여 현재 건전은행(1~2등급)으로 분류된 은행 중 다음번 검사시 문제은행(3등급 이하)으로 분류될 가능성이 있는 은행을 식별함으로써 FDIC는 동 은행에 상시감시 등 감독역량을 집중하게 된다.

① 액적모형   ② 지형모형

③ 분자모형   ④ SCOR모형

① 원자핵 전체를 하나의 물방울처럼 생각하여 결합에너지, 원자핵의 집단운동, 핵반응, 핵분열 등의 과정을 정성적으로 설명할 수 있도록 한 모형
② 일정한 축척으로 축소하여 토지의 기복이나 이용상황을 입체적으로 나타낸 모형
③ 분자를 구성하는 원자의 상대적인 위치와 화학 결합을 나타내는 기하학적 모형

10 다음 중 스트레스 테스트에 대한 설명이 아닌 것은?

① 아주 예외적이지만 실제로 발생할 수 있는 사건에 대한 금융회사의 잠재적인 취약성을 평가한다.

② 공적 부조제도 등에서 행하는 수급대상자의 수입과 자산에 대해 조사한다.

③ 위기상황 하에서 금융회사 혹은 금융시스템이 건전성 기준을 충족하는지 여부를 평가한다.

④ 각국 중앙은행과 감독당국은 자체 스트레스 테스트 모형을 보유 또는 개발하고 있다.

 ② 민스테스트 … 공적 부조제도나 그 밖의 유사한 제도에서는 대상자의 수입과 자산을 조사하여 그 내용이 보호 기준보다 낮을 경우 국가에서 부조를 하게 되는데, 생활이 어렵다고 신청한 개인을 신용하지 않고 이 테스트에 의하여 부조 여부를 결정하는 것은 개인의 사생활을 침해하는 것이 되기도 하여, 불쾌감을 주는 테스트이다.

11 다음의 보기를 통해 알 수 있는 것은?

> 2015년 2월 중국 내 모바일 결제시장 2위 업체인 텐센트가 세뱃돈을 스마트폰으로 건네주는 서비스를 내놓으면서 설날의 풍속도가 변화를 맞고 있다. 종이돈 대신 온라인으로 세배돈을 주는 것이다.
> 우리나라의 경우도 마찬가지이다. 카카오톡이 그동안 액티브엑스와 공인인증서를 통한 복잡한 온라인 결제방식을 대신한 카카오페이를 선보이면서 우리들 일상생활에도 큰 변화가 예상된다.

① IP 금융 　　　　　② 아슈르뱅킹

③ 핀테크 　　　　　④ 세큘러 스태그네이션

 ③ 핀테크(FinTech)는 금융(Financial)과 기술(Technology)의 합성어로, 주로 모바일을 통한 결제 · 송금 · 자산관리 · 크라우드 펀딩 등 금융과 IT의 결합을 통해 새롭게 등장한 산업 및 서비스를 지칭한다.

Answer ↳ 8.① 9.④ 10.② 11.③

12 다음 ( ) 안에 알맞은 것은?

> 2015년 우리나라와 일본 두 나라가 약정된 환율에 따라 일정한 시점에서 통화를 서로 교환하는 외환거래인 ( )이/가 종결된다. 한국은 1997년 말 한국을 덮친 외환위기 당시 부족한 외화를 융통하기 위해 일본과 ( )을 체결하였다. 이에 따라 한국과 일본은 금융위기 등의 긴급 사태가 발생할 때 보유하고 있는 외화를 서로 바꿔주기로 한 ( )을 체결 했지만, 아베 일본 총리의 독도 망언과 위안부 문제 등 양국 관계 악화의 영향으로 2001년 7월부터 이어져 왔던 이 협정이 효력을 잃게 되었다.

① 통화 승수 ② 통화대용증권
③ 통화스와프 ④ 보호예수

 ③ 통화스와프는 상대국 통화를 사용해 외환시장의 안정성을 높이는 것이 주된 목적으로 국가 간 통화스와프 협정은 두 나라가 자국 통화를 상대국 통화와 맞교환하는 방식으로 이루어진다.

13 다음의 현상을 뜻하는 것은?

> 은행은 고객의 예금이 들어오면 일정비율의 지급준비금만을 남기고 나머지는 대출에 사용을 한다. 이 대출금이 또다시 은행에 예금으로 돌아오면 그 금액의 일정부분을 지급준비금만 남기고 또다시 대출로 사용이 된다. 이와 같이 은행이 대출과 예금을 통해서 최초 예금액의 몇 배 이상으로 예금통화를 창출하는 현상을 ( )라고 한다.

① 그렉시트 ② 신용창조
③ 시뇨리지 ④ 사모발행

 ② 예금과 대출이 꼬리에 꼬리를 물면서 당초 100만원이었던 통화량은 100만원을 훌쩍 넘는 큰 액수로 증대된다. 이와 같이 시중의 통화량이 한국은행이 발행한 통화량 이상으로 증가하는 현상을 예금창조 또는 신용창조라고 부른다.
③ 시뇨리지는 중앙은행이 발행한 화폐의 실질가치에서 발행비용을 제한 화폐주조차익을 말한다.

14 ( ) 안에 들어갈 말은?

2015년 채무조정 문제를 놓고 채권단과 힘겨루기를 하고 있는 그리스가 신용등급 강등으로 한층 더 궁지에 몰리게 됐다.

그리스 정부의 빚덩어리가 날이 갈수록 커지는 가운데 결국 부채 규모를 일부 탕감해주지 못한다면 그리스 은행들과 경제 분야의 유동성 제약으로 인해 그리스 예금인출 사태를 일으킬 수 있다. 아울러 최악의 경우 그리스 정부가 자본통제를 하거나 ( )로부터 자금지원이 끊기고 그리스가 유로존(유로화 사용 19개국)에서 퇴출될 수 있다. ( )은 금융위기가 발생하여 개별 금융기관 혹은 금융시장 전체에 자금 부족사태가 발생할 때 위기 극복을 위해 마지막으로 자금을 공급해 주는 역할을 하며 유럽중앙은행이 여기에 해당된다.

① FOMC   ② 최종대부자
③ 상품공동기금   ④ 국제결제은행

 ② 최종대부자(lender of last resort)에 대한 내용이다. 최종대부자란 금융위기가 발생하여 개별 금융기관 혹은 금융시장 전체에 자금 부족사태가 발생할 때 위기 극복을 위해 마지막으로 자금을 공급해 주는 역할의 금융기관을 말하며, 우리나라의 경우 한국은행이 최종대부자라 할 수 있다.

Answer ☞ 12.③ 13.② 14.②

15 통화금융기관으로 짝지어진 것은?

> ㉠ 중앙은행 ㉡ 일반은행
> ㉢ 우체국예금 ㉣ 특수은행
> ㉤ 신용협동조합

① ㉠, ㉡ ② ㉡, ㉣

③ ㉠, ㉡, ㉣ ④ ㉠, ㉡, ㉢, ㉣, ㉤

 금융기관은 중앙은행(한국은행)과 일반은행 및 특수은행 등 통화금융기관과 투자금융회사, 종합금융회사, 상호저축은행, 신용협동기구, 투자신탁회사, 증권회사, 보험회사, 우체국 등 비통화 금융기관으로 구성되어 있다.

※ **통화금융기관과 비금융통화기관** … 국제통화기금(IMF)은 국제적인 비교를 용이하게 하기 위해 금융기관을 통화창출기능의 유무에 따라 통화금융기관과 비통화금융기관으로 분류하고 있다.

구분	내용
통화 금융기관	통화금융기관은 우리나라에서 유일하게 발권업무를 담당하는 한국은행과 수신 및 여신업무를 통하여 예금통화를 창출하는 예금은행으로 구분하고 있다. 또한, 예금은행은 일반예금은행의 전문성과 재원문제 등으로 인하여 특정부문에 자금을 원활한 자금조달을 위해 설립한 특수은행과 일반은행(상업은행)으로 구성되어 있다.
비통화 금융기관	통화창출이 아닌 주로 자금의 이전과 중개를 담당하는 기관으로 업무의 특성에 따라 개발기관, 투자기관, 저축기관, 보험기관으로 나누어지며 투자금융회사, 종합금융회사, 상호저축은행, 신용협동기구, 투자신탁회사, 증권회사, 보험회사, 우체국 등이 있다.

16 다음이 가리키는 것은?

> 금융 기관 간에 자금 과부족을 조정하기 위하여 초단기(1일 이상 90일 이내)로 자금을 거래하는 시장

① 콜 시장 ② 사채 시장
③ 증권 시장 ④ 한국거래소

 자금이 부족한 금융기관이 자금이 남는 다른 곳에 자금을 빌려달라고 요청하는 것을 콜(Call)이라 하며, 이러한 금융기관 사이에 거래를 하는 시장을 콜시장이라 한다. 즉 금융기관 간에 단기간에 돈을 빌려주거나 빌리는 시장을 말하며, 콜금리는 1일물(Overnight) 금리를 의미하며 단기자금의 수요와 공급에 의해 결정된다.

17 단기 금융과 장기 금융은 자금이 융통되는 기간의 장단에 의한 분류로 보통 몇 년을 기준으로 하는가?

① 1년   ② 2년

③ 3년   ④ 5년

 1년 이내인 단기금융이 거래되는 시장을 화폐시장 또는 단기금융시장이라 부르며, 그 이상의 금융 기간이 거래되는 시장을 자본시장 또는 장기금융시장이라 한다.

18 일반 은행이 예금자의 인출 요구에 언제나 응할 수 있도록 예금의 일정 비율을 중앙은행에 예치하는 것을 무엇이라 하는가?

① 지급준비금   ② 예치금

③ 손실보전금   ④ 미납금

 은행은 예금 중 일부를 지급 준비금으로 한국은행에 예치해 두었다가 필요할 때 찾고, 한국은행으로부터 대출을 받기도 한다. 한국은행은 금융 기관이 일시적으로 자금이 부족하여 예금자의 예금 인출 요구에 응하지 못할 경우에는 긴급 자금을 지원한다.

19 한국은행에서 수행하는 통화정책 수단이 아닌 것은?

① 공개시장조작

② 지급준비제도

③ 여 · 수신제도

④ 정부 규제 최소화

 한국은행의 통화 신용 정책은 중앙은행이 물가 안정을 목적으로 통화량과 신용 공급량을 조절하거나, 금융 기관의 대출과 금리를 직접 규제하는 활동이다. 최근에 이용하는 통화 신용 정책에는 대출 정책, 공개 시장 조작, 지급 준비율 정책 등 양적 통화 정책에 중점을 두고 있다.

Answer ↱ 15.③ 16.① 17.① 18.① 19.④

20 한국은행에 대한 설명으로 옳지 않은 것은?

① 한국은행은 우리나라의 중앙은행으로 물가안정을 최우선 목표로 국민경제의 건전한 발전에 이바지하고 있다.

② 한국은행은 금융 기관이나 정부와 거래를 하고 민간인의 예금이나 대출은 직접 취급하지 않는다.

③ 한국은행의 조직은 정책 결정 기구인 금융통화위원회, 금융통화위원회에서 수립한 정책을 집행하는 총재, 업무를 감사하는 감사로 구성되어 있다.

④ 정책 금리(기준 금리)의 결정은 금융위원회에서 맡고 있으며, 한국은행은 조언과 감독을 맡는다.

 기준 금리는 한국은행의 최고 의사 결정 기구인 금융통화위원회에서 연간 물가 목표와 실물 경제 및 금융 시장 전망 등을 종합적으로 고려하여 결정한다. 기준 금리는 한국은행이 금융 기관과 거래 시 기준이 되는 금리이며, 기준 금리 변동에 따라 물가가 어떤 영향을 받는지를 판단하여 결정한다.

※ 한국은행의 기능과 역할

구분	내용
화폐 발행	한국은행은 우리나라의 화폐를 발행하는 유일한 발권 기관으로 우리가 일상생활에서 사용하는 화폐 곧 지폐와 동전은 모두 한국은행에서 발행한 것이다.
통화신용정책 수립	통화신용정책이란 화폐(돈)의 독점적 발행 권한(발권력)을 부여받은 중앙은행이 다양한 정책수단을 활용하여 돈의 양이나 금리가 적정한 수준에 머물도록 영향을 미치는 정책을 말한다. 유통되는 돈의 양 또는 금리 수준은 가계나 기업의 경제활동 그리고 물가 등에 영향을 미친다는 점에서 통화신용정책의 중요성은 매우 크다고 할 수 있다.
은행의 은행	한국은행은 금융기관을 상대로 예금을 받고 대출을 해주며, 금융기관을 상대로 예금을 받고 대출을 해 주는 '은행의 은행'이다.
금융시스템의 안정	한국은행은 금융시스템의 안정성을 유지 · 강화하는 책무를 수행하는데, 이를 위해 한국은행은 국내외 경제여건, 금융시장의 안정성, 금융시스템의 건전성 상황 등을 종합적으로 점검한다. 또한 금융시스템의 이상 징후를 제때에 알아내어 그 위험성을 평가하고 조기에 경보하기 위해 다양한 지표를 개발하여 활용하기도 한다. 이를 토대로 금융시스템에 잠재해 있는 취약요인과 그 영향을 분석하고 시스템 전반의 안정성을 평가하는 금융안정보고서를 발표한다.
정부의 은행	한국은행은 국고금을 수납하고 지급하며, 국민이 정부에 내는 세금 등 정부 수입을 국고금으로 받아 두었다가 정부가 활동상 필요로 할 때 자금을 내주는 업무를 하는 한편 정부가 자금이 일시적으로 부족할 때 돈을 빌려주기도 하는 정부의 은행이다.
지급결제제도 운영	상품이나 서비스를 구입할 때 신용카드나, 계좌이체와 같은 금융기관의 서비스를 이용하는 경우 금융기관을 이용하여 대금을 지급하면 금융기관 사이에는 서로 주고받을 채권과 채무가 발생한다. 또한 금융기관 상호간의 금융거래를 통해서도 채권 · 채무가 발생할 수 있는데 이러한 금융기관들은 은행의 은행인 한국은행에 계좌를 개설하고, 이를 이용하여 서로 간의 채권 · 채무를 결제하는 지급결제제도를 운영한다.
외환 보유	우리나라 환율은 외환시장에서의 외환 수급에 따라 자유롭게 결정되어 투자 금 유입으로 인한 지나친 쏠림현상 등으로 환율이 급격하게 변동할 경우 한국은행은 이를 완화하기 위해 미세조정 등의 시장안정화조치를 수행한다.

21 다음 중 비은행예금취급기관이 아닌 것은?

① 우체국 예금

② 상호저축은행

③ 농협중앙회 신용사업부문

④ 신용협동기구

 비은행예금취급기관은 은행과 유사한 금융 상품을 취급하는 기관으로 종합 금융 회사, 상호 저축 은행, 신용 협동 기구, 우체국 예금 등이 있다. 농협중앙회 신용사업부문은 특수은행에 해당한다.

※ 비은행예금취급기관의 종류

구분		내용
상호저축 은행		상호저축은행은 일반 서민이나 중소 사업자의 금융편의와 저축증대를 목적으로 설립된 대표적인 지역밀착형 서민 금융기관이다. 상호저축은행은 취급하고 있는 저축 상품의 실효수익률이 은행에 비해 높을 뿐만 아니라 대출절차가 간편하고 신속하다는 장점이 있지만 대출금리가 은행보다는 높다는 단점이 있으며 현재 취급중인 상품은 은행 예금과 내용이 거의 동일하나 그 종류가 상대적으로 적은 편이다. 상호저축은행은 주식회사로 운용되며 「예금자보호법」의 적용을 받는다. 일반은행에 비해 대출요건이 까다롭지 않으며 예금을 할 경우도 금리가 일반은행에 비해 상대적으로 높다는 장점을 갖는다. 하지만 상대적으로 적은 점포와 대출시 높은 대출금리, 영세한 규모의 자산수준 등은 단점으로 작용한다.
신용협동 기구	새마을 금고	국민의 자주적인 협동 조직을 바탕으로 한국 고유의 상부상조 정신에 입각하여 자금의 조성과 이용, 회원의 경제적·사회적·문화적 지위의 향상, 지역사회 개발을 통한 건전한 국민정신의 함양과 국가경제 발전에 이바지함을 목적으로 설립된 비영리 금융기관이다. 새마을금고는 지역, 직장을 단위로 지역단위금고를 형성하고 이러한 단위금고들이 모여 '새마을금고연합회'라는 중앙조직을 결성한다. 「새마을금고법」에 의해 예금자보호준비금을 마련하도록 규정되어 있으며, 금고와 중앙회는 정치에 관여하는 일체의 행위를 할 수 없도록 규제하고 있다.
	신용 협동조합	보통 '신협'으로 불리는 기관으로 제2금융권으로 분류된다. 공동유대를 바탕으로 하는 신용협동조직의 건전한 육성을 통하여 그 구성원의 경제적·사회적 지위를 향상시키고, 지역주민에 대한 금융편의를 제공함으로써 지역경제의 발전에 기여함을 목적으로 설립된 금융기관이다. 서민과 중산층을 위한 금융기관으로 새마을금고처럼 직장이나 지역, 단체를 단위로 하여 신협을 결성한다. 업무도 은행처럼 예금, 대출, 보험 등의 금융거래를 하고 있다.
	상호저축 은행	지역단위 농협과 축협, 수협, 산림조합 등으로 농·어촌 지역의 영세한 주민들을 조합원으로 구성하여 조합원에게 원활한 금융활동을 하기 위해 조직된 신용협동기구로서 구성된 금융기관을 말한다.
우체국 예금		우체국예금은 체신관서로 하여금 간편하고 신용 있는 예금사업을 운영하게 함으로써 금융의 대중화를 통해 국민의 저축의욕을 북돋기 위한 금융기관이다. 우체국예금사업과 우체국보험사업은 국가가 경영하며, 과학기술정보통신부장관이 관장하고 있다. 정부기관인 우체국은 은행 예금에 해당하는 우체국예금과 생명보험회사의 보험에 해당하는 우체국보험을 취급하고 있다. 그밖에 세금·공과금 등의 수납, 공과금 자동이체, 수표발행 등 생활에 편리한 여러 가지 금융서비스를 제공하고 있다. 우체국은 경영주체가 정부이므로 영리만을 목적으로 하지 않는데다 원리금이 확실하게 보장되며 우체국간 온라인으로 연결된 대규모 점포망을 갖추고 있다는 장점이 있다. 우체국예금에는 저축예금, 정기예금, 정기적금 등이 있다.

Answer 20.④ 21.③

22 다음의 내용 중 틀린 것은?

① 한국은행은 경기 과열 시에는 기준 금리를 인상시키고, 경기 침체 시에는 기준 금리를 인하하여 경기를 회복시킨다.

② 한국은행이 통화량을 조절하기 위해 금융 기관 또는 일반인을 대상으로 발행하는 증권을 집합투자증권이라 한다.

③ 한국은행은 통화 신용 정책의 여러 수단을 통해 물가 안정을 추구하고 있는데, 이는 주로 통화량의 조절이나 금리 조절을 통해 이루어진다.

④ 여·수신정책은 일반은행이 기업과 개인에게 자금을 대출해 주거나 예금을 받는 것과 마찬가지로 중앙은행이 금융기관에 부족한 자금을 대출해 주거나 여유자금을 예치할 수 있게 하는 정책이다.

 한국은행이 통화량을 조절하기 위해 금융 기관 또는 일반인을 대상으로 발행하는 증권을 통화안정증권이라 한다. 한국은행은 법률과 금융통화위원회가 정하는 바에 의하여 통화안정증권을 공개시장에서 발행할 수 있으며, 통화안정증권을 환매하거나 만기일전에 액면금액으로 추첨상환할 수 있다. 통화안정증권의 이율·만기일 및 상환조건에 관한 사항은 금융통화위원회가 정한다. 참고로 통화안정증권의 발행권은 한국은행만이 가진다.

23 한국은행에서 하는 통화정책 수단에 대한 내용으로 잘못된 것은?

① 공개시장조작이란 한국은행이 금융시장에서 금융기관을 상대로 국채 등 증권을 사고팔아 시중에 유통되는 화폐의 양이나 금리 수준에 영향을 미치려는 가장 대표적인 통화정책 수단이다.

② 여수신제도는 중앙은행이 개별 금융기관을 상대로 대출을 해 주거나 예금을 받는 통화정책수단이다.

③ 지급준비제도란 금융기관으로 하여금 지급준비금 적립대상 채무의 일정비율에 해당하는 금액을 일반은행에 지급준비금으로 예치하도록 의무화하는 제도이다.

④ 중앙은행은 지급준비율을 조정하여 금융기관의 자금사정을 변화시킴으로써 시중 유동성을 조절하고 금융안정을 도모할 수 있다.

 지급준비제도란 금융기관으로 하여금 지급준비금 적립대상 채무의 일정비율(지급준비율)에 해당하는 금액을 중앙은행에 지급준비금으로 예치하도록 의무화하는 제도이다.

※ 통화정책 수단

구분	내용
공개시장 조작	한국은행은 공개시장조작을 통해 금융기관간 일시적인 자금과부족을 조정하는 콜시장의 초단기금리(콜금리)가 '한국은행 기준금리' 수준에서 크게 벗어나지 않도록 유도하고 있다. 이와 함께 한국은행은 금융불안시 공개시장조작을 활용하여 시중에 유동성을 확대 공급하는 등 금융시장 안정을 도모하는 기능도 수행한다. 한국은행의 공개시장조작은 증권매매, 통화안정증권 발행·환매, 통화안정계정 예수 등 세 가지 대표적인 형태로 이루어진다.
지급준비 제도	일반 은행은 예금자의 인출 요구에 언제나 응할 수 있도록 예금의 일정 비율을 지급 준비금으로 한국은행에 예치하여 보유하도록 되어 있다. 지급 준비율 정책은 지급 준비금의 비율을 인상 또는 인하하여 통화량을 조절하는 정책이다. 즉, 시중에 돈의 양이 많을 때에는 지급 준비율을 인상시켜 은행의 대출 여유 자금을 감소시키고, 적을 때에는 지급준비율을 인하함으로써 은행의 대출 여유 자금을 증가시켜 통화량을 증가시킨다.
여·수신 정책	한국은행이 금융 기관을 대상으로 예금 수신 및 대출을 통해 자금의 수급을 조절하는 정책을 말한다. 통화 정책의 운용 목표로 단기 시장 금리를 채택하면서 안정적인 목표 관리를 위해 여유 자금을 흡수하기 위한 수단으로 예금 제도를 운영하고 있다는 점에서 대출 정책보다는 여·수신 정책으로 사용되고 있다. 즉, 금융 기관으로부터 예금을 받거나 금융 기관에 대출을 해 줌으로써 여유 자금을 조절하는 것이다.

Answer 22.② 23.③

24 다음 중 일반 은행의 업무가 아닌 것은?

> ㉠ 대출업무   ㉡ 예금업무
>
> ㉢ 내국환 업무   ㉣ 보호 예수 업무
>
> ㉤ 지급 결제 제도 업무

① ㉠, ㉡   ② ㉡, ㉣

③ ㉠, ㉣   ④ ㉤

 한국은행은 지급 결제가 편리하고 안전하게 이루어지도록 지급 결제 제도의 운영 및 관리를 하고 있다.

※ **일반은행의 업무** … 「은행법」에 따르면 은행의 업무에는 은행만이 할 수 있는 예금·적금의 수입 등 고유업무와 채무의 보증 또는 어음의 인수, 보호예수 등 은행업무에 부수하는 업무인 부수업무, 은행업이 아닌 업무로서 「자본시장과 금융투자업에 관한 법률」에 따른 신탁업무 등의 겸영업무로 구분하고 있다.

구분	내용
고유업무	• 예금·적금의 수입 또는 유가증권, 그 밖의 채무증서의 발행 • 자금의 대출 또는 어음의 할인 • 내국환·외국환
부수업무	• 채무의 보증 또는 어음의 인수 • 상호부금 • 팩토링 • 보호예수 • 수납 및 지급대행 • 지방자치단체의 금고대행 • 전자상거래와 관련한 지급대행 • 은행업과 관련된 전산시스템 및 소프트웨어의 판매 및 대여 • 금융 관련 연수, 도서 및 간행물 출판업무 • 금융 관련 조사 및 연구업무
겸영업무	• 파생상품 업무 • 국채증권, 지방채증권 및 특수채증권의 업무 • 집합투자업무 및 신탁업 업무 • 환매조건부매도와 매수업무 • 보험대리점업무 및 신용카드업무 등

25 은행 등이 예금자의 귀중품 · 유가증권 등을 요금을 받고 보관하는 행위를 무엇이라 하는가?

① 보호예수 ② 상호부금

③ 지급준비 ④ 팩토링 업무

 보호예수란 은행 등이 예금자의 귀중품 · 유가증권 등을 요금을 받고 보관하는 행위를 말한다. 보호예수에는 목적물의 내용을 명시하여 보관하는 개봉예수와 봉함한 채로 보관하는 봉함예수가 있으며, 은행이 금고의 일부를 열쇠와 함께 빌려주는 대여금고도 은행업무상 보호예수에 포함되어 있으나, 법률적으로는 임대차계약으로 보호예수와는 성질이 다르다.

26 화폐의 발달 순서로 올바른 것은?

① 상품화폐 → 지폐 → 신용화폐 → 금속화폐 → 전자화폐

② 상품화폐 → 지폐 → 금속화폐 → 신용화폐 → 전자화폐

③ 금속화폐 → 상품화폐 → 지폐 → 신용화폐 → 전자화폐

④ 상품화폐 → 금속화폐 → 지폐 → 신용화폐 → 전자화폐

 화폐는 시대에 따라 여러 가지 재료와 모양으로 사용되어 왔으며 시대에 흐름에 따라 상품화폐 → 금속화폐 → 지폐 → 신용화폐 → 전자화폐로 발전해 왔다.

※ 화폐의 종류

구분	내용
상품화폐	실물화폐로도 불리며 원시사회에서 물물교환시 발생하는 불편을 줄이기 위해 조개, 곡물, 무기, 소금 등 사람들이면 누구나 수용가능한 물품을 이용하였다.
금속화폐	금 · 은으로 주조된 화폐로 상품화폐보다 휴대성과 보관이 용이하나 만들 수 있는 금과 은의 양이 부족하기 때문에 지폐가 출현하게 되었다.
지폐	금속화폐의 단점인 휴대성과 마모성을 보완한 화폐이다. 지폐는 국가가 신용을 보장한다.
신용화폐	은행에서 돈을 대신하여 쓸 수 있도록 발행한 수표, 어음, 예금화폐 등으로 은행화폐로도 불린다.
전자화폐	정보통신사업의 발달로 등장한 것으로 기존의 현금의 성질을 전자적인 정보로 변형시킨 새로운 형태의 화폐이다.

Answer↱ 24.④ 25.① 26.④

27 한 나라의 화폐 액면가를 가치변동 없이 동일한 비율의 낮은 숫자로 끌어내리거나, 아예 통화 단위와 호칭을 변경하는 조치를 나타내는 용어는?

① 리디노미네이션   ② 인플레이션

③ 스태그플레이션   ④ 인스타제이션

 정답은 리디노미네이션이다. 우리나라에서는 1950년대 이후 지금까지 2회 리디노미네이션 이 실행된 경험이 있다.

※ 리디노미네이션(Redenomination) … 리디노미네이션은 화폐단위를 변경하는 것으로 통용 되는 모든 지폐와 동전의 액면을 1,000 대 1 또는 100 대 1 등과 같이 동일한 비율의 낮은 숫자로 변경하는 것을 뜻한다. 리디노미네이션을 단행할 경우 실질적인 의미에서 가치가 변동하거나 자산 규모가 줄어드는 것은 아니므로 리디노미네이션은 돈의 여러 가지 기능 중에서 가치척도 기능인 표시 단위를 변경하는 정책이라고 할 수 있다. 한편 리디노미네이션을 할 때 화폐의 호칭을 바꾸지 않으면 경제생활에 혼란이 일어날 수 있 기 때문에 보통 화폐의 호칭도 함께 변경을 한다.

28 일반 은행(시중은행)의 특징이 아닌 것은?

① 다른 금융 기관에 비하여 상대적으로 낮은 금리로 대출을 받을 수 있다.

② 전국 어느 곳에서나 입금과 출금이 자유롭다.

③ 신용 카드, 현금 자동 입출금, 인터넷 뱅킹, 공과금 자동 납부 등 다양한 부대 서 비스를 받을 수 있다.

④ 저축 상품의 종류가 상대적으로 가장 적다.

 일반 은행은 「은행법」의 규제를 받는 금융기관이다. 단기 금융을 주로 하는 상업 은행이면 서, 기업이나 가계로부터 받은 예금을 대출 자금으로 하는 예금 은행으로 저축 기관 중 가 장 다양한 저축 상품을 취급하고 있다.

29 통화지표의 기본적 3 요소가 아닌 것은?

① 금융상품   ② 통화보유주체

③ 통화발행주체   ④ 통화유통주체

 통화지표는 기본적으로 중요한 세 가지 요소에 의해 결정된다. 통화총량지표의 구성요소인 금융상품, 통화보유주체, 그리고 통화발행주체이다. 즉, 통화지표는 통화발행주체가 발행하 는 통화지표에 해당하는 금융상품을 통화보유주체가 얼마만큼 보유하고 있는지를 나타내는 총량으로 정의된다.

30 다음 중 특수은행이 아닌 것은?

① 한국산업은행   ② 한국수출입은행

③ 상호저축은행   ④ 중소기업은행

 특수은행이란 「은행법」의 적용을 받는 일반은행과 달리 특별 단행 법령의 적용을 받는 은행을 말한다. 일반은행의 특성상 특정부문에 대하여 필요한 자금을 충분히 공급하지 못하는 곳에 자금을 원활히 공급하기 위하여 개별법에 따라 설립된 은행을 말하며 상업금융의 취약점을 보완하는 보완금융기관으로서의 기능과 특정부문에 대한 전문금융기관으로서의 기능을 담당한다. 한국산업은행, 한국수출입은행, 중소기업은행, 농협중앙회 신용사업부문, 수협중앙회 신용사업부문이 특수은행에 해당한다.

※ 특수은행

구분	내용
한국산업은행 (Korea Development Bank)	한국산업은행법에 따라 설립된 특수은행으로 정부의 장기자금 융자 업무 및 국제금융, 기업구조조정업무, 기업대출 등을 수행한다. 산업금융채권을 독점발행하며 개인금융보다는 기업금융을 중심으로 운영된다.
중소기업은행 (Industrial Bank of Korea)	중소기업은행법에 따라 중소기업자에 대한 효율적인 신용제도를 확립함으로써 중소기업자의 자주적인 경제활동을 원활하게 하게 하기 위해 설립된 특수은행이다. 중소기업에 대한 금융업무를 수행하며 이를 위해 중소기업 금융채권을 발행한다.
한국수출입은행 (Korea Exim Bank, The Export—Import Bank of Korea)	한국수출입은행법에 의해 설립된 은행으로 수출입, 해외투자 및 해외자원개발 등 대외 경제협력에 필요한 금융을 제공하기 위해 만들어졌다. 한국기업의 자본재 수출과 해외 투자, 해외 자원 개발, 주요 자원의 수입 등에 필요한 중장기 금융을 제공하여 대한민국의 경제발전과 국제협력을 도모하는 역할을 맡는다.
수협중앙회 신용사업부문	「수산업협동조합법」에 따라 어업인과 수산물가공업자의 경제적·사회적·문화적 지위의 향상과 어업 및 수산물가공업의 경쟁력 강화를 도모하기 위해 설립된 은행이다. 수산업협동조합은 회원조합과 중앙회로 구성되어 있으며 수협중앙회는 어업인들이 조직하는 협동조합인 지구별 조합, 업종별 조합, 수산물 가공 조합을 회원으로 하여 구성되어 있다. 바로 수협은행은 지난 1962년에 창립된 수산업협동조합중앙회의 신용사업부문이다.
농협중앙회 신용사업부문	「농업협동조합법」에 의해 설립된 특수은행으로 농업인의 자주적인 협동조직을 바탕으로 농업인의 경제적·사회적·문화적 지위를 향상시키고, 농업의 경쟁력 강화를 위해 조직되었다. 중앙회는 지역조합, 품목조합 및 품목조합연합회를 회원으로 구성되어 있으며 농자재 구입과 자금의 융통, 일반 은행 업무, 회원의 경제활동 지원 사업을 하고 있다.

Answer→   27.①   28.④   29.④   30.③

31 통화의 지표로 사용되지 않는 것은?

① M1

② M2

③ Lf

④ 경상수지

 시중에 유통되고 있는 화폐의 양을 통화량(Money Supply)이라 하며 시중 통화량의 크기와 변동을 측정하기 위한 도구가 바로 통화지표이다. 통화지표는 통화의 성질에 따라 구성된 각각의 통화량의 크기를 나타낸 지표로 통화량의 크기와 변동을 파악하는 기준이 된다. 2006년 국제통화기금(IMF)의 권고와 돈의 흐름에 대한 보다 현실적인 지표가 필요하여 한국은행이 새로운 통화지표를 발표하였다. 기존의 M1(협의의 통화), M2(광의의 통화)는 그대로 두고, M3(총유동성)을 개편하여 Lf(금융기관유동성)로 만들고 L(광의유동성)을 새로 포함시켰다.

※ 통화지표 개념

구분	내용
M1 (협의의 통화)	M1은 가장 일반적인 지불수단인 민간보유 현금과 은행의 요구불예금(예금주의 요구가 있을 때 언제든지 지급할 수 있는 예금)의 합계를 가리킨다. 즉, M1은 현재 가지고 있는 현금처럼 지급을 요구하면 바로 빼 쓸 수 있는 요구불예금, 수시 입출식 저축성예금 등의 양을 의미하는 것이다.
M2 (총통화)	M2는 M1에 저축성예금과 거주자외화예금을 합계한 것을 말한다. 여기서 저축성예금이란 이자율은 높으나 약정기간이 경과해야 현금 인출이 가능한 예금을 말하며, 거주자외화예금은 우리나라 사람이 가진 외화를 예금한 것을 의미한다. M2는 시중 유동성을 가장 잘 파악할 수 있는 지표로 활용된다.
Lf (금융기관유동성)	과거 M3라고 불렸던 것으로 M2에 만기 2년 이상 장기 금융상품과 생명보험 계약준비금, 증권금융 예수금을 더했다. M2에 비해 만기가 길어 저축의 성격도 강하지만 필요하면 쉽게 현금화할 수 있다는 공통점이 있다.
L (광의유동성)	가장 넓은 의미의 지표로 정부와 기업이 발행한 각종 채권과 어음 등이 총망라된다. 금융기관이 공급하는 유동성만을 포괄하고 있는 Lf를 포함한 한 나라 경제가 보유하고 있는 전체 유동성의 크기를 재는 지표다.

32 금융위기가 발생하여 개별 금융기관 또는 전체 금융시장에 돈 부족 사태가 나타날 때 위기 극복을 위하여 돈을 공급해 줄 수 있는 최후의 수단을 뜻하는 것은?

① 재할인제도

② 최종대부자

③ CD

④ 원화예치금

 최종대부자(Lender of Last Resort)란 금융위기가 발생하여 개별 금융기관 또는 전체 금융시장에 돈 부족 사태가 나타날 때 위기 극복을 위하여 돈을 공급해 줄 수 있는 최후의 수단을 뜻한다. 이는 현실적으로 화폐의 독점적 발행권과 무제한 공급능력을 가지고 있는 중앙은행만이 할 수 있다.

33 금리에 대한 내용으로 틀린 것은?

① 금리는 물가 변동을 고려하느냐 안 하느냐에 따라 실질금리와 명목금리로 구분한다.

② 금리는 계산하는 방법에 따라 단리와 복리로 나뉜다.

③ 실질금리는 물가상승에 따른 구매력의 변화를 감안하지 않은 금리이며 명목금리는 실질금리에서 물가상승률을 뺀 금리이다.

④ 금융기관 사이에 단기 자금거래가 주로 이루어지는 콜시장에서 형성되는 금리를 콜금리라 한다.

 명목금리는 물가상승에 따른 구매력의 변화를 감안하지 않은 금리이며 실질금리는 명목금리에서 물가상승률을 뺀 금리이다.

34 금융기관이 영업과정에서 예기치 못한 손실을 입는 경우에도 정부나 중앙은행의 자금지원 없이 스스로 손실을 감당할 수 있을 만큼의 최소 자본을 사전에 쌓아 두도록 하는 제도는?

① 지급여력제도
② 유동성
③ 자기자본규제제도
④ RBC 제도

 금융기관은 영업을 하는 과정에서 다양한 위험에 노출되어 있으며 이를 적절하게 관리하지 못하는 경우 도산할 수도 있다. 예를 들어 은행은 대출한 자금을 만기에 완전히 상환받지 못할 수 있는 위험, 즉 신용위험에 노출되어 있다. 이외에도 은행은 보유하고 있는 채권이나 주식의 가격 하락, 직원의 자금 횡령 등 다양한 종류의 위험에 노출되어 있다. 따라서 은행이 도산하지 않고 영업을 지속할 수 있으려면 위험이 현실화되어 손실로 나타난 경우에도 이를 충당할 수 있을 만큼의 자본을 보유할 필요가 있는데 이를 제도화한 것이 자기자본규제제도이다. 즉 자기자본규제제도는 금융기관이 영업과정에서 예기치 못한 손실을 입는 경우에도 정부나 중앙은행의 자금지원 없이 스스로 손실을 감당할 수 있을 만큼의 최소 자본을 사전에 쌓아 두도록 하는 제도가 바로 자기자본규제제도이다.

바젤은행감독위원회는 2010년 12월 금융위기의 교훈을 바탕으로 은행부문의 복원력 제고를 위해 현행 자본규제체계를 크게 강화한 '바젤Ⅲ 규정기준서'를 발표하였다. 이 기준서의 주요 내용은 규제자본의 질(質)과 양(量)을 강화하고 레버리지비율 규제를 신설하는 등 글로벌 규제자본체계를 강화하고 글로벌 유동성 기준을 새로 도입하는 것이다.

④ RBC제도는 보험권역에 적용되는 자기자본 규제제도를 말한다. 보험회사가 예상치 못한 손실발생 때에도 보험계약자에 대한 보험금 지급의무를 이행할 수 있도록 책임준비금 외에 추가로 순자산을 보유하도록 하는 제도이다.

Answer 31.④ 32.② 33.③ 34.③

35 금융시스템에 대한 설명으로 옳지 못한 것은?

① 금융시스템은 각종 경제활동의 거래결과를 완결해주는 기능인 청산 및 지급결제기능을 수행한다.

② 금융시장은 개인을 통해 자금중개가 이루어지는 대출시장, 장단기 금융상품이 거래되는 전통적 의미의 금융시장, 외환시장, 파생금융상품시장으로 구성된다.

③ 최근에는 금융공학과 정보통신기술의 발전 등으로 파생금융상품의 종류가 더욱 다양화, 국제화되고 있으며 그 거래규모도 더욱 증대되는 추세이다.

④ 중앙은행의 금리정책은 금융시장에서 공개시장조작 등을 통해 실행되며 정책의 효과는 금융시스템을 거쳐 실물경제로 파급된다.

- 금융시장은 금융기관을 통해 자금중개가 이루어지는 대출시장, 장단기 금융상품이 거래되는 전통적 의미의 금융시장, 외환시장, 파생금융상품시장으로 구성되어 있다.
- 대출시장은 은행, 상호저축은행, 상호금융, 신용협동조합 등과 같은 예금취급 금융기관을 통해 다수의 예금자로부터 자금이 조달되어 최종 자금수요자에게 공급되는 시장을 말한다. 또한 신용카드회사와 같은 여신전문금융회사가 제공하는 현금서비스나 판매신용도 대출시장에 포함된다. 대출시장은 차주에 따라 기업대출시장과 가계대출시장으로 구분할 수 있다.
- 전통적 금융시장은 거래되는 금융자산의 만기에 따라 자금시장과 자본시장으로 구분된다. 자금시장은 단기금융시장이라고도 하는데 콜시장, 한국은행 환매조건부증권매매시장, 환매조건부증권매매시장, 양도성예금증서시장, 기업어음시장 등이 자금시장에 해당된다. 자본시장은 장기금융시장이라고도 하며 주식시장과 국채, 회사채, 금융채 등이 거래되는 채권시장 그리고 통화안정증권시장 등이 여기에 속한다.
- 외환시장은 외환의 수요와 공급에 따라 외화자산이 거래되는 시장으로 우리나라에서는 교역규모 확대, 외환자유화 및 자본시장 개방, 자유변동환율제 도입 등에 힘입어 주로 원화와 달러화를 중심으로 이종통화간의 거래가 활발히 이루어지고 있다. 한편 외환시장은 전형적인 점두시장의 하나로서 거래 당사자에 따라 외국환은행간 외환매매가 이루어지는 은행간시장과 은행과 비은행 고객간에 거래가 이루어지는 대고객시장으로 구분된다. 은행간 시장은 금융기관, 외국환중개기관, 한국은행 등의 참여하에 대량의 외환거래가 이루어지고 기준환율이 결정되는 도매시장으로서 일반적으로 외환시장이라 할 때는 은행간시장을 말한다.
- 파생금융상품시장은 전통 금융상품 및 외환의 가격변동위험과 신용위험 등 위험을 관리하기 위해 고안된 파생금융상품이 거래되는 시장이다. 우리나라의 경우 외환파생상품 위주로 발전되어 왔으나 1990년대 중반 이후에는 주가지수 선물 및 옵션, 채권선물 등이 도입되면서 거래수단이 다양화되고 거래규모도 크게 확대되고 있다.

36 지급결제에 대한 내용으로 적절하지 못한 것은?

① 경제주체들이 경제활동에 따른 채권채무관계를 지급수단으로 이용하여 해소하는 행위를 지급결제라고 한다.

② 생활용품을 구입하거나 서비스를 이용하고 그 값을 치를 때 현금, 수표 또는 신용카드와 같은 지급수단을 사용하는 것은 지급결제라 볼 수 없다.

③ 우리나라의 중앙은행인 한국은행이 지급결제제도의 원활한 운영과 안정의 기능을 수행한다.

④ 우리나라에서는 현금뿐만 아니라 어음, 수표, 계좌이체, 각종 카드 및 전자화폐 등 현금 이외의 지급수단이 거래규모나 거래의 성격에 따라 다양하게 사용되고 있다.

> (Tip) 경제주체들이 경제활동에 따른 채권채무관계를 지급수단을 이용하여 해소하는 행위를 지급결제라고 한다.
> 우리는 생활용품을 구입하거나 서비스를 이용하고 그 값을 치를 때 현금, 수표 또는 신용카드와 같은 지급수단을 사용한다. 기업도 원자재를 구입하거나 종업원에게 급여를 줄 때 어음·수표 또는 계좌이체 등의 지급수단을 이용한다. 정부도 재정지출을 집행하거나 개인·기업으로부터 세금을 걷을 때 현금이나 신용카드 또는 수표, 계좌이체 등을 지급수단으로 사용한다.
> 이렇게 경제주체들이 각종 경제활동에 따라 거래당사자들 사이에서 발생하는 채권·채무관계를 지급수단을 이용하여 해소하는 행위를 지급결제라고 한다. 우리가 신용카드로 대금을 치르는 것도, 가까운 금융기관을 통해 지방에 사는 친지에게 송금하는 것도, 매달 자동계좌이체서비스를 이용하여 휴대전화요금을 내는 것도 모두 지급결제의 예이다.

37 금융위원회에 대한 설명으로 잘못된 것은?

① 금융시장의 안정과 금융산업의 선진화를 꾀하고, 건전한 신용질서와 공정한 금융거래관행을 확립하고자 설립된 기관이다.

② 금융정책, 외국환업무 취급기관의 건전성 감독 및 금융감독에 관한 업무를 수행하게 하기 위하여 대통령 소속으로 금융위원회를 두고 있다.

③ 자본시장의 관리·감독 및 감시 등에 관한 사항, 금융소비자의 보호와 배상 등 피해구제에 관한 사항 등을 관장한다.

④ 금융위원회는 금융감독원의 업무·운영·관리에 대한 지도와 감독을 하는 권한을 가지고 있다.

> (Tip) 금융정책, 외국환업무 취급기관의 건전성 감독 및 금융감독에 관한 업무를 수행하게 하기 위하여 국무총리 소속으로 금융위원회를 두고 있다.

Answer 35.② 36.② 37.②

38 세계금융그룹(World Bank Group)의 부속기관이 아닌 것은?

① 국제부흥개발은행(IBRD) ② 국제금융공사(IFC)

③ 국제투자분쟁해결본부(ICSID) ④ 유럽부흥개발은행(EBRD)

 유럽부흥개발은행(EBRD)은 지역개발금융기구의 한 종류이다.

※ 국제금융기구의 분류

기구	부속기관
상품공동기금(CFC)	
국제통화기금(IMF)	
세계금융그룹(World Bank Group)	• 국제부흥개발은행(IBRD) • 국제금융공사(IFC) • 국제개발협회(IDA) • 국제투자분쟁해결본부(ICSID) • 국제투자보증기구(MIGA)
국제결제은행(BIS)	• 바젤은행감독위원회(BCBS) • 지급결제제도위원회(CPSS) • 세계금융제도위원회(CGFS) • 시장위원회(MC)
지역개발금융기구	• 유럽부흥개발은행(EBRD) • 미주개발은행(IADB) • 아시아개발은행(ADB) • 아프리카개발은행(AfDB)

39 국제통화기금에서 만드는 일종의 가상화폐로 국제통화기금 회원국의 국제수지가 악화될 경우 담보 없이 필요한 만큼의 외화를 인출할 수 있는 권리를 뜻하는 것은?

① 특별인출권 ② 유동외채비율

③ 다자화 기금 ④ 외국환평형기금채권

 특별인출권(SDR ; Special Drawing Rights)이란 국제통화기금에서 만드는 일종의 가상화폐로 국제통화기금 회원국의 국제수지가 악화될 경우 담보 없이 필요한 만큼의 외화를 인출할 수 있는 권리를 말한다. 1969년에 만들어졌으며 SDR은 SDR은 금이나 달러의 뒤를 잇는 제3의 통화로 간주되고 있으며, IMF가 가맹국의 출자액 비율에 따라 무상으로 배분한다.

40 외화자금의 수급조절을 위해 정부가 발행하는 채권으로 자국통화의 대외가치 안정과 투기적 외화의 유출·유입에 따른 악영향을 막기 위해 정부가 조성한 자금은?

① 패스트트랙

② 외국환평형기금

③ 양적완화기금

④ 지방보조금

 자국통화의 대외가치 안정과 투기적 외화의 유출·유입에 따른 악영향을 막기 위해 정부가 조성한 자금이 외국환평형기금이고 이 기금 마련을 위해 대한민국 정부가 발행하고 보증하는 국채를 외국환평형기금채권이라 한다. 줄여서 '외평채'라고 한다.

Answer 38.④ 39.① 40.②

02 경제일반

1 다음에서 설명하고 있는 개념은 무엇인가?

> 두 재화가 서로 비슷한 용도를 지녀 한 재화 대신 다른 재화를 소비하더라도 만족에 별 차이가 없는 관계를 말한다. 서로 경쟁적인 성격을 띠고 있어 경쟁재라고노 하며 소비자의 효용 즉, 만족감이 높은 쪽을 상급재, 낮은 쪽을 하급재라 한다. 만약 두 재화 A, B가 대체재라면 A재화의 가격이 상승(하락)하면 A재화의 수요는 감소(증가)하고 B재화의 수요는 증가(감소)한다.

① 대체재   ② 보완재

③ 독립재   ④ 정상재

 ② 한 재화씩 따로 소비하는 것보다 두 재화를 함께 소비하는 것이 더 큰 만족을 주는 재화의 관계를 말한다.
③ 한 재화의 가격이 다른 재화의 수요에 아무런 영향을 주지 않는 재화의 관계를 말한다.
④ 우등재 또는 상급재라고도 하며 소득이 증가(감소)하면 수요가 증가(감소)하여 수요곡선 자체가 우상향(좌상향)으로 이동한다.

2 다음 중 원료비가 하락과 관련된 현상으로 옳지 않은 것은?

① 기업들은 상품을 더 낮은 가격에 팔 수 있다.

② 기업들은 같은 가격에 더 적은 양을 팔 수 있다.

③ 공급곡선이 오른쪽으로 이동 될 수 있다.

④ 임금, 이자 등이 저렴해질 때도 같은 현상을 보인다.

② 생산비용이 하락하면 기업들은 같은 가격에 더 많은 양을 생산할 수 있기 때문에 더 많은 양을 팔 수 있다.

3 다음의 가격탄력성 크기에 어울리는 개념으로 옳은 것은?

$$E_d = 0$$

① 비탄력적   ② 단위탄력적

③ 완전비탄력적   ④ 완전탄력적

 가격탄력성의 구분

가격탄력성 크기	용어
$E_d = 0$	완전비탄력적
$0 < E_d < 1$	비탄력적
$E_d = 1$	단위탄력적
$1 < E_d < \infty$	탄력적
$E_d = \infty$	완전탄력적

4 다음 중 최고가격제에 관한 설명으로 옳지 않은 것은?

① 최고가격제는 가격의 상한을 설정하고 그 이상으로 가격을 받지 못하도록 하는 정책이다.

② 최고가격제를 통해 소비자는 이전보다 낮은 가격으로 재화를 구입할 수 있다.

③ 최고가격은 균형가격보다 낮은 가격에서 설정되므로 초과수요가 발생하고 암시장의 출현 가능성이 커진다.

④ 최고가격제의 시행으로 생산자의 수익성을 보장하고 제품의 잉여량을 확보할 수 있으며 특히 최저임금제 등으로 노동자를 보호할 수 있다.

 ④는 최저가격제의 효과이다.

Answer↱ 1.① 2.② 3.③ 4.④

5 아래의 내용을 읽고 괄호 안에 들어갈 말로 가장 적절한 것을 고르면?

> 이는 "꿩 대신 닭"의 관계를 의미하는 것으로 쇠고기와 돼지고기, 쌀과 빵, 버터와
> 마가린처럼 서로 사용 가능한 재화를 의미한다.

① 보완재 ② 정상재

③ 대체재 ④ 독립재

 대체재는 재화 중에서 동일한 효용을 얻을 수 있을 때 사용하는 용어를 의미한다. 다시 말
해 두 재화가 서로 비슷한 용도를 지녀 한 재화 대신 다른 재화를 소비하더라도 만족에 있
어 별 다른 차이가 없는 관계를 뜻한다.

6 다음에서 설명하고 있는 개념은 무엇인가?

> 소비자에게 동일한 만족 또는 효용을 제공하는 재화의 묶음들을 연결한 곡선을
> 말한다. 즉 총효용을 일정하게 했을 때 재화의 조합을 나타내는 것으로 무차별곡선
> 상의 어떤 조합을 선택하여도 총효용은 일정하다. 때문에 만약 X재의 소비량을 증
> 가시키는데 Y재의 소비량이 그대로라면 총효용은 증가하게 되어 무차별곡선 자체가
> 이동하게 되므로 Y재의 소비량은 감소시켜야 한다. 즉, 한 재화의 소비량을 증가시
> 키면 다른 재화의 소비량은 감소하므로 무차별곡선은 우하향하는 모습을 띤다.

① 무차별곡선 ② 개인수요곡선

③ 등량곡선 ④ 보상수요곡선

 ② 개인수요곡선은 한 재화의 가격과 한 소비자가 구매하고자 하는 해당 재화 양과의 관계
　　를 나타낸다.
　　③ 같은 양의 재화를 생산할 수 있는 생산요소 투입량의 조합들로 구성된 곡선으로 일반적
　　인 형태는 우하향하는 곡선이다.

7 다음 빈칸에 들어갈 내용으로 적절한 것은?

$$\text{노동의 평균생산물}(AP_L) = \frac{\text{생산량의 변화}}{(\qquad\qquad)}$$

① 자본투입량의 변화
② 노동투입량의 변화
③ 경제활동인구
④ 비경제활동인구

 $\text{노동의 평균생산물}(AP_L) = \dfrac{\text{생산량의 변화}}{\text{노동투입량의 변화}}$

8 다음 중 수요의 가격탄력성에 관한 설명으로 옳지 않은 것은?

① 대체재의 수가 많을수록 그 재화는 일반적으로 탄력적이다.
② 사치품은 탄력적이고 생활필수품은 비탄력적인 것이 일반적이다.
③ 재화의 사용 용도가 다양할수록 비탄력적이다.
④ 수요의 탄력성을 측정하는 기간이 길수록 탄력적이다.

 수요의 가격탄력성 결정 요인
㉠ 대체재의 수가 많을수록 그 재화는 일반적으로 탄력적이다.
㉡ 사치품은 탄력적이고 생활필수품은 비탄력적인 것이 일반적이다.
㉢ 재화의 사용 용도가 다양할수록 탄력적이다.
㉣ 수요의 탄력성을 측정하는 기간이 길수록 탄력적이다.

Answer ↦ 5.③ 6.① 7.② 8.③

9 다음 중 '규모에 대한 수확'에 관한 설명으로 옳지 않은 것은?

① 모든 생산요소의 투입량이 2배 증가하였을 때 생산량이 정확히 2배 증가하는 경우를 규모에 대한 수확불변이라고 한다.

② 모든 생산요소의 투입량이 2배 증가하였을 때 생산량이 2배보다 더 크게 증가하는 경우를 규모에 대한 수확체증이라고 한다.

③ 규모에 대한 수익체증의 경우는 분업화나 기술혁신 등으로 자연독점이 발생할 가능성이 있다.

④ 모든 생산요소의 투입량이 1.5배 증가하였을 때 생산량이 3배보다 작게 증가하는 경우를 규모에 대한 수확체감이라고 한다.

 ④ 모든 생산요소의 투입량이 2배 증가하였을 때 생산량이 2배보다 작게 증가하는 경우를 규모에 대한 수확체감이라고 한다.

10 다음에서 설명하고 있는 개념은 무엇인가?

> 한 기업이 2종 이상의 제품을 함께 생산할 경우 각 제품을 다른 기업이 각각 생산할 때보다 평균비용이 적게 드는 현상을 말한다. 이는 생산요소의 기능을 조절하여 효율적으로 생산하는 것을 말한다. 범위의 경제는 인수합병의 이론적 근거가 되며, 평균 비용과 한계비용의 절감 효과가 있다.

① 정부 실패　　　　　　　② 외부 효과
③ 외부 경제　　　　　　　④ 범위의 경제

 ① 정부 실패란 정부가 시장에 대한 불완전 정보와 능력의 한계 등으로 제대로 기능을 발휘하지 못하는 경우를 말한다.
② 외부효과란 시장 가격기구와는 별개로 다른 경제주체에게 의도하지 않은 혜택이나 손해를 입히는 것을 말한다.
③ 외부 경제는 기업의 생산 활동이나 개인의 행위가 다른 기업이나 개인에 직접적, 부수적으로 이익을 주며 유리한 영향을 끼치는 것을 뜻한다.

11 다음 ( ) 안에 들어갈 것은?

> 정책당국은 ( )을 실행하기 위해 정부의 재정권한을 이용하거나 또는 중앙은행의 통화량 및 금리 조절 방식 등을 이용하게 된다. 경기불황에서는 정부지출을 늘리거나 조세를 줄이는 재정정책 및 통화량을 늘리거나 금리를 내리는 통화정책이 활용이 된다.
>
> 이와 반대로 경기가 지나치게 과열될 때는 정부지출을 줄이거나 조세를 늘리는 재정정책 또는 통화량을 줄이거나 금리를 올리는 통화정책이 활용된다. 결국 ( )은 재정 또는 통화정책을 이용하여 국가경제 전체의 재화 또는 서비스에 대한 수요를 조절하는 데 목적을 두고 있다.

① 경기조절정책
② 금리조절정책
③ 통화증가정책
④ 라이즈업

 ① 경기가 과열되거나 침체되는 경우 경제의 정상수준을 회복하기 위해 정책당국이 이에 맞는 정책을 취하게 되는데 이를 경기조절정책이라고 한다. 경기조절정책에는 국민경제 전체의 입장에서 경기순환의 파동을 인식하여 그것이 국민경제에 미치는 불안정적 영향을 완화시키려는 정책으로 '통화정책'과 '재정정책'으로 구분된다.

Answer ⇢ 9.④ 10.④ 11.①

12 다음 중 경제활동의 주체로 구분하기 어려운 것은?

① 가계   ② 기업

③ 외국   ④ 비정부단체(NGO)

 경제활동을 수행하는 주체는 가계(소비), 기업(생산), 정부(소비+생산)와 해외부문인 외국 (무역)으로 구분할 수 있다. 과거 무역이 활발하지 않았던 시절에는 경제활동에서 외국이 차지하는 비중은 높지 않았으나, 자유무역체제가 도래한 현재 외국은 경제활동에 상당한 비중을 차지한다.

※ 경제 활동의 주체

구분	내용
가계	가계란 자율적으로 경제활동을 하는 개인이나 가구(家)를 가리킨다. 이들은 또다른 경제 주체인 기업이나 정부에 노동력을 제공하여 생산활동의 대가로 임금을 얻고, 토지나 자금을 제공하기도 하면서 지대(타인의 토지 사용에 따른 대가)나 배당(이윤)을 얻어 자신에게 필요한 재화와 용역을 구입하는 소비 경제의 주체이다. 가계들의 소비는 기업의 생산활동에 커다란 영향을 미치며, 소비 후 남은 돈을 금융기관에 저축을 때문에 기업 투자 자금을 제공하는 원천이 되기도 한다.
기업	기업은 토지, 노동 , 자본의 생산 요소를 이용하여 생산물을 생산하는 생산 경제의 주체이다. 기업은 최대이윤을 얻기 위해 생산물을 만들어 판매하고 가계와 정부에 필요한 재화와 용역을 생산·공급하는 역할을 한다. 그리고 생산활동을 하면서 근로자를 고용하기 때문에 현 경제체제에서 가장 중요한 부분을 차지한다.
정부	가계와 기업으로부터 세금을 걷어 국방, 치안, 교육 등의 공공 서비스를 제공하는 공공 생산 경제의 주체이다. 정부는 가계와 기업에게서 거둬들인 세금으로 국가 행정에 필요한 경비를 지출하는 소비의 주체이면서, 공공서비스를 생산하는 생산 경제의 주체이기도 하다. 정부는 사회보장제도 등을 운영하면서 국민의 복리후생을 최대화하는 데 목적을 두고 있다.
외국	현대와 같은 외국과의 경제 교류가 활발해져 각 나라의 경제 규모에서 수출과 수입이 차지하는 비중이 높아지고 있는 상태에서는 외국도 중요한 경제활동의 주체로 분류된다. 외국은 무역을 통한 국가 경제 이익을 목적으로 움직이기 때문에 무역 의존도가 높은 국가에서 더욱 중요한 경제 주체로 인식된다.

13 ( ) 안에 알맞은 것은?

> 2009년 12월 당시 공정거래위원회는 국내 LPG 업체 6개사가 약 6년간 충전소 판매 가격을 놓고 담합했다며 시정명령과 함께 과징금 6,689억 원을 부과한 바 있다. 당시 담합 사실을 자진 신고한 두 업체에 대해서는 각각 1,987억 원, 1,602억 원을 부과 받았지만, 1, 2위를 차지하며 과징금을 면제 받았다. 이처럼 담합행위를 자진 신고하거나 조사에 협조할 경우 부과된 과징금을 면제해주는 (   )은 업체 간 담합 적발에 유용하게 이용되는 제도이다.

① 리니언시   ② 젠트리피케이션
③ ICIJ   ④ 사이버 리터러시

 ① 리니언시란 담합했다는 사실을 먼저 신고하면 과징금을 면제해주는 제도를 말한다. 불공정행위에 대한 조사의 효율성을 높이고 담합을 방지하기 위해 도입되었으며 담합을 처음 신고하면 과징금의 100%를, 2순위로 하면 50%를 각각 면제해주도록 되어 있다.

14 다음 중 틀린 것은?

① 소비자물가지수는 일반소비자들이 일상생활에서 지출하는 비용의 변동을 파악하기 위하여 상품을 구입하거나 서비스를 사용하는 대가로 지불하는 평균가격변동을 측정한다.
② 지니계수는 소득분배를 보여 주는 지표로 소득분배의 불평등 정도에 따라 0에서 1까지의 값을 가지며, 그 값이 클수록 소득분배가 공평한 것으로 볼 수 있다.
③ 15세 이상 인구는 경제활동인구와 비경제활동인구로 나뉜다.
④ 경제활동인구는 취업자와 실업자로 나뉘고 비경제활동인구에는 취업이나 구직활동이 전혀 없는 전업주부나 재학생, 구직단념자, 취업준비자 등 다양한 형태가 있다.

 ② 지니계수는 소득분배를 보여 주는 지표로 소득분배의 불평등 정도에 따라 0에서 1까지의 값을 가지며, 그 값이 클수록 소득분배가 불평등하다는 것을 의미한다. 지니계수와 같은 소득분배지표는 평상적인 소득분배를 봐야 하므로 소득의 편차가 큰 월별 또는 분기별로 작성하는 것은 적합하지 않으며, 우리나라 보편적 소득 사이클이 연간이므로 통계청에서는 연주기로 지니계수를 작성하여 공표하고 있다.

Answer↱ 12.④ 13.① 14.②

15 17세 고등학생 甲은 패스트푸드점에서 일하고 있으며, 甲의 엄마 乙은 주부이다. 甲의 아버지 丙은 일용직 근로자를 일을 하며, 14세의 동생 丁은 학생이다. 甲 가족의 고용률은?

① 20% ② 30%

③ 40% ④ 50%

④ 고용률이란 15세 이상 인구 중 취업자의 비율로 고용률 $= \frac{(취업자)}{15세 이상 인구} \times 100$ 으로 알 수 있다.

실업률은 경제활동인구에서 실업자의 비율을 의미하며, 경제활동인구는 만 15세 이상 인구 가운데 취업자와 구직활동을 하고 있는 실업자를 합한 인구수다. 일할 의사가 없는 전업주부, 학생은 경제활동인구에서 제외된다. 4명의 가족 가운데 노동가능인구는 만 15세 이상 이므로 丁은 제외된다. 취업자는 아버지 丙과 甲 총 두 명이다. 따라서 고용률은 $\frac{2}{4} \times 100$ 으로 50%이다.

실업률만 보아서는 정확한 고용동향을 파악하는 데 한계가 있으므로 고용률이란 지표를 동시에 볼 필요가 있다. 예를 들어, 취업난이 장기간 지속되어 실업자 중 상당수가 일자리 찾기를 포기하고 가사나 취업준비를 하게 된다면 이들은 실업자에서 이제는 비경제활동인구로 분류되어 실업률은 오히려 떨어지게 된다. 따라서 실업자와 비경제활동인구 간의 이동으로 인한 실업률 왜곡현상이 나타날 수 있다.

16 다음 중 옳지 않은 것은?

① 상대적 빈곤율이란 소득이 중위소득의 50% 미만인 계층이 전체인구에서 차지하는 비율을 말한다.

② 중위소득이란 인구를 소득 순으로 나열했을 때 한 가운데 있는 사람의 소득을 말한다.

③ 상대적 빈곤율은 소득이 빈곤선도 안 되는 빈곤층이 전체 인구에서 차지하는 비율로 상대적 빈곤율이 낮다는 것은 그만큼 상대적으로 가난한 국민이 많다는 것을 의미한다.

④ 처분가능소득이란 소득에서 세금이나 사회보장부담금, 비영리단체로 이전, 타가구로의 이전 등의 비소비지출을 공제하고 남는 소득, 즉 가구에서 이전되는 부분을 제외하고 자유롭게 소비지출할 수 있는 소득을 말한다.

③ 상대적 빈곤율은 소득이 중위소득의 절반도 안 되는 빈곤층이 전체 인구에서 차지하는 비율이기 때문에 상대적 빈곤율이 높다는 것은 그만큼 상대적으로 가난한 국민이 많다는 것을 의미한다.

17 다음 내용을 토대로 추론한 것 중 옳지 않은 것은?

> 시장경제의 사상적 기초를 마련한 애덤 스미스는 각 개인이 자신의 이익을 추구할 때에 시장가격이 보이지 않는 손과 같은 역할을 수행함으로써 사회가 조화를 이루면서 발전한다고 주장하였다.

① 시장경제는 자유방임주의를 기초로 한다.
② 시장경제에서는 개인의 이윤추구가 인정된다.
③ 시장경제에서는 정부의 경제적 규제가 필요하다.
④ 시장경제는 사유재산 제도를 전제로 하고 있다.

 시장 경제는 이윤추구를 목적으로 하는 자본이 지배하는 경제체제로 경제적 합리주의를 바탕으로 사유재산과 자유를 보장하면서 개별 경제주체가 최대 이익을 추구하는 과정에서 시장이나 가격기구에 의해 경제문제가 해결되는 방식으로 운영되는 구조이다. 따라서 정부의 경제적 규제가 필요 없다. 시장 경제는 근대 산업 혁명과 더불어 발전하였으며, 효율성을 중시한다.

※ **시장경제체제의 이론적 토대**

구분	내용
작은 정부론	모든 경제부문은 시장 기능에 맡기고 정부는 공공의 안녕이나 사회질서와 같은 정부 본연의 기능에만 충실해야 한다는 이론이다.
자유방임주의	국가 권력의 개입을 배제하고 개인의 경제 활동 자유를 최대한 보장하려는 경제 사상이다. 즉, 개인이 이익을 증진하기 위하여 자유롭게 경제활동을 펼칠 경우 '보이지 않는 손'에 의해 개인의 이익뿐만 아니라 사회 전체의 이익을 조화시킬 수 있다고 보는 관념이다.
보이지 않는 손	영국 고전파 경제학자 아담 스미스(Adam Smith)가 그의 저서인 '국부론'에서 사용한 용어로 모든 사람들이 자기의 처지를 개선하려는 이기심에 따라 행동하면 '보이지 않는 손'에 의하여 모든 경제활동이 조정되고 개인과 사회의 조화를 이루게 된다는 내용이다.

Answer → 15.④ 16.③ 17.③

18 인플레이션이 발생할 경우 나타나는 현상이 아닌 것은?

① 메뉴 비용
② 구두창 비용
③ 화폐 가치 감소
④ 부동산 등 실물자산 가치 감소

 물가가 단기간에 빠른 속도로 지속적으로 상승하는 현상을 인플레이션이라 한다. 통화량의 증가로 화폐가치가 하락하고, 모든 상품의 물가가 전반적으로 꾸준히 오르는 경제 현상인 인플레이션은 수 퍼센트의 물가 상승률을 보이는 완만한 것에서부터 수백 퍼센트 이상의 상승률을 보이는 초인플레이션까지 종류도 다양하다.

인플레이션의 종류는 경제 전체의 공급에 비해서 경제 전체의 수요가 빠르게 증가할 때 발생하는 '수요 견인 인플레이션'과 생산 비용이 상승하여 발생하는 '비용 인상 인플레이션' 등이 있으며, 인플레이션이 지속되는 상황에서 부동산 같은 실물자산을 많이 소유한 사람이 재산을 증식하는데 유리하다. 왜냐하면 아파트·가구 등 부동산 실물자산은 인플레이션이 발생해도 실물자산의 가치가 화폐의 가치처럼 떨어지는 것은 아니기 때문이다. 따라서 인플레이션 하에서 수익성이 높은 부동산을 매입해 월세를 통한 현금화와 인플레이션에 의한 자산가치 상승을 노리는 투자가 많아진다.

※ **메뉴 비용과 구두창 비용** … 인플레이션에서는 기업의 메뉴비용(Menu Cost)이나 가계의 구두창비용(Shoe Leather Cost)과 같은 사회적 비용이 발생한다. 메뉴비용이란 가격이 달라지면 기업이 변경된 가격으로 카탈로그 등을 바꾸기 위해 소요되는 비용을 가리킨다. 일반인들은 인플레이션이 예상되면 되도록 현금보유를 줄이고 예금하기 위해 은행을 자주 찾게 되는데 구두창비용이란 은행에 발걸음 하는 것과 관련하여 시간이나 교통비 등이 소요되는 것을 말하는데 자주 다니면 구두창이 빨리 닳는다는 데에 비유하여 붙여진 용어이다.

19 기업에 대한 설명으로 틀린 것은?

① 소비활동의 주체이다.
② 한정된 자원을 최대한 많이 생산하여 이윤을 극대화하려 한다.
③ 기업은 응당 저렴하고 품질 좋은 제품의 공급을 하여야 한다.
④ 고용기회의 창출 노력을 기울여야 한다.

 기업은 생산 활동의 주체이다. 기업은 토지, 노동, 자본이라는 생산 요소를 이용하여 유용한 재화와 용역을 만들어 낸다. 기업은 이윤 추구에 따라 민간 기업(사기업)과 공기업으로 구분할 수 있으며, 철도, 상·하수도 등은 정부가 소유하고 운영하는 대표적인 공익 기업 부문이다. 기업은 저렴하고 품질 좋은 제품의 공급과 고용 창출, 생산 설비의 확충과 기술개발이라는 사회적 역할을 하고 있으며, 공해방지 등의 공익사업에 대한 책임, 근로자 및 소비자의 권리 보호라는 사회적 책임을 다하여야 한다.

20 다음에 들어갈 알맞은 용어는?

> 주식회사가 출자한 몫을 ㉠이라 하고, 이것을 소유한 사람을 ㉡라 하며, 이들이 회사운영의 결과에 따라 받게 되는 이익금의 일부를 ㉢이라 한다.

	㉠	㉡	㉢
①	주주	주식	합병
②	주식	주주	배당
③	주주	배당	합병
④	배당	주식	합병

 ㉠ 주식, ㉡ 주주, ㉢ 배당이다. 주식이란 기업이 발행하는 유가증권의 하나로서 투자자로부터 돈을 받고 그 증표를 발행한 것을 의미하며, 주주권을 나타나는 유가증권을 주권(株券)이라 한다. 배당은 주주가 기업에 출자한 자본의 대가로 받는 이익금의 일부를 가리킨다.

주식회사는 이익이나 이자의 배당 또는 남은재산의 분배에 관하여 내용이 다른 여러 종류의 주식을 발행할 수 있으며, 발행할 수 있는 주식의 종류에는 보통주와 우선주, 후배주, 혼합주, 전환주식 등이 있다.

보통주란 배당을 먼저 받을 수 있는 등의 특별한 권리를 부여받지 않은 일반 주식으로 보통주를 갖는 주주에게는 의결권과 이익배당청구권, 잔여재산 배분권이 부여된다. 우선주란 보통주에 비해 배당이나 남은재산 분배 등에서 우선권을 갖는 주식으로 우선주의 소유자는 보통주를 갖는 주주보다 높은 배당을 받을 수 있으며, 회사의 해산시 잔여재산 분배를 우선하여 받는 권리를 갖는 대신 주주총회에서 의결권을 행사할 수 없다는 경영참여의 제한을 받는 특징이 있다.

Answer↪ 18.④ 19.① 20.②

21 전기, 철도, 상·하수도, 지하철 등의 사업은 정부에 의해 소유, 운영되고 있는데, 그 이유를 적절히 설명한 것끼리 짝지은 것은?

> ㉠ 상품의 성격상 공익성이 강하다.
> ㉡ 국가의 재정수입을 증대시킨다.
> ㉢ 기업이 운영하면 효율성이 떨어진다.
> ㉣ 대규모 설비자금이 소요되는 반면, 비용의 회수가 용이하지 않다.

① ㉠, ㉡   ② ㉠, ㉢

③ ㉠, ㉣   ④ ㉡, ㉢, ㉣

 공기업은 전기·수도·가스·전신전화·철도운수 등의 그 제공되는 서비스가 공공 일상생활에 필요불가결한 사업을 하는 기업을 말한다. 이들은 국가 재정수입보다 공익 목적을 위해 공공기관이 소유나 경영의 주체가 되어 재화나 용역을 공급하는 기업이기 때문에 비용을 다시 회수하는 것은 어렵다.

22 가계와 기업의 경제 활동에 대한 내용으로 적절하지 않은 것은?

① 기업은 사람이 모여서 일정한 법규범에 따라 설립한 법적 인격체를 말한다.

② 기업은 주로 어떤 것을 만들어 내는 생산 활동의 주체라 할 수 있다.

③ 생산물 시장은 기업에서 생산한 재화와 용역이 거래되는 시장을 말한다.

④ 가계와 기업이 모여 하나의 경제 단위를 이루는데, 이를 포괄 경제라고 한다.

 주로 기업은 생산 활동을 담당하고, 가계는 소비 활동을 담당하고 있으며, 가계와 기업이 모여 하나의 경제 단위를 이루는데 이를 민간 경제라고 한다. 가계는 기업에게 생산과정에 참여한 생산요소(토지, 노동, 자본 등)를 제공한 대가로 지대, 임금, 이자, 이윤, 집세, 임대료, 배당금 등을 받는다. 이는 가계입장에서는 가계의 소비생활에 구매력의 원천인 가계의 소득이 되지만 기업이 입장에서 볼 때는 생산요소를 사온 대가를 지불하는 생산비용이 된다. 따라서 가계는 이를 바탕으로 기업이 생산한 재화와 용역을 구입하여 최대만족을 얻는 반면 기업은 이를 통한 생산 활동으로 최대이윤을 추구하는 것이다.

※ 생산물 시장과 생산 요소 시장

구분	내용
생산물	쌀, 자동차, 스마트폰, 영화와 같이 소비를 위한 재화와 통신, 미용 서비스 등을 총칭하며 이들이 거래되는 시장을 생산물 시장이라 한다. 생산물시장에서 가계는 생산물의 수요자이며 기업은 해당 생산물을 공급하는 공급자가 된다.
생산요소	토지, 자본, 노동과 같이 생산에 필요한 요소들을 말하며, 노동시장(구직 박람회), 자본시장(증권거래소)이 대표적인 생산요소 시장이 할 수 있다. 생산요소시장 중에서 노동시장을 예로 들 경우 가계는 생산요소 공급자이며, 기업은 생산요소 수요자로 볼 수 있다. 노동시장에서는 기업이 필요로 하는 '수요'와 '노동 서비스'를 제공하는 가계의 '공급'이 만나 '임금'과 '고용량'이 결정된다.

23 시장에 대한 설명 중 잘못된 것은?

① 시장이란 사고자 하는 자와 팔고자 하는 자 사이에 거래가 이루어지는 장소를 말한다.

② 시장은 백화점, 재래시장과 같이 눈에 보이는 시장은 물론, 노동 시장, 주식 시장과 같이 눈에 보이지 않는 시장도 시장에 포함된다.

③ 시장에서는 공급하려는 측과 수요를 하려는 측의 힘이 항상 작용하지는 않는다.

④ 시장은 물품의 특성에 따라 생산물 시장과 생산 요소 시장으로 분류할 수 있다.

 시장은 매우 다양하게 존재하지만 시장에 이해관계가 대립되는 두 개의 힘이 항상 작용하고 있다는 점에서는 공통점을 갖고 있다. 상품을 판매(공급)하려는 측과 구매(수요)하려는 측의 힘이 항상 겨루면서 공급자는 보다 비싼 가격으로, 수요자는 보다 싼 가격으로 거래하려고 하는 것이다.

생산물 시장은 기업이 만든 재화와 서비스가 거래되는 시장으로, 일반 소비자가 구매하게 되는 시장이며, 생산 요소 시장은 생산에 반드시 필요한 생산요소인 토지, 자본, 노동 등이 거래되는 시장을 말하며, 생산 요소 시장에서의 구매자는 기업이 된다.

※ **시장** … 시장이란 상품을 사고자 하는 사람과 팔고자 하는 사람 사이에 교환이 이루어지는 곳을 말한다. 시장은 우리가 흔히 접하는 재래시장, 대형 마트, 인력 시장과 같은 가시적인 곳도 있지만 증권시장, 외환시장, 사이버 시장과 같이 네트워크를 통해 거래가 온라인으로 이뤄져 눈에 보이지 않는 시장도 존재한다. 이처럼 형태는 달라도 각 시장은 상품을 팔고 사는 사람이 모여 거래가 이루어진다는 공통점을 가진다. 시장에는 서로 상반되는 이해관계를 가진 두 세력이 반드시 존재한다. 바로 상품을 판매(공급)하려는 측과 구매(수요)하려는 세력으로, 공급자는 보다 비싼 가격으로 판매를 위해서, 수요자는 보다 싼 가격으로 구매를 하고자 노력한다.

Answer↪ 21.③ 22.④ 23.③

24 다음 ㉠, ㉡에 해당하는 용어는?

> ㉠ 어떤 생산 주체가 특정한 재화나 서비스만을 생산하거나 혹은 특정한 생산 활동만을 전담하는 것
> ㉡ 생산성을 비약적으로 높이기 위해 생산 공정을 여러 과정으로 나누어 각자 한두 가지 작업만을 전담하여 특화하는 것

	㉠	㉡
①	특화	분업
②	득화	협업
③	전문화	협업
④	전담	분업

 어떤 생산 주체가 특정한 재화나 서비스만을 생산하거나 혹은 특정한 생산 활동만을 전담하는 현상을 특화라고 하며 생산 공정을 여러 과정으로 나누어 각자 한두 가지 작업만을 전담하여 특화하는 것을 분업이라 칭한다. 시장에서 분업과 특화는 시장을 나타내는 고유의 특성이다.

25 시장의 원리로 보기 어려운 것은?

① 경쟁의 원리

② 이익 추구 원리

③ 자유 교환의 원리

④ 생산수단 공동 소유 원리

 생산수단을 공동으로 소유한다는 것은 계획경제의 특징 중 하나이다. 시장 경제는 생산수단과 재화의 사적 소유가 가능하며, 생산과 분배를 결정하는 요인이 바로 시장가격이라 할 수 있다.

※ 시장의 원리

구분	내용
경쟁의 원리	시장은 자신의 이익을 위해 경쟁을 하는 구조이다. 생산자들은 가격, 제품의 질, 원가 절감, 새로운 시장 판로 개척 등을 실시하는데 이는 다른 경쟁자들보다 더 많은 이익을 얻기 위한 경쟁이라 볼 수 있다. 시장에서 경쟁은 시장의 가격기구가 잘 작동할 수 있도록 역할을 함과 동시에 기술발달을 가져오기도 한다.
이익 추구 원리	시장에서 거래를 하는 사람들은 자유의지에 따라 서로가 원하는 재화와 서비스를 다루게 되는데, 이는 이익을 추구하고자 하는 개인의 이기심에 의한 것이라 할 수 있다. 이처럼 시장은 개개인의 이익을 추구하고자 하는 심리에 의해 운영되는 것이다.
자유 교환의 원리	시장에서 거래 당사자들은 어느 누구의 간섭 없이 자발적으로 원하는 재화와 서비스를 교환한다는 것을 말한다. 즉 자유롭게 교환이 가능해져 경제 구성원들은 모두 풍족하게 삶을 누릴 수 있게 된다고 말한다.

26 다음에 들어갈 알맞은 것은?

> 시장에서 초과수요가 발생하면 그 상품의 가격이 (㉠)하고, 초과공급이 발생하면 가격이 (㉡)한다.

	㉠	㉡			㉠	㉡
①	하락	급등		②	상승	하락
③	상승	상승		④	하락	상승

 ㉠ 상승이며 ㉡은 하락이 들어가야 한다.

※ **균형가격** … 시장에서 공급량과 수요량이 일치하는 상태에서 가격은 더 이상 움직이지 않게 되는데 그 때의 가격 수준을 말한다. 균형가격은 수요량과 공급량이 일치하는 수준에서 균형 가격이 결정된다.

구분	내용
가격 상승 시	수요량 감소, 공급량 증가 → 초과공급 발생 → 가격하락
가격 하락 시	수요량 증가, 공급량 감소 → 초과수요 발생 → 가격상승

Answer↱ 24.① 25.④ 26.②

27 다음 중 성격이 다른 하나는?

① 완전경쟁시장 ② 독점 시장

③ 과점 시장 ④ 독과점 시장

 시장은 경쟁 형태에 따라 완전경쟁시장, 불완전경쟁시장으로 구분되는데 독점시장, 과점시장, 독과점 시장은 불완전경쟁시장의 한 종류이다.

※ 시장은 경쟁 형태에 따른 구분

구분		내용
완전경쟁시장		완전경쟁시장은 가격이 완전경쟁에 의해 형성되는 시장을 말한다. 완전경쟁시장이 성립하기 위해서는 생산과 거래대상이 되는 상품의 품질이 동일해야 하며, 개별 경제주체가 가격에 영향력을 행사할 수 없을 정도로 수요자와 생산자의 수가 많아야 하고, 모든 시장참가자들은 거래와 시장 여건에 관해 완전한 정보를 가지고 있어야 하며, 시장참가자들의 자유로운 시장진입과 이탈은 물론 생산요소의 자유로운 이동이 보장되어야 한다. 따라서 현실세계에서는 존재하기 어려운 이상적인 시장 형태로 간주된다.
불완전경쟁시장	독점시장	독점시장이란 공급자의 수가 하나인 시장을 말한다. 대표적으로 우리나라에서 담배를 독점적으로 판매하는 KT&G, 고속철도 등이 있다.
	과점시장	과점시장은 소수의 생산자가 존재하는 시장을 말한다. 대표적으로 자동차, 이동통신, 항공 서비스 등이 있다.
	독점적경쟁시장	음식점·미용실 같이 조금씩 질이 다른 상품을 생산하는 다수의 생산자들로 구성된 시장을 말한다. 이들은 같은 상품을 팔아도 품질과 서비스가 동일하지 않기 때문에 독점의 성격을 가지며 시장진출입이 자유롭다는 점에서 경쟁시장의 성격을 모두 갖고 있다.

28 수요에 영향을 주는 요인이 아닌 것은?

① 재화 가격 ② 소득 수준 변화

③ 선호도 변화 ④ 생산 기술 변화

 생산 기술이 변화되면 기술을 개발로 생산성이 향상되어 상품의 공급이 증가하여 공급의 변동이 나타난다.

특정 상품의 수요에 영향을 주는 요인을 수요 결정 요인이라고 하며 수요를 결정하는 요인은 복합적이나 일반적으로 소비자들이 수요에 영향을 미치는 것을 살펴보면 재화의 가격, 소득 수준, 소비자의 선호도 변화 등이 있다.

※ 수요 결정 요인

구분	내용
소득 수준	일반적으로 가계의 소득이 증가되면 일반적인 재화의 수요는 늘어나는데 이를 정상재라 한다. 그러나 예외적으로 소득이 증가해도 수요가 늘지 않는 재화가 있는데, 이를 열등재라 부른다. 동일한 재화가 소득 수준이나 생활환경에 따라 열등재가 되기도 하고 정상재가 되기도 한다. 예를 들어 가난한 시절에는 지하철을 타고 다니다가 경제적으로 성공한 이후에는 고급 승용차를 타고 다닌다면 소득이 증가해도 수요가 늘지 않아 지하철이 이 사람에게 열등재로 되지만, 걸어다니던 B라는 사람이 소득이 나아지면서 지하철을 타고 다닌다면 지하철은 B에게 열등재로 볼 수 없다. 열등재의 한 종류로 기펜재라는 재화가 존재한다.
재화 가격	과자 수요에 영향을 미치는 것을 살펴보면 우선 가장 중요한 것이 가격일 것이다. 과자의 가격이 오르고 내림에 따라 과자를 사고자 하는 사람들의 욕구는 달라져 수요량이 변화할 것이라 예측할 수 있기 때문이다.
관련 재화 가격	다시 과자를 예로 들면 과자를 대신할 수 있는 과일의 가격이 오르거나 내리는 것도 수요에 영향을 미친다. 관련 재화는 피자를 먹을 때 같이 먹는 콜라처럼 서로 보완해주는 관계가 있으며, 이와 반대로 영화와 DVD처럼 서로 대체가 가능한 관계의 관련 재화가 있다. 서로 보완해주는 관계의 피자와 콜라에서 피자의 가격이 상승하게 되면, 자연스럽게 콜라에 대한 수요도 감소하게 되는데 이처럼 서로 보완할 수 있는 관계의 재화를 보완재라 부른다. 이와 반대로 영화 감상 요금이 올라가면 영화관을 대체할 수 있는 DVD 수요가 늘어나는 현상이 나타나기도 하는데, 이처럼 서로 대체해서 사용할 수 있는 재화를 대체재라 부른다.
미래 예상 가격	수요는 해당 재화의 미래 가격에 대한 예상에 영향을 받기도 한다. 대표적인 것이 바로 부동산이라 할 수 있다. 부동산 시장에서 사람들은 가격이 더 오르기 전에 미리 부동산을 구입하려고 한다. 그런데 이런 동기에 의한 수요는 자신이 실제로 사용하기 위한 것이기도 하지만, 미래에 가격이 올랐을 때 되팔아 차익을 얻기 위한 목적으로 나타나기도 한다. 이런 목적의 수요를 투기적 수요라고 부른다.
선호도 변화	수요를 결정하는 요인 중에는 해당 재화의 선호도도 크게 작용한다. 만약 과자를 좋아하는 사람의 기호가 달라져 과자를 덜 사먹는 대신 오렌지나 다른 과일을 사기를 원하면 과자에 대한 수요는 감소하고 과일에 대한 수요는 증가하게 된다.

29 다음과 같은 경제현상을 설명하는 데 가장 적합한 경제 개념은?

> 수도권의 주택 사정은 여전히 어렵다. 올해도 어김없이 수도권 아파트들의 전세가 및 매매가가 상당한 비율로 올라가고 있다. 상계동이나 목동과 같은 신시가지를 개발하고, 분당, 평촌, 일산 등 신도시 개발을 통해 꽤 많은 주택이 공급되었음에도 불구하고 여전히 자기 집을 갖지 못한 가구가 많아 이사철만 되면 어려움을 겪고 있다.

① 매점매석   ② 기회비용

③ 균형가격   ④ 초과수요

 균형상태에서 가격이 상승하면 수요가 감소하고 공급이 증가하므로 공급이 더 많아지는 초과공급이 발생하며, 반대로 가격이 하락하면 수요가 증가하고 공급이 감소하므로 수요가 더 많아지는 초과수요가 발생한다. 보기는 부동산의 공급보다 수요가 많은 초과수요에 대한 내용이다.

초과공급은 곧 과잉공급을 의미하므로 이는 다시 가격을 하락시키는 요인이 되며, 반대로 초과수요는 곧 과잉수요를 의미하므로 이는 다시 가격을 상승시키는 요인이 된다.

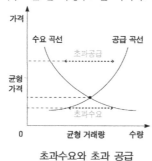

초과수요와 초과 공급

30 다음이 각각 가리키는 것은?

> • 가격의 하락이 소비자의 실질소득을 증가시켜 그 상품의 구매력이 높아지는 현상으로 이것은 마치 소득이 높아져 수요가 증가되는 현상과 비슷하기 때문에 ㉠이라 불린다.
> • 실질소득에 영향을 미치지 않는 상대가격 변화에 의한 효과를 말한다. 연필과 샤프 두 가지 상품 중에서 샤프의 값이 내려가면 그 동안 연필을 이용하던 사람은 샤프를 사게 된다. 이처럼 실질소득의 변화가 아닌 상대가격변화의 변화에 따라 다른 비슷한 용도의 물건으로 수요가 늘어나는 현상을 ㉡이라 한다.

	㉠	㉡
①	소득효과	대체효과
②	배블런효과	대체효과
③	대체효과	소득효과
④	탄력성효과	대체효과

 ㉠은 소득효과라 하며, ㉡은 대체효과이다. ㉠의 소득효과(Income Effect)는 가격의 하락이 소비자의 실질소득을 증가시켜 그 상품의 구매력이 높아지는 현상을 말한다. 이것은 마치 소득이 높아져 수요가 증가되는 현상과 비슷하기 때문에 소득효과라 불린다.

㉡의 대체효과(Substitution Effect)란 실질소득에 영향을 미치지 않는 상대가격 변화에 의한 효과를 말한다. 연필과 샤프 두 가지 상품 중에서 샤프의 값이 내려가면 그 동안 연필을 이용하던 사람은 샤프를 사게 된다. 이처럼 실질소득의 변화가 아닌 상대가격변화의 변화에 따라 다른 비슷한 용도의 물건으로 수요가 늘어나는 현상을 대체 효과라 부른다.

31 공급의 영향을 주는 요인이라 할 수 없는 것은?

① 생산기술 변화   ② 공급자 수

③ 공급자의 기대나 예상 변화   ④ 재화가격

 공급에 영향을 미치는 요인은 가격 이외의 요인들로 공급자 수, 생산 비용의 변화, 생산기술 변화, 공급자의 기대나 예상 변화 등이 있다. 재화가격은 수요에 영향을 미치는 요인이다.

※ 공급의 변동 요인

구분	내용
공급자의 기대나 예상 변화	미래에 사람들이 상품을 많이 살 것이라고 기대하면 공급자들은 당장 공급을 하지 않고 보관하려고 하여 공급이 감소하여 공급이 변동된다.
공급자 수	공급자의 수가 늘어나면 시장에 공급되는 상품의 양도 늘어나게 된다.
생산기술 변화	신기술을 개발하여 생산성이 향상되면 상품의 공급이 증가하여 공급의 변동이 나타난다.
생산 비용의 변화	생산 요소의 가격이 하락하여 생산 비용이 감소하면 공급이 증가하고 생산 요소의 가격이 상승하면 공급은 감소하게 된다.

Answer ↪ 29.④ 30.① 31.④

32 시장 가격이 가지는 기능으로 보기 어려운 것은?

① 정보전달 역할   ② 자원배분 기능

③ 가격의 탄력성 유지   ④ 경제활동의 동기 부여

 가격은 우선 경제주체들에게 정보를 전달하는 신호의 역할을 한다. 생산자와 소비자가 무엇을 얼마나 생산하고 구매할 것인지를 결정하는 데 필요한 정보를 제공하여 가격의 높고 낮음은 소비자가 그 상품을 얼마나 원하고 있는지, 그리고 생산자가 그 상품을 생산하는 데 얼마나 많은 비용이 드는지에 관한 정보를 전달해 준다. 또한 생산을 통해 기업이 얼마나 이익을 얻을 수 있는지에 대한 정보도 제공한다. 가격은 또한 경제활동의 동기를 제공하고 자원을 자율적으로 배분하는 기능을 한다. 어떤 상품의 가격이 상승한다는 것은 그 상품을 생산하는 기업에게 더 많이 생산할 동기를 부여하고 다른 사람에게 새롭게 그 상품의 생산에 참여할 유인을 제공하기도 한다.

※ 시장 가격의 기능

구분	내용
정보전달의 역할	가격은 생산자와 무엇을 구매할 것인지, 판매자는 무엇을 얼마나 생산하고 구매할 것인지를 결정하는 데 필요한 정보를 제공하는 역할을 한다. 예를 들어, 커피 전문점에서 커피를 먹고 싶은 소비자는 시장에서 형성되는 균형 가격 수준에서 돈을 지불하기만 하면 원하는 커피를 마실 수 있으며 이를 근거로 공급자인 커피 공급 업체는 커피를 제공한다. 이처럼 가격은 소비자가 그 상품을 얼마나 원하고 있는지, 그리고 생산자가 그 상품을 생산하는 데 얼마나 많은 비용이 드는지에 관한 정보를 알려주기 때문에 가격은 경제주체들에게 정보를 전달하는 신호의 역할을 한다고 볼 수 있다.
자원 배분 기능	시장에서 생산자는 제한된 자원을 사용하여 물품을 팔아 최대의 이윤을 얻고자 하며, 소비자는 한정된 소득으로 가장 큰 만족을 얻기 위해 경쟁을 한다. 이러한 각자의 이익추구 행위 덕분에 수많은 재화와 서비스가 생산되어 시장에서 거래를 하게 되고 필요한 사람에게 공급된다. 이는 사회라는 큰 틀에서 보면 전체적으로 한정되어 있던 자원이 필요한 자들에게 효율적으로 분배되고 있음을 알 수 있다.
경제활동의 동기 부여	우리나라에서 몇 년 전부터 패딩 점퍼가 유행을 하면서 패딩 점퍼 상품가격이 상승한 적이 있다. 이렇게 가격이 상승하게 되면 그 제품을 생산하는 기업들에게 더 많이 생산할 수 있는 동기를 부여하게 되고, 다른 업계의 기업들도 패딩 점퍼 사업에 참여를 하는 촉매제가 된다. 이처럼 가격은 경제활동의 동기를 부여하는 기능도 한다.

33 어떤 경제 활동과 관련하여 다른 사람에게 의도하지 않은 혜택이나 손해를 가져다주면서도 이에 대한 대가를 받지도 않고 비용을 지불하지도 않는 상태를 의미하는 것은?

① 독점   ② 담합

③ 외부효과   ④ 공유자원

 어떤 경제 활동과 관련하여 다른 사람에게 의도하지 않은 혜택이나 손해를 가져다주면서도 이에 대한 대가를 받지도 않고 비용을 지불하지도 않는 상태를 외부효과라 한다. 외부 효과는 외부 경제와 외부 비경제로 구분된다.

경제활동 과정에서 발생하는 외부효과(External Effects)는 시장실패원인이 된다. 어떤 경제주체의 행위가 본인 의도와 관계없이 다른 경제주체에게 영향을 미치지만 이에 대해 어떠한 대가를 요구하거나 비용을 지불하지 않는 경우 외부효과가 발생하며, 외부효과에는 해로운 것과 이로운 것이 있다. 해로운 외부효과를 외부불경제라 부르며, 자동차의 배기가스나 소음, 공장의 매연이나 폐수 등이 여기에 해당한다. 반대로 이로운 외부효과를 외부경제라 한다.

34 사람들이 어떤 재화와 서비스의 소비를 통해 혜택을 얻지만 이에 대해 아무런 비용도 부담하지 않으려는 데서 생기는 문제를 나타내는 것은?

① 무임승차 문제   ② 외부효과

③ 유인제공   ④ 포크배럴

 무임승차란 자발적으로 가격을 지불하지 않고 편익만을 취하고자 하는 심리가 들어있다. 이 같은 심리는 공공재의 특성처럼 그것을 공동으로 소비하고 있는 다른 사람의 효용이 감소되지 않고, 그것의 소비와 사용에 어떤 특정 개인을 제외시키는 것이 어려울 때 생겨난다.

국방, 치안, 외교, 소방 등과 같은 공공재는 수많은 사람들에게 혜택을 주기 때문에 반드시 생산되어야 한다. 그러나 공공재의 생산에는 막대한 비용이 드는데도 일단 생산되면 사람들은 아무 대가를 지불하지 않고 소비하려고 할 것이기 때문에 공공재의 생산을 시장기능에 맡겨 놓을 경우 이윤을 목적으로 하는 기업은 공공재를 생산하려고 하지 않을 것이다. 따라서 정부의 개입이 필요해지는 것이다.

Answer → 32.③ 33.③ 34.①

35 다음 중 시장 실패의 원인이라 할 수 없는 것은?

① 독점기업 출현   ② 공공재의 무임 승차자 문제

③ 외부효과   ④ 편익 원칙

 편익원칙이란 각 납세자가 정부가 제공하는 서비스로부터 얻는 혜택만큼 세금을 내야 한다는 것으로 시장 실패와는 거리가 있다. 소비자들과 생산자들이 자유롭게 경쟁하는 시장에서는 수요와 공급의 원리에 의해 시장 가격이 형성되는데 이처럼 시장 가격은 자원의 희소성을 효율적으로 배분하는 역할을 한다. 그러나 독점기업, 공공재의 무임승차 등이 일어나면 시장이 올바르게 작동하지 못하게 된다.

※ 시장의 한계와 실패

구분	내용
독점 출현	시장 참여자들 사이에서 자유로운 경쟁이 이루어지지 않으면 시장 실패가 나타나게 된다. 이와 같이 경쟁을 제한하는 대표적인 예가 독과점 기업을 들 수 있다. 독과점 기업은 다른 기업들이 시장에 새롭게 진입할 수 없도록 다양한 장벽을 마련하여 경쟁을 제한한다. 독과점 기업은 이윤을 극대화하기 위해 재화나 서비스의 공급량을 적절히 줄여나감으로써 시장 가격을 올리려고 할 것이다. 그 결과 시장에서 수많은 공급자들이 경쟁하면서 상품을 공급할 때보다는 훨씬 적은 수의 재화와 서비스가 공급되고 더욱 비싼 가격에 판매를 하는 폐해가 발생하게 되는 것이다.
외부 효과 발생	외부 효과란 어떤 시장 참여자의 경제적 행위가 다른 사람들에게 의도하지 않은 혜택이나 손해를 가져다 주는데도 불구하고 이에 대해 아무런 대가를 받지도, 지불하지도 않는 현상을 말한다. 외부 효과는 다른 사람들에게 긍정적인 영향을 주었는지 아니면 부정적인 영향을 주었는지로 구분 할 수 있다. 외부 효과가 나타나는 경우에 개인이 부담하는 비용과 사회 전체가 부담하는 비용이 다르고, 이에 따라 사회 전체적으로 필요한 재화와 서비스의 생산량과 실제 생산량 사이에 차이가 나기 때문에 시장 실패가 발생한다.
공공재의 무임승차	치안, 국방, 보건, 의료, 사회간접자본처럼 여러 사람의 사용을 위해 생산된 재화나 서비스를 공공재라 하는데 이러한 공공재적인 특성을 나타내는 공공재도 무임승차라는 문제점이 있어 시장 실패를 가져 올 수 있다. 무임 승차자의 문제란 사람들이 어떤 재화와 서비스의 소비를 통해 일정한 혜택을 보지만, 이런 혜택에 대해 어떤 비용도 지불하지 않는 것으로 생산된 재화나 서비스에 대해 아무런 비용을 지불하지 않기 때문에 시장의 실패가 일어난다고 볼 수 있다.

36 정부실패에 대한 내용으로 틀린 것은?

① 시장실패로 인하여 정부의 시장개입과 규제가 오히려 역효과를 낸 것을 말한다.

② 시장실패의 원인인 정부의 정책에 관한 지식이나 정보가 정확하지 못한 것과 비슷한 원인으로 정부실패가 발생한다.

③ 특정집단의 편들기가 정부실패로 이어질 수 있다.

④ 정부는 민간기업처럼 경쟁을 해야 할 필요가 없기 때문에 노력이 소홀해지면서 정부실패가 나타난다.

 정부실패란 시장실패를 해결하기 위한 정부의 개입이 자원배분의 효율성을 높이기보다 오히려 해치는 상황을 말한다. 정부실패는 정부의 정책에 관한 지식이나 정보가 정확하지 못함으로써 발생한다.

정부에서 일하는 공무원들은 각종 규제를 까다롭게 하여 서비스는 적게 하고, 천천히 함은 물론 자신의 책임까지도 회피하려고 한다. 또한, 경쟁자가 없기 때문에 국민에 대한 서비스의 경비를 자발적으로 절약하고자 하지 않는다. 또한, 정부 기구를 아무리 부실하게 운영하더라도 민간 기업의 경우처럼 부도가 나는 일도 거의 없다. 시장실패의 원인은 독과점 기업 출현, 외부경제, 무임승차가 원인이다.

37 다음 중 시장의 실패로 볼 수 있는 것을 모두 고르면?

> ㉠ 공공장소에서 흡연으로 주위 사람들이 고통을 받고 있다.
> ㉡ 과점시장에 참여하고 있는 기업들은 가격, 판매지역 등과 관련하여 담합한다.
> ㉢ 도로, 가로등, 전기, 통신 등의 생산을 시장에 맡겨 두면 충분한 양의 공급이 이루어지지 않는다.
> ㉣ 지나치게 까다롭고 복잡한 수출입 통관절차로 기업의 물류비용이 증가한다.

① ㉠, ㉡, ㉢   ② ㉠, ㉡, ㉣
③ ㉠, ㉢, ㉣   ④ ㉡, ㉢, ㉣

 ㉠, ㉡, ㉢이 시장실패의 원인으로 볼 수 있다. 정부는 시장의 실패를 보완하기 위해 시장에 개입한다. 실제로 정부의 시장 개입이 자원의 비효율적인 배분을 개선시키는 데 성과를 나타내기도 한다. 또한 현대사회에서는 여러 가지 정부의 기능과 역할이 강화되고 있는 추세이다. 하지만 어떤 경우에는 정부의 시장 개입이 오히려 더 나쁜 결과를 초래하기도 하는데, 이를 정부실패라고 한다. ㉠은 해로운 외부효과이며, ㉡은 담합이라는 독점 문제, ㉢은 공공재 문제이다.

㉣은 정부가 시장에 지나치게 간섭하여 나타나는 정부실패의 원인으로 볼 수 있다. 따라서 각종 제도의 개선을 통해 민간의 경제활동을 제약하는 불필요한 규제를 과감히 완화하거나 철폐를 하여야 정부실패를 막을 수 있다.

Answer 35.④ 36.② 37.①

38 다음 중 내용이 잘못된 것은?

① 통상 1년 동안에 한 나라 국민이 벌어들인 소득을 합한 것을 국민 총소득(GNI)이라 부른다.

② 국내총생산은 한 나라의 영토 안에서 생산한 최종재의 가치를 뜻하는 데 비해 국민총소득은 그 나라 국민이 벌어들인 소득의 합계를 나타낸다.

③ 경제성장률 중심지표가 GDP에서 GNP로 변화하고 있다.

④ 국내 총생산에는 한 나라 안에서 생산된 것이면, 내국인에 의해서 생산된 것이건 외국인에 의해 생산된 것이건 모두 포함된다.

 과거에는 거시적 경제분석의 초점이 소득측면에 있었기 때문에 GNP(국민 총생산)를 경제 성장의 중심지표로 삼았지만, 1970년대 이후 세계적으로 경제의 국제화가 급격히 진전되면서, 노동이나 자본의 국가간 이동이 확대됨에 따라 소득지표에 가까운 GNP기준 성장률이 국내경기 및 고용사정 등을 제대로 반영하지 못하게 되면서 각 국은 경제성장의 중심지표를 GDP(국내 총생산)로 바꾸기 시작했고, 우리나라도 이런 국제추세에 발맞추어 1995년부터 중심지표를 GDP로 변경하여 발표하고 있다.
참고로 국내 총생산(GDP)이 한 나라의 총생산 규모를 나타내는 지표인 데 비해 한 나라 국민들의 총소득을 나타낼 때는 국민 총소득(GNI)을 사용한다.

39 국민 경제 지표에 대한 설명으로 적절하지 못한 것은?

① 국내 총생산이란 한 나라의 국경 안에서 생산된 모든 최종 재화와 서비스의 합계만을 가지고 계산하기 때문에, 우리나라 국민이 해외에서 벌어들인 수입까지 포함된다.

② 경제성장률이란 일정기간 동안 각 경제활동부문이 만들어낸 부가가치가 전년에 비하여 얼마나 증가하였는가를 보기 위한 지표로서 한 나라의 경제가 이룩한 경제의 성과를 측정하는 중요한 척도로서 국민소득을 통해 가늠해 볼 수 있다.

③ 국내 총생산은 한 나라의 생산, 고용, 소비 등의 변화와 관련된 경제 활동 수준을 총괄적으로 나타내 주는 유용한 지표이기는 하지만, 측정상의 문제점으로 인해 경제적 성과나 국민들의 복지 수준을 정확히 반영하지 못한다는 한계를 가진다.

④ GDP 디플레이터란 명목 GDP를 실질 GDP로 환산하기 위해서는 물가 상승분만큼을 공제해야 하는데 이때 쓰이는 물가 지수의 일종이다.

 국민 경제의 전체적인 활동 과정에서 나타나는 생산, 고용, 물가 수준 등을 알아보기 위해서는 한 나라 안에서 생산되는 상품의 총량이나 전체 상품의 가격들을 대표할 수 있는 수치를 사용해야 한다. 이렇게 국민 경제 전체의 활동을 총량화한 수치를 국민 경제 지표라고 한다. 국민 경제 지표에는 국내 총생산, 경제 성장률, 실업률, 물가 지수 등이 있다.
국내총생산이란 '가계, 기업, 정부'라는 경제주체가 한 나라에서 생산해 낸 것을 돈으로 계산해서 합한 것을 말한다. 국내 총생산(GDP)은 일정 기간(통상 1년) 동안 한 나라의 국경 안에서 생산된 모든 최종 재화와 서비스의 합계만을 가지고 계산하기 때문에, 우리나라 국민이 해외에서 벌어들인 수입은 포함되지 않는다.

40 다음 중 물가 지수에 대한 설명으로 틀린 것은?

① 생산자물가지수는 국내에서 생산하여 국내시장에 출하되는 모든 재화와 서비스요금(부가가치세를 제외한 공장도 가격)의 변동을 측정하기 위하여 작성하는 지수를 말한다.

② 소비자물가지수란 도시가계가 일상생활을 영위하기 위해 구입하는 상품가격과 서비스 요금의 변동을 종합적으로 측정하기 위해 작성하는 지수를 가리킨다.

③ 생활물가지수는 소비자들의 체감물가를 설명하기 위해 구입 빈도가 낮고 지출비중이 낮아 가격변동을 민감하게 느끼는 142개 품목으로 작성한 지수를 말한다.

④ 수출입 물가지수는 수출입상품의 가격변동이 국내물가에 미치는 영향과 수출입상품의 원가변동을 측정하는 데 이용한다.

물가지수란 물가의 동향을 파악하기 위해 일정시점의 연평균 물가를 100으로 잡고 백분율을 이용해 가격변화 추이를 수치로 나타낸 것을 말한다. 물가의 변동은 그 나라의 투자와 생산, 소비 등을 모두 반영하는 것으로 경제정책 수립에 반드시 필요한 지표이다. 우리나라에서 사용하는 물가지수는 소비자물가지수(CPI)와 생산자물가지수(PPI), GNP 디플레이터, 수출입물가지수 등이 있다.

생활물가지수는 소비자들의 체감물가를 설명하기 위해 구입 빈도가 높고 지출비중이 높아 가격변동을 민감하게 느끼는 142개 품목으로 작성한 지수를 말한다.

※ **물가지수(Price Index) 종류**

구분	내용
생산자물가지수 (PPI ; Producer Price Index)	국내에서 생산하여 국내시장에 출하되는 모든 재화와 서비스 요금(부가가치세를 제외한 공장도 가격)의 변동을 측정하기 위하여 작성하는 지수를 말한다. 매월 국내시장에 출하되는 재화와 서비스요금의 공장도가격의 변동을 측정하여 생산자의 부담 등 측정에 활용된다.
소비자물가지수 (CPI ; Consumer Price Index)	도시가계가 일상생활을 영위하기 위해 구입하는 상품가격과 서비스 요금의 변동을 종합적으로 측정하기 위해 작성하는 지수를 가리킨다. 매월 상품가격과 서비스 요금의 변동률을 측정하여 물가상승에 따른 소비자부담, 구매력 등 측정에 활용한다.
생활물가지수 (CPI ; Consumer Price Index for Living Necessaries)	소비자들의 체감물가를 설명하기 위해 구입 빈도가 높고 지출비중이 높아 가격변동을 민감하게 느끼는 142개 품목으로 작성한 지수를 말한다.
근원물가지수	전체 소비자물가 481개 품목 중에서 계절적으로 영향을 받는 농산물과 외부적 요인에 크게 영향을 받는 석유류 등 52개 품목을 제거하고 나머지 429개 품목을 별도로 집계한 지수를 말한다. 물가변동의 장기적인 추세를 파악하기 위한 것으로 근원 인플레이션 지수라 할 수 있다.
수출입 물가지수 (Export and Import Price Index)	수출 및 수입상품의 가격변동을 측정하는 통계지표로 개별품목의 수출입액이 모집단거래액의 1/2,000이상의 거래비중을 가지는 품목으로서 동종 산업 내 상품군의 가격 변동을 대표하면서 가급적 품질규격 등이 균일하게 유지되고 가격시계열 유지가 가능한 품목을 선정한다. 주로 수출입상품의 가격변동이 국내물가에 미치는 영향과 수출입상품의 원가변동을 측정하는 데 이용한다.

Answer 38.③ 39.① 40.③

03 경영일반

1 다음 중 과학적 관리론의 주요 내용으로 옳지 않은 것은?

① 차별성과급제   ② 직능식 제도 및 직장제도

③ 인간성의 존중   ④ 시간 및 동작연구

 과학적 관리론의 주요 내용으로는 다음과 같다.
- 시간 및 동작연구
- 차별성과급제
- 직능식 제도와 직장제도
- 과학적 관리론에 부합하는 종업원의 선발 및 교육

2 다음은 정형적 의사결정에 대한 설명이다. 이 중 가장 옳지 않은 것은?

① 정형적 의사결정에서 의사결정의 계층은 주로 고위층이다.

② 정형적 의사결정은 보편적, 일상적인 상황 하에서의 의사결정이다.

③ 정형적 의사결정은 시장 및 기술이 안정되고, 일상적이며 구조화된 문제해결이 많은 조직에서 주로 활용된다.

④ 정형적 의사결정은 업무적, 관리적인 의사결정이다.

 정형적 의사결정에서 의사결정의 계층은 주로 하위층이다.

3 다음 중 페이욜의 6가지 산업 활동에 속하지 않는 것은?

① 기술적인 활동   ② 영업적인 활동

③ 재무적인 활동   ④ 능력적인 활동

페이율의 6가지 산업 활동은 다음과 같다.
- 기술적인 활동
- 영업적인 활동
- 재무적인 활동
- 보전적인 활동
- 회계적인 활동
- 관리적인 활동

4 다음 지문에서 설명하는 BCG 매트릭스의 특징에 해당하는 사업영역을 고르면?

> 이것은 시장성장률이 높고, 동시에 시장점유율도 높은 사업부로서, 가장 촉망받는 사업이다. 주로 여기에 속한 제품군들은 제품수명주기 상의 성장기에 해당된다.

① Cash Cow   ② Dog

③ Star   ④ Question

 별 사업부는 시장성장률도 높고 상대적 시장점유율도 높은 경우에 해당하는 사업이다. 이 사업부의 제품들은 제품수명주기 상에서 성장기에 속한다.

5 다음 중 직무분석의 목적에 해당되지 않는 것은?

① 인력을 채용하고 해고하는 데 있어 기초자료로써 활용된다.

② 직무급 도입을 위한 기초 작업이 된다.

③ 인사고과의 기초가 된다.

④ 조직 업무개선에 있어 기초가 된다.

 직무분석의 목적은 다음과 같다.
- 인적자원관리 활동에 있어서의 합리적 기초를 제공한다.
- 업무개선에 있어서 기초가 된다.
- 채용관리의 기초자료를 제공해준다.
- 인사고과의 기초가 된다.
- 종업원들의 훈련이나 개발에 있어서 기준이 된다.
- 직무급의 도입을 위한 기초 작업이 된다.

Answer ↦ 1.③ 2.① 3.④ 4.③ 5.①

6 다음 내용이 의미하는 것으로 옳은 것은?

> 이것은 노동조합과 사용자 간의 노동자들의 임금이나 근로시간 기타 근로조건에 대한 협약체결을 위해서 대표자를 통해 집단적인 타협을 하고 또 체결된 협약을 이행·관리하는 절차를 말한다.

① 경영참가   ② 노동쟁의

③ 단체협약   ④ 단체교섭

 단체교섭은 노사의 각 대표자가 노동자의 임금 및 근로시간 또는 제 조건에 대해서 협약의 체결을 위해서 평화적으로 타협점을 찾아가는 절차를 의미한다.

7 다음 중 노동자 측의 쟁의행위에 해당되지 않는 것은?

① 파업(Strike)   ② 불매동맹(Boycott)

③ 직장폐쇄(Lock Out)   ④ 피켓팅(Piketting)

 직장폐쇄(Lock Out)는 사용자 측의 쟁의행위에 해당한다.

8 다음 중 직무기술서(Job Description) 에 대한 설명으로 올바른 것은?

① 직무기술서는 인적요건에 중점을 두고 기술한 것이다.

② 직무기술서는 직무수행에 필요한 종업원들의 행동이나 기능·능력·지식 등을 일정한 양식에 기록한 문서를 의미한다.

③ 직무기술서는 직무수행과는 아무런 관련성이 없다.

④ 직무기술서는 종업원의 직무분석 결과를 토대로 직무수행과 관련된 각종 과업 및 직무행동 등을 일정한 양식에 따라 기술한 문서를 의미한다.

 직무기술서는 조직 종업원들의 직무분석 결과를 토대로 해서 직무수행과 관련된 각종 과업이나 직무행동 등을 일정한 양식에 의거해서 기술한 문서를 의미한다.

9 다음 중 직무평가 방법에 있어서 양적 방법에 속하는 것으로 짝지어진 것은 무엇인가?

① 서열법, 점수법

② 분류법, 요소비교법

③ 서열법, 이분법

④ 점수법, 요소비교법

 직무평가 방법으로는 다음과 같다.

비량적 방법	서열법, 분류법
양적 방법	점수법, 요소비교법

10 다음 중 생산시스템에 대한 내용으로 옳지 않은 것은?

① 생산시스템의 각 개체들은 각기 투입(Input), 산출(Output)의 기능을 담당한다.

② 생산시스템은 일정한 개체들의 집합이다.

③ 생산시스템은 단순한 개체들을 모아놓은 것이 아닌 의미가 있는 하나의 전체이다.

④ 각각의 개체는 각자의 고유 기능을 갖지만 타 개체와의 관련을 통해서 비로소 전체의 목적에 기여할 수 있다.

 생산시스템의 각 개체들은 각기 투입(Input), 과정(Process), 산출(Output) 등의 기능을 담당한다.

11 다음 중 특정 작업계획에 의해 여러 부품들을 생산하기 위해 컴퓨터에 의해 제어 및 조절되며 자재취급시스템에 의해 연결되는 작업장들의 조합은?

① 유연생산시스템(FMS)

② 컴퓨터통합생산시스템(CIMS)

③ 적시생산시스템(JIT)

④ 셀 제조시스템(CMS)

 유연생산시스템(FMS)은 다품종소량의 제품을 짧은 납기로 해서 수요변동에 대한 재고를 지니지 않고 대처하면서 생산효율의 향상 및 원가절감을 실현할 수 있는 생산시스템이다.

Answer 6.④ 7.③ 8.④ 9.④ 10.① 11.①

12 다음 중 제품 및 제품계열에 대한 수년간 자료 등을 수집하기 용이하며, 변화하는 경향이 비교적 분명하며 안정적일 경우에 활용되는 통계적인 예측방법은?

① 브레인스토밍법　　　　　　　　　② 시계열분석법

③ 인과모형　　　　　　　　　　　　④ 델파이법

 시계열분석법은 제품 및 제품계열에 대한 수년간 자료 등을 수집하기 용이하며, 변화하는 경향이 비교적 분명하며 안정적일 경우에 활용되는 통계적인 예측방법이다.

13 제품의 수요에 비해서 공급이 부족하여 고객들이 제품구매에 어려움을 느끼기 때문에 고객들의 주된 관심이 지불할 수 있는 가격으로 그 제품을 구매하는 것일 때 발생하게 되는 마케팅 개념은?

① 마케팅개념　　　　　　　　　　　② 생산개념

③ 사회적 마케팅개념　　　　　　　　④ 제품개념

 생산개념은 저렴한 제품을 선호한다는 가정에서 출발하게 된다. 다시 말하면, 소비자는 제품이용가능성과 저가격에만 관심이 있다고 할 수 있다. 그러므로 기업의 입장에서는 대량생산 및 유통을 통해 낮은 제품원가를 실현하는 것이 목적이 되는 개념이다.

14 다음 설명 중 가장 옳지 않은 것은?

① 전체시장을 하나의 동일한 시장으로 간주하고, 하나의 제품을 제공하는 전략을 무차별적 마케팅 전략이라고 한다.

② 코카콜라의 경우 전체 콜라시장을 하나의 시장으로 간주하고 똑같은 맛의 콜라를 똑같은 디자인의 병에 담아 전 세계 어디에서나 공급하는 방식은 무차별적 마케팅 전략의 전형적인 사례라 할 수 있다.

③ 차별적 마케팅 전략이란 전체 시장을 여러 개의 세분시장으로 나누고, 이들 모두를 목표시장으로 삼아 각기 다른 세분시장의 상이한 욕구에 부응할 수 있는 마케팅믹스를 개발하여 적용함으로서 기업의 마케팅 목표를 달성하고자 하는 것이다.

④ 집중적 마케팅 전략은 주로 자원이 풍부한 대기업이 사용하는 전략이다.

 집중적 마케팅 전략은 전체 세분시장 중에서 특정 세분시장을 목표시장으로 삼아 집중 공략하는 전략으로 자원이 한정된 중소기업이 많이 사용하는 전략이다.

15 다음 지문의 내용과 가장 관련이 깊은 것은?

> 과거 공급자 위주의 치약시장에서는 한 종류의 치약밖에 없었으나, 최근에는 소득수준이 높아지면서 치약에 대한 소비자들의 욕구가 다양해지고, 치약시장이 나누어지기 시작하였다. 그래서 지금의 치약시장은 가격에 민감한 시장, 구강건강이 주된 관심인 시장, 치아의 미용 효과가 주된 관심인 시장, 유아용 치약시장 심지어는 노인 및 환자를 주된 고객으로 하는 치약시장까지 개발되어 나누어져 있는 것을 알 수 있다.

① 목표시장 선정   ② 시장세분화

③ 포지셔닝 전략   ④ 마케팅믹스 전략

 시장세분화는 가격이나 제품에 대한 반응에 따라 전체시장을 몇 개의 공통된 특성을 가지는 세분시장으로 나누어서 마케팅을 차별화시키는 것을 의미한다.

16 소비자들에게 타사제품과 비교하여 자사제품에 대한 차별화된 이미지를 심어주기 위한 계획적인 전략접근법을 의미하는 것은 무엇인가?

① 포지셔닝 전략   ② 시장세분화 전략

③ 가격차별화 전략   ④ 제품차별화 전략

 포지셔닝 전략은 자사 제품의 큰 경쟁우위를 찾아내어 이를 선정된 목표시장의 소비자들의 마음속에 자사의 제품을 자리 잡게 하는 전략을 의미한다.

17 다음 박스 안의 내용은 Kotler 교수가 정의한 제품개념 중 무엇에 대한 내용인가?

> 예 A/S, 배달, 설치 등

① 핵심제품   ② 확장제품

③ 유형제품   ④ 산업제품

 확장제품은 유형제품의 효용가치를 증가시키는 부가서비스 차원의 상품을 의미하는데 다시 말해, 유형 제품에 부가로 제공되는 서비스, 혜택을 포함하는 제품개념이다.

Answer 12.② 13.② 14.④ 15.② 16.① 17.②

18 소비자가 통상적으로 여러 제품을 비교 및 평가한 후에 구매하는 비교적 고가격대의 제품은 무엇인가?

① 편의품   ② 선매품

③ 전문품   ④ 비매품

> **Tip** 선매품이란, 편의품에 비해 구매빈도는 더 낮으나 가격은 고가에 속하는 비교적 고관여의 제품이다. 그러므로, 선매품은 편의품처럼 습관적으로 구매하기 보다는 여러 브랜드를 놓고 비교 및 구매하는 특성을 지닌다.

19 다음 지문은 제품수명주기(PLC)상의 어느 단계에 해당하는 것인가?

> 이 단계에서는 이익이 전혀 없거나, 혹은 "–" 이거나 , 있다 해도 이익수준이 극히 낮으며, 시장 진입 초기에는 과다한 유통 및 촉진비용 등이 투하된다. 또한, 경쟁자가 없거나 혹은 소수에 불과하다.

① 성숙기   ② 도입기

③ 쇠퇴기   ④ 성장기

> **Tip** 제품 도입단계(Introduction)는 다수의 소비자들을 대상으로 어떤 제품이 있다는 사실을 알고 있는 사람이 극소수에 불과한 시기이다.

20 유럽에서 대형화된 슈퍼마켓에 할인점을 접목시켜 식료품과 비식료품을 저렴하게 판매하는 소매 업태는?

① 대중 양판점   ② 아울렛

③ 하이퍼마켓   ④ 파워센터

> **Tip** 하이퍼마켓은 유럽에서 발달한 대형슈퍼마켓과 할인점으로 절충한 업태이며, 보통 넓은 주차장 및 도시근교에 입지하는 특징을 가진다.

21 다음 중 재무관리에 대한 설명으로 바르지 않은 것은?

① 재무관리는 기업 조직이 필요로 하는 자금을 합리적으로 조달한다.

② 재무관리의 분석대상은 최고경영자이다.

③ 재무관리는 조달된 자금을 효율적으로 운용하는 것을 말한다.

④ 기업재무에서 다루게 되는 재무의사결정으로는 기업 조직의 투자의사결정, 자본조달 및 배당의사 결정, 기업 조직의 지배구조 및 인수합병, 유동자산 또는 고정자산의 관리 등이다.

(Tip) 재무관리의 분석대상은 기업이다.

22 다음 중 사채에 대한 내용으로 바르지 않은 것은?

① 주주와 동일하게 의결권의 행사가 가능하다.

② 저렴한 자본비용으로 기업지배권의 변동이 없이 자금 조달이 가능하다.

③ 투자자의 입장으로서는 유통시장에서 자유롭게 사채의 매매가 가능하다.

④ 일정기간 마다 확정이자소득이 가능한 안전 투자대상이다.

(Tip) 주주와는 달리 의결권의 행사가 불가능하다.

23 다음 중 기업공개에 대한 내용으로 가장 옳지 않은 것은?

① 사내 직원들로부터 직접금융방식에 의해 대규모의 단기자본을 용이하게 조달할 수 있다.

② 기업의 공신력이 제고된다.

③ 독점 및 소유 집중 현상의 개선이 가능하다.

④ 투자자들에게 재산운용수단을 제공하며, 공개기업 종업원의 사기를 진작시킬 수 있다.

(Tip) 주주들로부터 직접금융방식에 의해 대규모의 장기자본을 용이하게 조달할 수 있다.

Answer ↱ 18.② 19.② 20.③ 21.② 22.① 23.①

24 다음은 현금흐름 추정 시 고려사항이다. 이 중 가장 옳지 않은 것은?

① 세금효과를 고려해야 한다.

② 증분현금흐름을 반영시켜야 한다.

③ 디플레이션을 반영시켜야 한다.

④ 매몰원가, 기회비용 등에 대한 명확한 조정을 필요로 한다.

 인플레이션을 반영시켜야 한다.

25 다음은 거래처리 시스템에 대한 설명이다. 이 중 옳지 않은 것은?

① 기업 활동의 가장 기본적인 역할을 지원하는 시스템이다.

② 거래처리 시스템은 온라인 처리방식 또는 일괄처리방식에 의한 거래데이터의 처리 방식이다.

③ 거래처리 시스템이 잘 구축되었을 시에는 상위 경영활동에 속하는 관리통제·운영통제 및 전략계획 등을 지원하는 타 시스템도 제대로 구축·운영이 될 수 있다.

④ 거래처리 시스템은 주로 중간관리층이 의사결정을 지원한다.

 거래처리 시스템은 실무자 계층이며, 중간관리층이 의사결정을 지원하는 것은 관리통제 시스템이다.

26 다음 중 관리회계에 대한 내용으로 옳지 않은 것은?

① 내부보고목적 및 경영의사결정을 위한 정보제공을 한다.

② 경영자의 의사결정에 적합한 정보제공을 목적으로 한다.

③ 불특정다수인 외부이해관계자를 보고의 대상으로 한다.

④ 미래에 대한 예측정보가 많다.

 ③ 재무회계에 대한 내용이다.

27 다음 중 성격이 다른 하나는?

① 단기금융상품 　　　　　　　　② 기업이 소유한 상품

③ 산업재산권 　　　　　　　　　④ 선급비용

 ① · ② · ④는 유동자산에 해당하며, ③은 비유동자산에 해당한다.

28 다음 중 프랜차이지(Franchisee)에 관한 사항으로 가장 옳지 않은 것은?

① 운영에 있어 보편적이므로, 각 점포의 실정에 맞지 않을 수 있다.

② 사업 확장을 위한 자본조달이 용이하다.

③ 소액의 자본으로도 시작이 가능하다.

④ 쌍방 간의 계약이 불이행될 시에 갈등의 조정이 어렵다.

 ②는 프랜차이저(Franchisor)의 이점에 대한 내용이다.

29 다음 중 마케팅 개념의 발전단계를 차례대로 표현하면?

① 생산개념 → 판매개념 → 제품개념 → 마케팅 개념 → 사회 지향적 마케팅 개념

② 생산개념 → 마케팅 개념 → 제품개념 → 판매개념 → 사회 지향적 마케팅 개념

③ 생산개념 → 마케팅 개념 → 판매개념 → 제품개념 → 사회 지향적 마케팅 개념

④ 생산개념 → 제품개념 → 판매개념 → 마케팅 개념 → 사회 지향적 마케팅 개념

 마케팅 개념의 발전단계는 다음과 같다.
생산개념 → 제품개념 → 판매개념 → 마케팅 개념 → 사회 지향적 마케팅 개념

Answer↪ 24.③ 25.④ 26.③ 27.③ 28.② 29.④

30 다음 중 폐쇄 – 사회적 이론에 대한 설명으로 바르지 않은 것은?

① 메이요, 뢰슬리스버거와 딕슨 등의 학자 등이 속한다.

② 조직을 외부 환경과 관계없는 폐쇄체계로 파악하고 있다.

③ 인간관계학파에 해당하는 이론들이 주를 이룬다.

④ 내부 환경에 대한 문제에 대해서는 소홀하였다.

(Tip) 폐쇄 – 사회적 이론은 외부환경에 대한 문제에 대해서는 소홀하였다.

31 다음 중 과업환경에 대한 내용으로 가장 바르지 않은 것은?

① 과업환경은 범위가 일반 환경에 비해 작다.

② 과업환경은 기업 조직이 일정 정도 통제할 수 있다.

③ 과업환경은 기업의 행동에 간접적인 영향을 미친다.

④ 과업환경은 특정 경영체가 목표설정 및 목표를 달성하기 위한 의사결정을 내리는 데에 직접적으로 영향을 미치는 환경을 의미하는 것으로 각 경영체에 따라 다르다.

(Tip) 과업환경은 기업의 행동에 직접적인 영향을 미친다.

32 아래의 글을 읽고 밑줄 친 부분과의 연계성이 가장 가까운 것을 고르면?

> 사법부의 한 공식 조직이 김명수 대법원장에게 "법원장 인사를 내는 데 법관들의 의사를 반영해 달라"고 요구한 것을 두고 법원 분위기가 뒤숭숭해졌다. 이 같은 의견을 낸 곳은 사법행정과 법관독립에 대한 의견을 내는 전국법관대표회의다. 법관대표회의는 17일 출입기자단에게 문자메시지를 보내 "12일 김 대법원장을 만나 법원장 보임 방안과 법원행정처 개편방안에 대한 의견을 전달했다"고 밝혔다. 김 대법원장에게 전달된 의견은 법관대표회의가 10일 연 임시회의 의결 내용이다. 이를 전해들은 김 대법원장은 "취지를 잘 살펴보고 결정 하겠다"고 답한 것으로 알려졌다.

① 조직 구성원은 주로 그들 간의 밀접한 관계를 형성한다.

② 이에 해당하는 구성원들은 감정적 관계 및 개인적 접촉이다.

③ 인위적인 형식적 절차와 제도화에 의하여 만들어지는 조직이다.

④ 구성원은 집단접촉의 과정에서 저마다 나름대로의 역할을 담당한다.

(Tip) ③은 공식조직을 설명한 것이고, ①②④는 비공식적 조직에 대해 설명한 것이다.

33 다음 중 직무성과에 관한 설명으로 가장 옳지 않은 사항은?

① 성과관리는 조직이나 개인이 수행하는 제반 합목적인 활동과 결과를 미리 계획한 성과지표에 따라 평가하고, 그 평가결과를 기초로 사후 관리하는 일련의 체계적인 절차이다.

② 성과관리는 조직을 구성하는 비전, 미션, 전략, 조직문화와 구조, 그리고 업무방식 등 개별적 요소와의 연관 속에서 파악되어야 한다.

③ 종업원의 직무성과에 영향을 미치는 요인으로는 직무능력과 근로의욕, 일을 수행하는데 필요한 권한 이양 등 능력을 활용 이를 발휘를 할 수 있게 하는 제도적 환경 등이 있다.

④ 직무성과 관리는 기업 전략과 종업원의 공헌을 연결시키는 방법론이며 전략에 기초를 둔 기대공헌도를 명확히 하고 실현하되 공헌에 대한 평가나 공헌까지를 일관적이지 않은 각각의 개별화 된 흐름으로 하는 비통합적 모델이다.

 직무성과 관리는 기업 전략과 종업원의 공헌을 연결시키는 방법론이며 전략에 기초를 둔 기대공헌도를 명확히 하고 실현하되 공헌에 대한 평가나 공헌까지를 일관된 흐름으로 하는 통합적 모델이다.

34 아래의 그림이 나타내는 작업조직을 고르면?

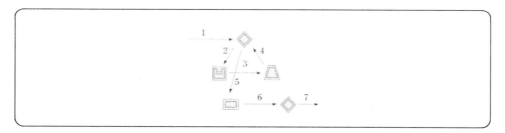

① 유동작업조직

② 만능작업조직

③ 기계별 작업조직

④ 제품별 작업조직

 만능작업조직은 하나의 작업장에 여러 종류의 기계를 설치해 다품종 소량생산에 적합한 조직이지만 작업자 간 연결이 용이하지 않으므로 작업에 대한 능률이 오르기 어렵다.

Answer ↪ 30.④ 31.③ 32.③ 33.④ 34.②

35 다음의 사례를 읽고 밑줄 친 부분에 관한 설명으로 잘못된 것을 고르면?

> 관악구가 영·유아의 교육과 보호에 힘쓰고 있는 어린이집 보육교직원을 대상으로 매주 금요일 산림치유 프로그램 '마음 싱긋'을 운영한다고 밝혔다. 보육교직원은 직장인 부모를 둔 영·유아에게 제2의 부모와도 같은 고마운 존재이지만, 말과 행동이 자유로운 꼬마들과 장시간을 보내며 평정심을 유지해야 하는 감정노동자 대표 직종 중 하나이다. 관악구는 보육교직원의 육체적·심리적 <u>직무 스트레스</u>를 예방하고 숲이 주는 치유효과를 이용하여 건강한 심신 유지를 돕고자 이번 프로그램을 마련했다. 이 프로그램은 요일별로 소외계층, 산후우울증 및 경력단절여성, 청소년 등 대상을 달리하여 특성에 맞게 차별화된 프로그램을 운영하고 있다. 매주 금요일에는 판매영업직, 사회복지종사자, 의료보건종사자 등 대인서비스를 하는 감정노동자와 심신돌보기, 체조, 숲길걷기, 명상 활동으로 스트레스를 완화하고 자존감을 향상시키는 프로그램을 운영하고 있다. 한편, 관악산 산림치유 프로그램은 1급 산림 치유 지도사를 상시 배치하여, 올해 4월부터 현재까지 1,000여명의 주민에게 프로그램을 제공했으며, 참여자들은 긍정적인 반응을 보이고 있다.

① 직무 스트레스의 원인 중 환경적 요인은 외부환경에 의해서만 발생된다.

② 환경에 대한 개인의 통제능력에 따라 스트레스 유발 정도가 달라진다.

③ 조직생활은 본질적으로 구성원들에게 많은 스트레스를 줄 수밖에 없다.

④ 직무 스트레스의 원인 중 조직적 요인은 조직, 집단, 직무차원으로 세분화 된다.

 직무 스트레스는 개인이 일과 관련해서 경험하는 긴장상태로 직무관련 요인들로 인해 개인의 심신이 정상적 기능을 이탈하게 되는 것을 의미한다. 이러한 직무 스트레스의 원인 중 환경적 요인은 불황기와 같은 경제적 요인, 정치·사회·기술적 요인 등의 외부환경 뿐만 아니라, 작업환경 등의 내부 환경도 스트레스를 유발하는 중요한 요인이 될 수 있다.

36 다음 중 인간관계적 접근의 내용에 관한 설명으로 가장 옳지 않은 것을 고르면?

① 비경제적인 보상을 강조하게 되었다.

② 작업장에서의 물리적 작업조건보다 작업자의 심리적·사회적 조건이 더 중요하다.

③ 직무전문화는 일에 대한 흥미와 작업의욕을 감소시키므로 가치가 평가 절하되었다.

④ 공식적인 집단보다 사적인 인간관계로 맺어진 비공식적인 집단이 종업원 개개인의 행동에 미치는 영향이 더 작다.

 인간관계적 접근에서는 공식적인 집단보다 사적인 인간관계로 맺어진 비공식적인 집단이 종업원들 개개인의 행동에 미치는 영향이 더 크다.

37 다음 재무관리에 관한 일반적 사항 중 가장 옳지 않은 것은?

① 발행시장은 정부, 기업에 의해 증권이 최초로 발행 및 판매하는 것을 말한다.

② 현금흐름은 회계적 이익, 비용과 구별되는 실제 현금의 유출입을 말한다.

③ 고정자본 투자는 손실은 아니나 현금유출을 수반한다.

④ 감가상각비는 현금유출에 포함한다.

 감가상각은 비용 및 현금유출을 발생시키지 않는다.

38 다음 중 경제적 주문량(EOQ)의 기본가정으로 옳지 않은 것을 고르면?

① 리드타임은 확실하며, 알려져 있다.

② 발주비 및 유지비는 일정하다.

③ 수요는 일정하다.

④ 주문량은 여러 번 나누어서 입고된다.

 경제적 주문량(EOQ)의 기본가정은 다음과 같다.
- 리드타임은 확실하며, 알려져 있다.
- 발주비 및 유지비는 일정하다.
- 수요는 일정하다.
- 수량할인은 허용되지 않는다.
- 주문량은 일시에 전량 입고된다.
- 단일의 품목이고, 타 품목과는 의존관계가 없다.
- 재고부족 및 미도착주문은 발생하지 않는다.

Answer ↪ 35.① 36.④ 37.④ 38.④

39 다음 기사를 읽고 밑줄 친 부분에 관련한 설명으로 바르지 않은 것을 고르면?

> 연구자들이 고개를 저었다. 방향을 잡기 어려워서다. 무대는 1924년 AT&T사의 자회사인 웨스턴 일렉트릭 호손 (Hawthorne) 공장. 작업환경 개선이 생산성을 올려주는지 알아보기 위한 실험에서 연구팀은 먼저 작업장의 조명을 밝게 바꿨다. 예상대로 생산성이 높아졌다. 문제는 아무런 변화를 주지 않은 비교집단에서도 비슷한 생산성 향상이 나타났다는 점. 난관에 봉착한 연구팀은 1927년 전문가를 불렀다. 초빙자는 엘턴 메이요(Elton Mayo) 하버드대학 경영대학원 교수. 메이요 팀은 노동시간 단축, 휴식시간 확대, 간식 제공 등 노동 여건을 개선시켰다. 예측대로 생산성이 높아졌지만 뜻밖의 결과도 나왔다. 노동조건을 원래대로 돌렸을 때 역시 생산성이 떨어지지 않았던 것. 메이요는 실험의 주역으로 선발됐다는 여공들의 자부심이 어떤 경우에서도 고효율을 낳은 요인이라는 결론을 내렸다. 1932년까지 연구를 진행한 메이요 팀은 이듬해 '산업화와 인간관계론'을 펴냈다. 종업원의 소속감과 안정감·참여의식이 생산성을 결정하고 인간관계로 형성된 사내 비공식조직이 경영성과를 좌우한다는 메이요의 주장은 파장을 일으켰다. 테일러식 과학적 관리와 포드식 대량 생산, 기계화와 자동화가 경영신앙으로 자리 잡았던 시대였기 때문이다. 마침 대공황의 복판이어서 노동자를 중시한 연구결과는 더 큰 호응을 받고 생산성 혁신사의 전환점을 그었다. 오스트레일리아 출생 (1880년)으로 의대 중퇴, 잡지 기고자를 거쳐 뒤늦게 심리학과 철학을 공부해 산업현장과 경영에 접목한 메이요는 1947년 은퇴한 뒤 1949년 9월7일 69세로 죽었지만 산업심리학이라는 새로운 학문 분야를 남겼다. 기계에 딸린 생산재로 여겨지던 인간이 경영관리의 중심으로 대우 받게 된 것도 그의 연구부터다.

① 위 공장의 실험으로 인해 인간의 사회적 및 심리적인 조건 등을 중요시하는 계기가 되었다.

② 구성원들 만족의 증가가 성과로서 연결된다고 보고 있다.

③ 기업조직은 경제적, 기술적, 사회적 시스템이다.

④ 공식 조직을 강조하였다.

 메이요 교수의 호손 공장의 실험으로 인해 인간에 대한 존중, 감성 등이 인정받게 되었고 이로 인해 비공식 조직을 강조하게 되었다.

40 다음 중 소비자 구매의사결정 과정으로 가장 올바른 것은?

① 문제의 인식→정보의 탐색→대안의 평가→구매→구매 후 행동

② 문제의 인식→대안의 평가→정보의 탐색→구매→구매 후 행동

③ 문제의 인식→정보의 탐색→구매→대안의 평가→구매 후 행동

④ 문제의 인식→대안의 평가→구매→정보의 탐색→구매 후 행동

 소비자 구매의사결정과정
문제의 인식 → 정보의 탐색 → 대안의 평가 → 구매 → 구매 후 행동

Answer ↪ 39.④ 40.①

PART

IV

면접

01 면접의 기본

1 면접의 종류와 의의

(1) 개인 면접

① 개념 … 가장 보편적인 면접의 형태로 면접관 한 명이 지원자 한 명과 개별적으로 질의응답하는 형태와 면접관 여러 명이 지원자 한 명에게 질문하는 형태가 있다.

② 특징 … 주로 간단한 자기소개 및 지원동기, 직업관, 성격 등을 파악하는 과정으로 지원자는 미리 예상질문과 간결한 답변을 준비하는 것이 좋으나 천편일률적인 답변이 되지 않도록 주의하여야 한다.

(2) 집단 면접

① 개념 … 면접관 여러 명이 여러 명의 지원자를 동시에 평가하는 형태이다.

② 특징 … 주로 한 명의 면접관이 모든 응시자에게 하나의 질문을 하는 경우가 많다. 신중하면서도 개성있는 답변을 하는 것이 좋으며 자신의 주장만을 강하게 내세우거나, 발언기회를 놓치거나 한눈을 팔아서는 안된다. 의견을 이야기 할 때에는 면접관 한 명이 아닌 모든 면접관에게 성실하게 답변하고 있다는 느낌을 주도록 해야 한다.

(3) 집단토론 면접

① 개념 … 여러 명의 지원자를 하나의 조로 편성한 후 토론과제를 주고 그 안에서 뛰어난 인재를 발탁하는 형태로 전체 속에서 개인의 리더십, 설득력, 협동성, 상황판단력 등을 평가한다.

② 특징 … 집단 속에서 자신의 의견을 논리적으로 펼치면서 너무 흥분하여 과격해지거나 반대로 위축되는 일이 없어야 하며 자신이 돋보이기 위해 타 지원자에게 면박을 주는 것은 바람직하지 못한 행동이다.

(4) 프레젠테이션 면접

① 개념 … 실무자 중심으로 면접관을 구성한 후 지원자들이 동일한 주제에 대해 찬반토론하는 대신 주어진 여러 가지 주제 중 자신 있는 것을 골라 자신의 주장을 펼치는 형식으로 최근에 많이 채택되고 있다.

② 특징 … 우선 설득할 대상과 면접관의 요구사항을 제대로 파악한다. 자신이 주제를 선택하는 것이므로 내용이 빈약하거나 추상적이어서는 안 된다.

2 면접의 평가기준

(1) 외모에 의한 평가

면접관의 대부분이 첫인상에 영향을 받는다고 대답할 만큼 외모에 의한 평가는 중요하다. 그러나 무조건 비싼 옷이나 화려한 화장으로 치장한 겉모습이 아니라 주로 신체의 건강상태, 올바른 자세, 웃는 얼굴 등의 호감을 줄 수 있는 요소가 중시된다.

(2) 질의응답에 의한 평가

① 상황판단능력 … 면접관은 지원자에게 질문함으로써 그 질문을 얼마나 바로 이해하고 그 문제에 대한 신속하고 정확한 판단을 내리는가를 살피게 된다. 또한 지원자의 답변이 논리정연하고 간단명료한가, 언어 사용은 적절한가 등을 파악한다.

② 직무수행능력 … 업계나 직종에 대한 지식 정도를 파악하여 회사의 신입사원으로서 업무를 잘 수행하고 적응할 수 있는가를 파악한다.

③ 가치관 … 지원자에게 신념이나 존경하는 사람 등을 물음으로써 그 사람이 얼마나 성실한 사람인가, 사회를 보는 시각은 어떠한가 등을 파악한다.

(3) 접수서류에 의한 평가

서류심사에 활용되는 것은 주로 이력서, 자기소개서, 신상조서, 입사지원서 등으로 여기에 기재된 사실을 가지고 평가하며 또한 면접의 기초 자료로 활용되므로 작성할 때에는 절대 거짓이 없어야 하며 모순점이 발견되어서도 안 된다. 성격을 쓸 때에는 추상적으로 부지런하다 등으로 쓰지 말고 예를 들어서 설명하는 것이 좋다. 인사담당자는 이러한 서류를 통해서 지원자가 자기 자신을 얼마나 객관적으로 판단하고 있는지를 확인한다.

면접에 대한 궁금증

질문1   **1차 면접, 2차 면접의 질문이 같다면 대답도 똑같아야 하나요?**

면접관의 질문이 같다면 일부러 대답을 바꿀 필요는 없다. 1차와 2차의 면접관이 다르다면 더욱 그러하며 면접관이 같더라도 완전히 다른 대답보다는 대답의 방향을 조금 바꾸거나, 예전의 질문에서 더욱 구체적으로 파고드는 대답이 좋다.

질문2   **제조회사의 면접시험에서 지금 사용하고 있는 물건이 어느 회사의 제품인지를 물었을 때, 경쟁회사의 제품을 말해도 괜찮을까요?**

타사 특히 경쟁사의 제품을 거론하는 것을 좋아할 만한 면접관은 한 명도 없다. 그러나 그 제품의 장·단점까지 분석할 수 있고 논리적인 설명이 가능하다면 경쟁회사의 제품을 거론해도 무방하다. 만약 면접을 보는 회사의 제품을 거론할 때 장·단점을 설명하지 못하면, 감점요인은 아니지만 좋은 점수를 받기는 힘들다.

질문3   **면접관이 '대답을 미리 준비했군요'라는 말을 하면 어떻게 해야 할까요?**

외워서 답변하는 경우에는 면접관의 눈을 똑바로 보고 말하기가 힘들며 잊어버리기 전에 말하고자 하여 말의 속도가 빨라진다. 면접에서는 정답이 표면적으로 드러나 있는 질문 보다는 지원자의 생각을 묻는 질문이 많으므로 면접관의 질문을 새겨듣고 요구하는 바를 파악한 후 천천히 대답한다.

질문4   **부모님의 직업이 나와 무슨 관계가 있습니까?**

이는 면접관이 지원자의 부모님 직업이 궁금해서 묻는 것이 아니다. 이 대답을 통해서 지원자가 자식으로서 부모님을 얼마나 이해하고 있는가와 함께 사회인으로서 다른 직장인을 얼마나 이해하고 포용할 수 있는가를 확인하는 것이다. 부모님의 직업만을 이야기하지 말고 그에 따른 자신의 생각을 밝히는 것이 좋다.

질문5   **집단면접에서 면접관이 저에게 아무런 질문도 하지 않았습니다. 그 이유는 무엇인가요?**

이력서와 자기소개서는 면접의 기본이 되며 이력서의 내용이 평범하거나 너무 포괄적이라면 면접관은 지원자에게 궁금증이 생기지 않을 수도 있다. 그러므로 이력서는 구체적이면서 개성적으로 자신을 잘 드러낼 수 있는 내용을 강조해서 작성하는 것이 중요하다.

질문6   **면접관에게 좋은 인상을 남기기 위해서는 어떻게 하는 것이 좋을까요?**

면접관은 성실하고 진지한 지원자를 대할 경우 고개를 끄덕이거나 신중한 표정을 짓는다. 그러므로 지나치게 가벼워 보이거나 잘난 척하는 자세는 바람직하지 않다.

질문7 질문에 대한 답변을 다 하지 못하였는데 면접관이 다음 질문으로 넘어가 버리면 어떻게 할까요?

> 면접에서는 간단명료하게 자신의 의견을 일관성 있게 밝히는 것이 중요하다. 두괄식으로 주제를 먼저 제시하는데 서론이 길면 지루해져 다음 질문으로 넘어갈 수 있다.

질문8 면접에서 실패한 경우에, 역전시킬 수 있는 방법이 있나요?

> 지원자 스스로도 면접에서 실패했다고 느끼는 경우가 종종 있다. 이런 경우에는 당황하여 인사를 잊기도 하나 오히려 정중하게 인사를 하면 또 다른 인상을 심어줄 수 있다. 면접관은 당신이 면접실에 들어서는 순간부터 나가는 순간까지 당신을 지켜보고 있다는 사실을 기억해야 한다.

4 면접의 대비

(1) 면접대비사항

① 지원회사에 대한 사전지식 습득 … 필기시험에 합격하거나 서류전형을 통과하면 보통 합격통지 이후 면접시험 날짜가 정해진다. 이때 지원자는 면접시험을 대비해 본인이 지원한 계열사 또는 부서에 대해 다음과 같은 사항 정도는 알고 있는 것이 좋다.

   ㉠ 회사의 연혁

   ㉡ 회장 또는 사장의 이름, 출신학교, 전공과목 등

   ㉢ 회사에서 요구하는 신입사원의 인재상

   ㉣ 회사의 사훈, 비전, 경영이념, 창업정신

   ㉤ 회사의 대표적 상품과 그 특색

   ㉥ 업종별 계열 회사의 수

   ㉦ 해외 지사의 수와 그 위치

   ㉧ 신제품에 대한 기획 여부

   ㉨ 지원자가 평가할 수 있는 회사의 장·단점

   ㉩ 회사의 잠재적 능력 개발에 대한 각종 평가

② 충분한 수면을 취해 몸의 상태를 최상으로 유지 … 면접 전날에는 긴장하거나 준비가 미흡한 것 같아 잠을 설치게 된다. 이렇게 잠을 잘 자지 못하면 다음날 일어 났을 때 피곤함을 느끼게 되고 몸 상태도 악화된다. 게다가 잠을 못 잘 경우 얼굴이 부스스하거나 목소리에 영향을 미칠 수 있으며 자신도 모르게 멍한 표정을 지을 수도 있다.

③ 아침에 **정보를 확인** … 아침에 일어나서 뉴스 등을 유의해서 보고 자신의 생각을 정리해 두는 것이 좋다. 또한 면접일과 인접해 있는 국경일이나 행사 등이 있다면 그에 따른 생각을 정리해 두면 좋다.

(2) 면접 시 유의사항

① **첫인상이 중요** … 면접에서는 처음 1~2분 동안에 당락의 70% 정도가 결정될 정도로 첫인상이 중요하다고 한다. 그러므로 지원자는 자신감과 의지, 재능 등을 보여주어야 한다. 그리고 면접자와 눈을 맞추고 그가 설명을 하거나 말을 하면 적절한 반응을 보여준다.

② **지각은 금물** … 우선 면접장소가 결정되면 교통편과 소요시간을 확인하고 가능하다면 미리 방문해보는 것도 좋다. 당일날에는 서둘러서 출발하여 면접 시간 10~15분 일찍 도착하여 회사를 둘러보고 환경에 익숙해지는 것이 좋다.

③ **면접대기시간의 행동도 평가** … 지원자들은 대부분 면접실에서만 평가받는다고 생각하나 절대 그렇지 않다. 면접진행자는 대부분 인사실무자이며 당락에 영향을 준다. 짧은 시간 동안 사람을 판단하는 것은 힘든 일이라 면접자는 지원자에 대한 평가에 대한 확신을 위해 타인의 의견을 듣고자 한다. 이때 면접진행자의 의견을 참고하므로 면접대기시간에도 행동과 말을 조심해야 한다. 또한 면접을 마치고 돌아가는 그 순간까지도 행동과 말에 유의하여야 한다. 황당한 질문에 답변은 잘 했으나 복도에 나와서 흐트러진 모습을 보이거나 욕설을 하는 것도 다 평가되므로 주의한다.

④ **입실 후 공손한 태도**
  ㉠ 본인 차례가 되어 호명되면 대답을 또렷하게 하고 들어간다. 만약 문이 닫혀 있다면 상대에게 소리가 들릴 수 있을 정도로 노크를 두 번 한 후 대답을 듣고 나서 들어간다.
  ㉡ 문을 여닫을 때에는 소리가 나지 않게 조용히하며 공손한 자세로 인사한 후 성명과 수험번호를 말하고 면접관의 지시에 따라 자리에 앉는다. 이 경우 자리에 착석하라는 말이 없는데 의자에 앉으면 무례한 사람처럼 보일 수 있으므로 주의한다.
  ㉢ 의자에 앉을 때는 끝에 걸터 앉지 말고 안쪽으로 깊숙이 앉아 무릎 위에 양손을 가지런히 얹는 것이 좋다.

⑤ **대답하기 난해한 개방형 질문도 반드시 답변을 함**
  ㉠ 면접관의 질문에는 예, 아니오로 답할 수 있는 단답형도 있으나, 정답이 없는 개방형 질문이 있을 수 있다. 단답형 질문의 경우에는 간단명료하면서도 그렇게 생각하는 이유를 밝혀주는 것이 좋다. 그러나 개방형 질문은 평소에 충분히 생각하지 못했던 내용이라면 답변을 하기 힘들 수도 있다. 하지만 반드시 답변을 해야 된다. 자신의 생

각이나 입장을 밝히지 않을 경우 소신이 없거나 혹은 분명한 입장이나 가치를 가지고 있지 않은 사람으로 비쳐질 수 있다. 답변이 바로 떠오르지 않는다면, "잠시 생각을 정리할 시간을 주시겠습니까?"하고 요청을 해도 괜찮다.

ⓒ 평소에 잘 알고 있는 문제라면 답변을 잘 할 수 있을 것이다. 그러나 이런 경우 주의할 것은 면접자와 가치 논쟁을 할 필요가 없다는 것이다. 정답이 정해져 있지 않은 경우에는 가치관이나 성장배경에 따라 문제를 받아들이는 태도에서 답변까지 충분히 차이가 있을 수 있다. 그런데 그것을 굳이 지적하여 고치려 드는 것은 좋지 않다.

⑥ 자신감과 의지 … 면접을 하다 보면 미래를 예측해야 하는 질문이 있다. 이때에는 너무 많은 상황을 고려하지 말고, 자신감 있는 내용으로 긍정문으로 답변하는 것이 좋다.

⑦ 자신의 장·단점 파악 … 면접을 하다 보면 나에 대해서 부정적인 말을 해야 될 경우가 있다. 이때에는 자신의 약점을 솔직하게 말하되 너무 자신을 비하하지 말아야 한다. 그리고 가능한 단점은 짧게 말하고 뒤이어 장점을 말하는 것이 좋다.

⑧ 정직한 대답 … 면접이라는 것이 아무리 본인의 장점을 부각시키고 단점을 축소시키는 것이라고 해도 절대로 거짓말을 해서는 안 된다. 거짓말을 하게 되면 지원자는 불안하거나 꺼림칙한 마음이 남아 있어 면접에 집중하지 못하게 되고 면접관을 그것을 놓치지 않는다. 거짓말은 그 사람에 대한 신뢰성을 떨어뜨리며 이로 인해 다른 조건이 좋다하더라도 탈락할 수 있다.

⑨ 지원동기에 가치관이 반영 … 면접에서 거의 항상 물어보는 질문은 지원동기에 관한 것이다. 어떤 응시자들은 이 질문을 대수롭지 않게 여기거나 중요한 것은 알지만 적당한 내용을 찾지 못해 추상적으로 답변하는 경우가 많다. 이런 경우 면접관들은 응시자의 생각을 알 수 없거나 성의가 없다고 생각하기 쉬우므로 그 내용 안에 자신의 가치관이 내포되도록 답변한다. 이러한 답변은 면접관에게 응시자가 직업을 통해 자신의 가치관을 실현하기 위한 과정이라는 인상을 주게 되므로 적극적인 삶의 자세를 볼 수 있게 한다.

⑩ 경력직일 경우 전의 직장에 대한 험담은 금물 … 응시자에게 이전 직장에서 무슨 일이 있었는지, 그 곳 상사들이 어땠는지는 등은 그다지 면접관이 궁금해하는 사항이 아니다. 전 직장에 대해 험담을 늘어놓는다든가, 동료와 상사들에 대한 악담을 하게 된다면 오히려 부정적인 이미지를 심어 줄 수 있다. 만약 전 직장에 대한 말을 할 필요성이 있다면 가능한 객관적으로 이야기하는 것이 좋다.

⑪ 대답 시 유의사항

    ㉠ 질문이 주어지자 마자 답변하는 것은 미리 예상한 답을 잊어버리기 전에 말하고자 하는 것으로 오인될 수 있으며, 침착하지 못하고 즉흥적으로 비춰지기 쉽다.

    ㉡ 질문에 대한 답변을 할 때에는 면접관과의 거리를 생각해서 너무 작게 하는 것은 좋지 않으나 큰 소리로 이야기하면 면접관이 부담을 느끼게 된다. 자신있는 답변이라고 해서 너무 빠르게 많이 말하지 않아야 하며, 자신의 답변이 적당하지 못했다고 느꼈을 경우 머리를 만지거나 혀를 내미는 등의 행동은 좋지 못하다. 그리고 정해진 답변 외에 적절하지 않은 농담은 경망스러워 보이거나 취업에 열의가 없어 보이기도 한다.

    ㉢ 가장 중요한 것은 올바른 언어의 구사이다. 존대어와 겸양어를 혼동하기도 하고 채팅어를 자기도 모르게 사용하기도 하는 데 이는 면접 실패의 원인이 될 수 있다.

⑫ 옷매무새 … 여성들의 경우 이러한 모습이 특히 두드러지는데 외모에 너무 신경을 쓰거나 너무 긴장하여 머리를 계속 쓸어 올리거나 치마 끝을 만지작 거리는 경우가 있다. 특히 너무 짧은 치마를 입고서 치마를 끌어 내리는 행동은 좋지 못하다.

⑬ 다리를 떨거나 산만한 시선은 금물

    ㉠ 자신도 모르게 다리를 떨거나 손가락을 만지는 등의 행동을 하는 사람들이 많다. 이는 면접관의 주의를 끌 뿐만 아니라 불안하고 산만한 사람이라는 느낌을 주게 된다.

    ㉡ 면접관과 시선을 맞추지 못하고 여기저기 둘러보는 듯한 산만한 시선은 거짓말을 하고 있다고 여기거나 신뢰성이 떨어진다고 생각하기 쉽다.

⑭ 질문의 기회를 활용 … 면접관이 "면접을 마치겠네." 혹은 "면접과는 상관없는 것인데…"하면서 질문을 유도하기도 한다. 이 경우 면접관이 하는 말은 지원자를 안심시켜 마음을 알고자 하는 것으로 거기에 넘어가서는 안 된다. "물어볼 것이 있나?"라는 말은 '우리 회사에서 가장 관심이 있는 것이 무엇인가'라는 말과 같은 의미이므로 유급휴가나 복리후생에 관한 질문 등을 하게 되면 일보다는 휴가에 관심이 많은 사람이라는 인식을 주게 된다. 이런 내용들은 다른 정보망을 활용하여 미리 파악해 두는 것이 좋으며 업무에 관련된 질문으로 하고자 하는 일의 예를 들면서 합격 시에 하는 일을 구체적으로 설명해 달라고 하거나 업무를 더욱 잘 수행하기 위해서 필요한 능력 등을 물어보는 것이 좋다.

5 자기소개 시 유의사항

면접에서 빠지지 않는 것이 자기소개를 간단히 해보라는 것이다. 자기소개라는 것은 매우 추상적이며 넓은 의미를 포괄한다. 자신의 이름에 얽힌 사연이나 어릴 적의 추억, 고향, 혈액형 등 지원자에 관한 일이라면 모두 자기소개가 될 수 있다. 그러나 이는 면접관이 원하는 대답이 아니다. 면접관은 지원자의 신상명세를 알고 싶은 것이 아니라 지원자가 지금껏 해온 일을 통해 그 사람 됨됨이를 알고자 하는 것이기 때문이다.

(1) 자신의 집안에 대해 자랑하는 사람

자신의 부모나 형제 등 집안사람들이 사회·경제적으로 어떠한 위치에 있는 지를 서술하는 유형으로 자신도 대단한 사람이라는 것을 강조하고 싶은 것일지 모르나 면접관에게는 의존적이며 나약한 사람으로 비춰지기 쉽다.

(2) 대답을 하지 못하는 사람

면접관의 질문에는 난도가 있어서 대답하기 힘든 문제도 분명 있을 것이다. 그러나 이는 어려운 것이지 난처한 문제는 아니다. 그러나 면접관이 '당신에게 지금까지 무슨 일을 해왔습니까?'라고 묻는다면 바로 대답을 하지 못하고 머뭇거리게 될 것이다. 평소에 끊임없이 이런 질문을 스스로 던져 자신이 원하는 것을 파악하고 직업도 관련된 쪽으로 구하고자 하면 막힘없이 대답할 수 있을 것이다.

(3) 자신이 한 일에 대해서 너무 자세하게 이야기하는 사람

면접은 필기시험과 마찬가지로 시간이 정해져 있고 그 시간을 효율적으로 활용하여 자신을 내보이는 것이다. 그러나 이러한 사람들은 그것은 생각하지 않고 적당하지 않은 말까지 많이 하여 시간이 부족하다고 하는 사람들이다. 이들은 자신이 한 일을 열거하면서 모든 일에 열의가 있는 사람이라고 생각해주길 바라지만 단순 나열일 뿐 면접관들에게 강한 인상을 남기지 못한다.

(4) 너무 오래된 추억을 이야기하는 사람

면접에서 초등학교의 시절의 이야기를 하는 사람은 어떻게 비춰질까? 그 이야기가 지금까지도 영향을 미치고 있다면 괜찮지만 단순히 일회성으로 그친다면 너무 동떨어진 이야기가 된다. 가능하면 최근의 이야기를 하는 것이 강렬한 인상을 남길 수 있다.

6 자주 나오는 질문과 대처법

(1) 가족 및 대인관계에 관한 질문

당신의 가정은 어떤 가정입니까?

면접관들은 지원자의 가정환경과 성장과정을 알고 싶어하는 것이다. 비록 가정 일과 사회의 일이 완전히 일치하는 것은 아니지만 '가화만사성'이라는 말이 있듯이 가정이 화목해야 사회에서도 화목하게 지낼 수 있기 때문이다. 그러므로 답변 시에는 가족사항을 정확하게 설명하고 집안의 분위기와 특징에 대해 이야기하는 것이 좋다.

아버지의 직업은 무엇입니까?

아주 기본적인 질문으로, 지원자는 아버지와 내가 무슨 관련성이 있나라고 생각하기 쉬워 포괄적인 답변을 하는 경우가 많다. 그러나 이는 바람직하지 않은 것으로 단답형으로 답변하면 세부적인 직종 및 근무기한 등을 물을 수 있으므로 모든 걸 한 번에 대답하는 것이 좋다.

친구관계에 대해 말해보시오.

지원자의 인간성을 판단하는 질문으로 교우관계를 통해 답변자의 성격을 알 수 있다. 새로운 환경에 적응을 잘하여 새로운 친구들이 많은 것도 좋지만, 깊고 오래 지속되어온 인간관계를 말하는 것이 더욱 바람직하다.

(2) 성격 및 가치관에 관한 질문

당신의 PR포인트를 말해주십시오.

지나치게 겸손한 태도는 좋지 않으며 적극적으로 자기를 주장해야 한다. 앞으로 입사 후 하게 될 업무와 관련된 자기의 특성을 구체적인 일화로 이야기하면 좋다.

당신의 장·단점을 말해 보시오.

지원자의 구체적인 장·단점을 알고자 하기 보다는 지원자가 자기 자신에 대해 얼마나 알고 있으며 어느 정도의 객관적인 분석을 하고 있나, 그리고 개선의 노력 등을 시도하는지를 파악하고자 하는 것이다.

가장 존경하는 사람은 누구입니까?

존경하는 사람을 말하기 위해서는 우선 그 인물에 대해 알아야 한다. 대충 알고서 질문에 응답하는 것을 면접관은 바로 알 수 있으므로 추상적이라도 좋으니, 그 사람의 어떤 점이 좋고, 존경스러운지 대답해야 한다. 또한 자신에게 어떤 영향을 미쳤는지도 언급하면 좋다.

(3) 학교생활에 관한 질문

지금까지의 학교생활 중 가장 기억에 남는 일은?

가급적 직장생활에 도움이 되는 경험을 이야기하는 것이 좋다. 또한 경험만을 간단하게 말하지 말고 그 경험을 통해서 얻을 수 있었던 교훈 등을 예시와 함께 이야기하는 것이 좋으나 너무 상투적인 답변이 되지 않도록 주의한다.

학교 때의 성적은 좋은 편이었습니까?

면접관은 이미 서류심사를 통해 지원자의 성적을 알고 있다. 성적 자체는 중요한 것이 아니다. 이 질문의 핵심은 당신이 성적에 대해서 어떻게 인식하느냐 하는 것이다. 성적이 나빴던 이유에 대해서 변명하려 하지 말고 담백하게 받아드리고 그것에 대한 개선노력을 했음을 밝히는 것이 적절하다.

학창시절에 시위나 데모에 참여한 적이 있습니까?

기업에서는 노사분규를 기업의 사활이 걸린 중대한 문제로 인식하고 거시적인 차원에서 접근한다. 이러한 기업문화를 제대로 인식하지 못하여 학창시절의 시위 경험을 자랑스럽게 답변할 경우 감점 요인이 되거나 심지어는 탈락할 수 있다는 사실에 주의한다.

(4) 지망동기 및 직업의식에 관한 질문

왜 우리 회사를 지원했습니까?

이 질문은 어느 회사나 가장 먼저 물어보고 싶은 것으로 지원자들은 기업의 이념, 사장의 경영능력, 재무구조, 복리후생 등 외적인 부분을 설명하는 경우가 많다. 이러한 답변도 적절하지만 지망회사의 주력 상품에 관한 소비자의 인지도, 경쟁사 제품과의 시장점유율을 비교하면서 입사동기를 설명한다면 상당히 주목받을 것이다.

만약 이 회사에 불합격하면 어떻게 하겠습니까?

불합격할 것을 가정하고 회사에 응시하는 사람은 거의 없다. 이는 지원자를 궁지로 몰아 넣고 그 대응을 살펴 입사희망 정도를 알아보려고 하는 것이다. 이 질문은 깊이 들어가지 말고 침착하게 답변하여야 한다.

당신이 생각하는 바람직한 사원상은?

직장인으로서 또는 조직의 일원으로서의 자세를 묻는 질문으로 지원하는 회사에서 어떤 인재상을 요구하는 가를 알아두는 것이 좋으며 평소에 자신의 생각을 미리 정리해 두는 것이 적절하다.

직무상의 적성과 보수의 많음 중 어느 것을 택하겠습니까?

이런 질문에서 회사측에서 원하는 답변은 당연히 일에 비중을 둔다는 것이다. 그러나 적성만을 너무 강조하다 보면 오히려 솔직하지 못하다는 인상을 줄 수 있으므로 어느 한 쪽을 너무 강조하거나 경시하는 태도는 바람직하지 못하다.

상사와 의견이 다를 때 어떻게 하겠습니까?

과거에는 어떠했을지 모르나 요즘은 상사의 명령에 무조건 따르겠다는 수동적인 자세는 바람직하지 않다. 회사에서는 때에 따라서는 자신이 판단하고 행동할 수 있는 직원을 원하기 때문이다. 그러나 지나치게 자신의 의견만을 고집한다면 이는 팀원 간의 불화를 야기할 수 있으며 팀 체제에 악영향을 미칠 수 있으므로 선호하지 않는다는 것에 유념하여야 한다.

이번에 뽑는 사원은 근무지가 지방인데 근무가 가능합니까?

근무지가 지방 중에서도 특정 지역은 되고 다른 지역은 안 된다는 답변은 바람직하지 않다. 직장에서는 순환 근무라는 것이 있으므로 처음에 지방에서 근무를 시작했다고 해서 계속 지방에만 있는 것은 아님을 유의하고 답변해야 한다.

(5) 여가 활용에 관한 질문

취미가 무엇입니까?

이 질문에 대해서 대부분의 지원자가 당황하게 된다. 그래서 가장 많이 대답하게 되는 것이 독서, 영화감상, 혹은 음악감상 등과 같은 흔한 취미를 말하게 된다. 이런 취미는 면접관의 주의를 끌기 어려우며 설사 정말 위와 같은 취미를 가지고 있다하더라도 제대로 답변하기는 힘들다. 가능한 독특한 취미를 말하는 것이 좋으며 이제 막 시작한 것이라도 열의를 가지고 있음을 설명할 수 있으면 그것을 취미로 답변하는 것도 무방하다.

술은 좋아합니까?

이 질문은 정말로 술을 좋아하는 정도를 묻는 것이 아니다. 우리나라에서는 대부분 술자리가 친교의 자리로 인식되기 때문에 그것에 얼마나 적극적으로 참여할 수 있는 가를 우회적으로 묻는 것이다. 술을 싫어한다고 대답하게 되면 원만한 대인관계에 문제가 있을 수 있다고 평가하므로 술을 잘 마시지 못하더라도 술자리의 분위기는 즐긴다고 답변하는 것이 좋으며 주량은 정확하게 말하는 것이 좋다.

(6) 여성 지원자들을 겨냥한 질문

결혼은 언제 할 생각입니까?

지원자가 결혼예정자일 경우 기업은 채용을 꺼리게 된다. 업무를 어느 정도 인식하고 수행할 정도가 되면 퇴사하는 일이 흔하기 때문이다. 가능하면 결혼 계획이 없다고 답변하는 것이 현실적인 대처 요령이다. 거기에 덧붙여 일하고자 하는 의지를 강하게 내보인다면 더욱 도움이 된다.

만약 사귀는 남성이 결혼 후 직장생활을 그만두라고 강요한다면 어떻게 하겠습니까?

결혼적령기의 모든 여성 지원자들에게 묻는 것으로 의견 대립이 생겼을 때 상대방을 설득하고 타협하는 과정을 알고자 하는 것이므로 대화에 중점을 두어야 한다. 답변으로는 남편을 설득하여 계속 근무하겠다는 의지를 밝히는 것이 좋다.

커피나 복사 같은 잔심부름이 주어진다면 어떻게 하겠습니까?

이 질문은 지원자에게 잔심부름을 전담하라는 요구가 아니라 직장생활 중에서의 협동심이나 봉사정신, 직업관을 알아보고자 하는 것이다. 또한 이를 위해 더 압박법을 사용해 비꼬는 투로 말하는 수 있는데 이는 자존심이 상하거나 불쾌해질 때의 행동을 알아보려는 것이다. 이럴 경우 흥분하여 과격하게 답변하면 탈락하게 되며, 무조건 하겠다는 대답도 신뢰성이 없는 답변이다. 직장생활을 위해 필요한 일이면 할 수 있다는 정도의 긍정적인 답변을 하되, 한 사람의 사원으로서 당당함을 유지하여야 한다.

화장하는 데 얼마나 시간이 소요됩니까?

아직도 많은 사람들이 여성은 업무보다 자신을 꾸미는 것에 더 많은 노력을 기울인다고 생각한다. 그러나 화장을 전혀 하지 않으면 게으르다고 생각하므로 적당히 자신을 위해 노력한다는 것을 보일 수 있도록 답변하는 것이 좋으며 화장시간은 15~30분 정도가 적당하다.

요즘은 간접흡연의 폐해가 밝혀지면서 흡연 자체가 남성, 여성을 떠나 좋지 않은 습관으로 인식되고 있으며 사회 전반에서 금연운동이 펼쳐지고 있음을 설명하는 것이 좋다.

7 이색 면접유형과 질문에 따른 대처법

(1) 이색 면접유형

① 유도심문형 면접 … 면접관들은 이미 지원자들의 이력서나 자기소개서와 같은 서류를 읽어 보았음을 감안해서 면접을 준비한다. 이런 과정에서 지원자들이 가장 취약한 점을 찾아내어 그에 따른 질문을 하게 된다. 주로 회사의 성격과 전공학과가 적당하지 않다 혹은 성적이 좋지 않다 등의 질문을 하게 된다. 이때에는 당황하거나 감정을 나타내는 등 면접관의 질문에 흔들리지 말고 당당하게 자신의 의견을 밝힐 수 있어야 한다.

② 소지품검사형 면접 … 개인적인 사항들을 말을 통해서 묻는 것과 실질적으로 소지품을 검사해보는 것은 큰 차이가 있으며 지원자가 느끼는 불쾌감 또한 매우 크다. 그러나 이것을 부정적으로만 생각하지 말고 기회를 활용하여 자신에게 득이 될 수 있도록 하여야 한다. 이런 소지품 검사의 경우 주로 여성 응시자들에게 많은 영향을 미치게 되는데 작은 소지품과 화장품 등은 파우치를 이용하여 따로 담아두는 것이 좋으며 비상용 밴드나 티슈 등을 넣어가지고 다니면 좋은 인상을 남길 수 있다.

③ 설명형 면접 … 면접관이 지원자에게 질문을 하기 보다는 입사 후 담당업무를 주로 설명하는 면접의 형태로 다른 면접보다 수월하게 느껴질 수 있다. 그러나 이러한 면접에서 지원자가 수동적인 자세로 설명을 듣고만 있다면 탈락하기 쉬우므로 이해가 되지 않는 설명에는 그것을 되묻고 자신이 흥미 있어 하는 부분에서는 그것을 들어낼 수 있어야 한다. 이를 위해서는 사전에 직장에 대한 지식이 필요하며 자신의 생각을 말할 수 있는 적극성이 강조된다.

④ 사우나 면접 … 일부 기업체에서 도입하고 있는 사우나 면접은 경직되어 있는 면접실을 벗어나 자연스러운 대화를 나누고자 하여 실시되는 것으로 면접뿐만 아니라 사내 회의에도 많이 활용되고 있다. 이때 지원자는 면접관의 등을 밀어주는 등의 행동을 할 때에는 지나친 것은 오히려 해가 될 수 있며, 편안한 분위기에서 생활 속의 활력을 보여주는 것이 좋다.

⑤ **노래방형 면접** … 형식의 파괴를 보여주는 면접으로 사회성과 대인 관계정도를 파악할 수 있다. 이 경우 자신이 좋아하는 노래라고 너무 많이 부르거나 노래에 자신이 없다고 해서 전혀 안 부르는 것은 좋지 않으며 다른 사람을 배려하는 모습을 보이는 것이 좋다. 또한 최신곡을 한 곡 정도 부르는 것이 좋다.

⑥ **마라톤형 면접** … 과거에는 면접을 단순히 거쳐가는 과정으로 인식하여 개인당 5~6가지의 질문으로 짧게 끝나는 경우가 많았으나 요즘은 면접을 통해서 지원자들의 성향을 파악하고자 하며 면접이 당락을 결정하는 경우가 많아 오랜 시간을 두고 지원자를 관찰하는 면접도 있다. 이러한 면접은 보통 4시간 이상 집중적인 인터뷰를 하는 식으로 진행되는데 이 경우 처음부터 너무 긴장하게 되면 후반부에 가서 지칠 수 있으며 이는 지구력이 떨어진다는 인상을 남길 수 있으므로 친구에게 이야기 하듯이 진솔하게 자신의 생각을 풀어나가는 것이 좋다. 이때는 반드시 면접관의 눈을 바라보며 이야기 하는 것이 효과적이다.

⑦ **집단합숙형 면접** … 마라톤형 면접으로도 부족하다고 생각되면 회사에서는 많은 비용이 드는 것을 감수하고서 집단합숙형 면접을 실시한다. 주로 2~3일간 합숙을 하면서 일어나는 사건들을 통해 성격과 능력을 평가하는 것으로 지원자들이 처음에는 면접이라는 사실을 인식하여 경직되어 있으나 점차 그 분위기에 익숙해지면서 성격이 드러나게 된다. 이 경우에는 미리 가족들과 함께 자신의 습관이나 행동패턴에 대해서 이야기해 보고 그것이 가지는 의미를 생각해 보는 것이 좋다. 그러나 합격 여부에 너무 집착할 경우 행동이 굳어질 수 있으므로 긴장을 풀고 다른 지원자들과 잘 어울리면서 자신의 장점을 부각시키도록 해야 한다.

(2) 지원자를 당황하게 하는 질문과 그 대처법

성적이 좋지 않은데 이 정도의 성적으로 우리 회사에 입사할 수 있다고 생각합니까?

비록 자신의 성적이 좋지 않더라도 이미 서류심사에 통과하여 면접에 참여하였다면 기업에서는 지원자의 성적보다 성적 이외의 요소, 즉 성격·열정 등을 높이 평가했다는 것이다. 그러나 이런 질문을 받게 되면 지원자는 당황할 수 있으나 주눅들지 말고 침착하게 대처하는 면모를 보인다면 더 좋은 인상을 남길 수 있다.

우리 회사 회장님 함자를 알고 있습니까?

회장이나 사장의 이름을 조사하는 것은 면접일을 통고받았을 때 이미 사전 조사되었어야 하는 것이다. 그러나 대중매체를 통해 이미 알려진 정보보다는 그 기업에 입사를 희망하는 지원자의 입장에서 답변하는 것이 좋다.

당신은 이 회사에 적합하지 않은 것 같군요.

이 질문은 상당히 짓궂게 들릴 수 있다. 듣는 순간 그렇다면 면접은 왜 참가시킨 것인가 하는 생각이 들 수도 있다. 당황하거나 흥분하지 말고 침착하게 자신의 어떤 면이 회사에 적당하지 않은지 겸손하게 물어보고 지적당한 부분에 대해서 고치겠다는 의지를 보인다. 이를 잘 활용하면 자신의 PR도 할 수 있다.

결혼했습니까?

이 질문은 결코 바람직한 질문이 아니며 특히, 여성 지원자들에게 제일 불편한 질문이다. 그러나 질문에 답하지 않는다면 좋지 못한 인상을 남길 수 있으므로 결혼과 직장생활이 상충되거나 대비되는 것이 아니라 상호 보완적인 관계에 있다는 점을 설명하면 좋다. 즉, 결혼생활이 직무 수행에 미치는 부정적인 영향보다는 긍정적인 영향을 예를 들어 답변하는 것이 적당하다.

다시 공부할 계획이 있습니까?

이 질문은 지원자가 합격하여 직장을 다니다가 공부를 더 하기 위해 그 회사를 그만 두거나 학습에 더 관심을 두어 일에 대한 능률이 저하될 것을 우려하여 묻는 것이다. 이때에는 당연히 학습보다는 일을 강조해야 하며, 업무 수행에 필요한 학습이라면 업무에 지장이 없는 범위에서 야간학교를 다니거나 회사에서 제공하는 연수프로그램을 활용하겠다고 답변하는 것이 적당하다.

지원한 분야가 전공한 분야와 다른데 여기 일을 할 수 있겠습니까?

수험생의 입장에서 여러 군데 원서를 넣거나 전공과 관련 없는 분야도 지원하게 되어 서류가 통과되고 인적성검사 및 직무능력검사에 합격하여 면접전형까지 볼 수 있을 것이다. 다른 입사절차가 통과된 뒤 면접에서 면접관이 이런 질문을 할 수 있는데 수험생은 당황스러울 것이다. 우선 다른 전형에서 통과했다는 것은 회사의 인사채용 방침상 전공에 크게 영향 받지 않는다는 것이므로 무엇보다 자신이 전공하지는 않았지만 어떤 업무도 할 수 있다는 자신감과 능동적인 자세를 보여주도록 노력해야 한다.

분위기가 좋지 않은데 한 번 우리를 웃겨 보십시오.

면접관이 수험생에게 이런 질문을 한다면 막연할 것이다. 반드시 웃기지는 않아도 평소에 그런 밝은 분위기를 유도할 수 있는 평상시의 생활모습과 사교성을 평가하는 것으로 평소에 밝은 생활태도와 친근한 분위기를 유도할 수 있는 이야기나 멘트 등을 알아두도록 한다. 면접관 앞이라 어색할 수도 있으나 마음을 편히 갖고 자연스럽게 얘기하도록 한다.

02 면접기출

---

1 제주은행 면접기출

① 지원동기를 포함한 자기소개를 해 보시오.

② 제주도에 연고가 없는데 근무가 가능한가?

③ 지원한 직무가 어떤 직무인지 설명해 보시오.

④ 돌발질문을 제일 처음 받은 사람이 불리하다고 생각하는가?

⑤ 결혼은 사랑과 현실 중 무엇에 더 중요하다고 생각하는가? (토론)

⑥ 제주도에 유입되는 외부 사람들이 제주에 끼치는 영향은 긍정적인가, 부정적인가? (토론)

⑦ 상사의 비리를 알았을 때 어떻게 대처할 것인가? (상황)

⑧ 개인적으로 중요한 일과 회사 업무가 겹쳤을 때 어떻게 대처할 것인가? (상황)

⑨ 4시 1분에 영업점에 찾아온 고객에게 어떻게 말할 것인가?

⑩ 제주은행에 대한 이미지가 어떤가?

⑪ 제주 지역 활성화 방안에 대해 제안해 보시오.

⑫ 당신이 은행장이라면 가장 먼저 하고 싶은 일은?

⑬ 은행원에게 가장 중요한 역량은 무엇이라고 생각하는가?

⑭ 커뮤니케이션에 문제가 있었던 경험과 어떻게 해결했는지 말해 보시오.

⑮ 제주은행이 타 지역 점포를 확장해 나가는 것에 대한 찬반 의견을 제시하시오. (토론)

⑯ 당신이 인사담당자라면 자신을 뽑겠는지, 그 이유는?

⑰ 제주 관광 기획자라고 생각하고 잘 알려지지 않은 관광지를 하나 추천해 본다면?

⑱ 상사가 이유 없이 동기를 괴롭힌다고 생각될 때 어떻게 대처할 것인가? (상황)

⑲ 모병제와 징병제 중 어떤 것이 바람직하다고 생각하는가? (토론)

⑳ 고객이 업무처리가 잘못되거나 지연되어 화가 많이 났다면 어떻게 대처할 것인가? (상황)

2 신한은행 면접기출

(1) 인성면접

① 지원동기와 자기소개를 합쳐서 말하시오.

② 신문을 많이 읽는다고 했는데 최근 신한은행과 관련된 기사 중 생각나는 것이 있으면 말하시오.

③ 화장품 매장에서 아르바이트를 했다고 했는데 뷰티 컨설팅을 해 보시오.

④ 신한은행에서 강조하는 '따뜻한 금융'이란 무엇을 말하는지 자신의 생각을 말해보시오.

⑤ 가족소개를 해보시오.

⑥ 신한은행을 다른 은행과 비교하여 단점 3가지를 말해보시오.

⑦ 타행에서 인턴이나 근무한 적이 있다면 타행이 신한과 어떤 부분에서 다른지 말해보시오.

⑧ 은행 관련 전공이 아닌데, 신한은행에 입행하기 위해 어떤 노력을 하였는지 설명해보시오.

⑨ 신한은행 지점 방문시 느꼈던 점과 개선해야 할 사항을 말해보시오.

⑩ 타 금융사도 있는데 왜 신한은행에 지원했는지 말해보시오.

⑪ 만약, 당사 면접에서 불합격된다면?

⑫ 신한은행을 위해 준비한 것은 무엇인가?

⑬ 신한은행의 핵심가치는 무엇인가?

⑭ 옆 지원자 질문 중 가장 어려웠던 질문은 무엇인가?

⑮ 행복은 무엇이라고 생각하는가?

⑯ 기업금융을 하고 싶은 이유는?

⑰ 기업인들을 만나보았다고 하였는데 불편한 점들은 무엇이었는가?

⑱ 핀테크와 관련된 전문성을 키우고 싶은가?

⑲ 가장 최근에 읽었던 기사는 무엇인가?

⑳ 자신의 별명을 말해보시오.

㉑ 왜 자신이 은행원에 어울린다고 생각하는가?

㉒ 본인이 자전거라면 어떤 부분이라고 생각하는가?

㉓ 오늘 면접복장 선택 이유는?

㉔ 본인을 동물에 비유한다면 어떤 동물인가?

㉕ 자신만의 스트레스 해소법을 말해보시오.

㉖ 신한은행 영업점을 방문했을 때 불편했던 점은? 본인이 그 창구에서 근무한다면 어떻게 극복할 것인가?

㉗ 성실한 제너럴리스트와 역량이 뛰어난 스페셜리스트가 있다면 누구를 뽑아야 한다고 생각하는가?

㉘ 은행의 많은 리스크 중에 어떤 리스크에 대한 관리가 가장 중요하다고 생각하고, 그 이유는 무엇인가?

㉙ 신한은행의 비전은 무엇이고, 왜 그것이 중요하다고 생각하는가?

㉚ 기준금리가 올라가면 예금금리도 함께 오르는데, 왜 은행의 수익성이 좋아지는가?

(2) 창의력면접

① 오늘 총 면접에 쓰인 비용은 얼마인지 예측해 보시오.

② 서울에서 기흥으로 오면서 버스가 배출한 이산화탄소의 총 양은 모두 얼마인가?

③ 오늘 점심식사로 먹은 칼로리를 계산하시오.

④ 오늘 하루 동안 신한은행 전체 거래액을 예측해 보시오.⑤ 우리나라 직장인이 하루에 섭취하는 카페인 양을 계산하시오.

⑥ 신한은행 본사에서 연수원으로 들어오는 버스의 배기량은 얼마나 될까?

⑦ 신한은행이 신입사원 면접에 지출하는 비용은 얼마나 될까?

(3) 토론면접

① 사형제도에 대한 찬반토론

② 존엄사에 대한 찬반토론

③ 로스쿨존치에 대한 찬반토론

④ 혼전동거에 대한 찬반토론

⑤ 양심적 병역거부에 대한 차반토론

⑥ 문제 연예인 방송복귀에 대한 찬반토론

⑦ 담배갑 금연 사진 부착에 대한 찬반토론

⑧ 북한 핵문제에 대한 토론

⑨ 교내체벌에 대한 찬반토론

⑩ 고속도로 암행순찰에 대한 찬반토론

(4) PT면접

① 자소서에 소개한 인문학, 경영·경제서적을 활용하여 신한은행이 뽑아야 하는 인재상을 제시하시오.

② 자소서에 소개한 인문학, 경영·경제서적을 활용하여 자신이 방문한 영업점의 영업전략을 세워보시오.

③ 은행 지점에 입출금 고객이 많아 수익성이 떨어진다면 어떻게 극복할 것인지 전략을 제시하시오.

④ 신한은행 농구단을 활용한 마케팅 방안을 설명하시오.

⑤ 금융기관 밀집지역에서의 리테일 영업강화방안에 대해 제시하시오.

⑥ 시너지 상품(펀드, 수익증원)의 판매방안을 제시하시오.

⑦ 학교 내에 위치한 더 뱅크 지점 앞에 주상복합단지가 입주한다. 학교의 고정고객들과 주상복합단지의 고객을 위한 영업전략을 짜보시오.

⑧ 신한은행의 CEO와 행원간의 대화의 창으로 활용하고 토참문화를 증진하기 위해 '토참광장'이 운영되고 있다. 토론과 참여를 통한 신한은행의 경쟁력을 향상시키기 위한 은행의 슬로건을 만드시오.

⑨ 저출산, 고령화 시대를 대비하는 연계상품을 하나 개발하시오.

⑩ 회식문화 조성방안에 대해 발표하시오.

⑪ 신한은행의 IB전략을 제시하시오.

⑫ 점심시간 창구에 사람들이 몰려서 직장인들의 이용이 불편한데 해결방안을 제시하시오.

⑬ 대면, 비대면 채널 강화를 위한 전략을 제시하시오.

⑭ 지점 두 개가 통합되었다. 고객이탈을 방지하기 위한 마케팅 전략을 제시하시오.

⑮ 녹색금융 마케팅 전략을 제시하시오.

⑯ 자신이 선택한 역사적 인물의 업적을 기반으로 신한은행이 글로벌 진출을 하기 위한 전략을 제시하시오.

⑰ 본인이 벤치마킹하고 싶은 인물의 사상을 중심으로 영업전략을 세워보시오.

(5) 신한가치면접

① 여러분이 신입행원이 됐고 갑자기 지점장님이 여의도로 가서 2주간 급여이체와 카드실적을 채워오라고 한다면 어떻게 할 것인가?

② 시제 3만원이 불일치하다. 이후 100만 원까지 금액이 늘었다. 어떻게 하겠는가?

③ 회사동료의 부모님이 다치면서 1000만 원을 빌려달라고 부탁하였다. 어떻게 하겠는가?

④ 친한 상사가 규정에는 어긋나지 않지만 개인적인 업무를 시킨다. 어떻게 하겠는가?

⑤ 고객이 아이의 출산기념으로 격려금을 주었다. 지점장도 받으라고 하는 상황에서 본인은 어떻게 하겠는가?

⑥ 임신한 아내가 있는데 지방지점으로 발령이 났다. 어떻게 하겠는가?

⑦ 입금을 처리하는 과정에서 오류가 발생했다. 어떻게 하겠는가?

⑧ 펀드 손실된 손님이 와서 따진다. 어떻게 대처하겠는가?

⑨ 공부하려는 자격증이 있는데 업무량이 많아 시간이 나지 않는다. 어떻게 하겠는가?

⑩ 보험을 해약한 고객이 그동안 낸 돈의 일부만 받아서 화를 내며 따진다. 어떻게 설득하겠는가?

⑪ 지점장이 대출건수를 매일 물어다가 본인한테만 준다. 어떻게 대처하겠는가?

⑫ 내일 중요한 시험이 있는데 고객이 만나자고 한다. 시험과 고객과의 약속 중 하나만 택해야 한다. 어떻게 하겠는가?

⑬ 은행의 VVIP 고객이 와서 기다리고 있는 고객들보다 먼저 처리해 달라고 한다. 어떻게 하겠는가?

⑭ 마감시간이 되었는데, 내점고객의 엄청난 양의 업무를 처리해야 한다면 어떻게 하겠는가?

⑮ ATM의 시재가 불일치하다면 어떻게 하겠는가?

⑯ 어떤 고객이 5만원을 덜 받았다고 항의한다면 어떻게 하겠는가?

⑰ 시재가 5천원이 비었다. 본인의 돈으로 매꾼다면 편하게 해결할 수 있는 부분이다. 어떻게 하겠는가?

⑱ 고객이 대출을 하러 왔다. 이 고객의 대출을 승인한다면 올해 지점실적 1위를 달성할 수 있다. 문제는 이 고객이 대출심사를 7일 만에 완료시켜 달라고 하는데 은행의 원칙상 대출심사는 10일이 걸린다. 이 상황에서 어떻게 하겠는가?

⑲ 결혼을 했는데 은행에서 울릉도로 발령을 냈다. 부인은 일을 그만했으면 좋겠다고 하는데 본인은 어떻게 하겠는가?

(6) 무한경쟁토론

무한경쟁토론은 2015년 하반기에 시행된 새로운 면접유형으로 PT면접을 대체하여 시행되기도 한다. 10명 내외의 조원이 1 : 多로 토론하는 것으로, 면접자 한 명이 찬성(반대) 쪽 입장을 취하면 나머지 9명은 반대(찬성)의 입장에서 토론을 하는 방식이다.

토론의 주제는 개인별로 상이하며 주제를 읽어주고 준비시간 5분이 지나면 토론을 시작한다. 평소 경제 관련 이슈, 시사상식에 대한 관심을 갖는 것이 중요하다. 다음은 무한경쟁토론의 기출 주제이다.

① 성남시 청년배당

② 우리나라 선후배문화

③ 사형제 부활

④ 착한 사마리아인법

⑤ 유럽 난민문제

⑥ 초등학교 수학 계산기 사용 도입

⑦ 고려대학교 성적장학금 폐지

● TO-DO LIST

/ *01*

○
○
○
○
○
○
○

/ *02*

○
○
○
○
○
○
○

/ *03*

○
○
○
○
○
○
○

/ *04*

○
○
○
○
○
○
○

/ *05*

○
○
○
○
○
○
○

/ *06*

○
○
○
○
○
○
○

/ *07*

○
○
○
○
○
○
○

/ *08*

○
○
○
○
○
○
○

/ *09*

○
○
○
○
○
○
○

/ *10*

○
○
○
○
○
○
○

/ *11*

○
○
○
○
○
○
○

/ *12*

○
○
○
○
○
○
○

/ *13*

○
○
○
○
○
○
○

/ *14*

○
○
○
○
○
○
○

/ *15*

○
○
○
○
○
○
○

● MEMO